Andreas Heiber

Das SGB XI – Beratungshandbuch

Gut beraten – Vertrauen schaffen – Nachfrage erhöhen

Bibliografische Information der Deutschen Nationalbibliothek
Die Deutsche Nationalbibliothek verzeichnet diese Publikation in der
Deutschen Nationalbibliografie; detaillierte bibliografische Daten sind im
Internet über http://dnb.d-nb.de abrufbar.

© VINCENTZ NETWORK, Hannover 2013 / 2., überarbeitete Auflage

Besuchen Sie uns im Internet: www.haeusliche-pflege.vincentz.net

Druck: Mundschenk Druck- und Vertriebsgesellschaft GmbH & Co. KG
Foto Titelseite: Bildagentur fotolia

ISBN 978-3-86630-318-8

Andreas Heiber

Das SGB XI – Beratungshandbuch

Gut beraten – Vertrauen schaffen – Nachfrage erhöhen

2., überarbeitete Auflage

VINCENTZ NETWORK

Inhalt

Das SGB XI – Beratungshandbuch • Andreas Heiber, 2., überarbeitete Auflage
© Vincentz Network GmbH & Co. KG, Hannover 2013 • ISBN 978-3-86630-318-8

1 Einleitung

Das Handbuch ist Nachschlagwerk, Arbeitsbuch und Materialfundgrube in einem. Es stellt die Informationen praxisnah dar, so dass sie unmittelbar in der Arbeit genutzt werden können.

1. In einer ersten **Kurzdarstellung** werden die wesentlichen Aspekte der Leistung kurz zusammengefasst sowie die folgenden ausführlichen Punkte stichwortartig aufgezählt.

2. Die **wesentlichen Punkte** der Leistung werden in Leitsätzen erfasst und jeweils ausführlich dargestellt

3. Zum Verständnis der Leistung wird der inhaltliche, historische und/oder politische **Hintergrund** der Leistung erläutert

4. Die **Hinweise zur Beratung** enthalten wichtige Stichworte und Problemfelder, die in der Beratung gezielt angesprochen werden können.

5. Die **Hinweise zur internen Umsetzung** benennen Punkte, die organisatorisch und praktisch für die Umsetzung notwendig sind.

6. Die **Gesetzestexte** sowie weitere **Quellen und Links** finden sind am Schluss jedes Kapitels. Wesentliche Hinweise zur Umsetzung der Leistungen finden sich im „Gemeinsamen Rundschreiben zu den Leistungsrechtlichen Vorschriften vom 17.04.2013" der Verbände der Pflegekassen auf Bundesebene, das im Mai 2013 veröffentlicht wurde (siehe auch Seite 185).

Im Text beziehen sich die Paragrafenangaben, soweit nicht anders angegeben immer auf die Pflegeversicherung (SGB XI).

1.1   Beraten statt verkaufen

In der Praxis wissen viele Pflegebedürftige und ihre Pflegepersonen nicht, welche konkreten Leistungen es gibt und wie man diese nutzen kann. Auch bei den Pflegefachkräfte und Pflegekräften gibt es Wissenslücken. Diese resultieren u.a. aus den vielen Veränderungen, die die Pflegeversicherung im Laufe der Zeit schon erlebt hat. Wer wissensmäßig auf der Höhe sein will, muss viel lesen und vieles sammeln.

Das SGB XI – Beratungshandbuch · Andreas Heiber, 2., überarbeitete Auflage
© Vincentz Network GmbH & Co. KG, Hannover 2013 · ISBN 978-3-86630-318-8

Dieses Beratungshandbuch versammelt das Wissen rund um die Leistungen der Pflegeversicherung zum Zeitpunkt Juli 2013.

Das Beratungshandbuch umfasst die Leistungen der Pflegeversicherung. Die Einstufung in eine Pflegestufe sowie für die zusätzlichen Betreuungsleistungen (§ 45a) werden hier nicht behandelt. Vorangestellt ist ein ausführliches Kapitel über die Entstehung und Wirkung der Pflegeversicherung.

Warum ist es wichtig, allgemein die Pflegeversicherung zu erklären?

Die Pflegeversicherung, ihre Geschichte und ihr Anspruch sind den meisten Pflegebedürftigen, ihren Angehörigen und den sonstigen Bürgern nicht bekannt bzw. ihre Inhalte sind falsch oder lückenhaft vermittelt worden. Die falsche Kenntnis führt dazu, dass sie mit Erwartungen und Ansprüchen konfrontiert werden, die sie nicht einlösen können. Alle Diskussionsbeiträge nach dem Motto, dass die Pflege so teuer ist, dass die Pflegekräfte keine Zeit haben, dass das Geld nicht reicht, dass das Pflegeheim so teuer ist ... zeigen dies deutlich.

Darum kann man nur einen Rat geben: Fangen Sie immer von vorne an und erklären Sie als Erstes (noch mal) die Pflegeversicherung. Das gilt bei der Schulung und Fortbildung der eigenen Mitarbeiter, vor allem aber bei jedem Neukundengespräch oder bei jeder Beratung. Nur so können Missverständnisse vermieden und sachgerechte Pflegeverträge geschlossen werden.

Ein wichtiger Aspekt sei betont: Es geht nicht darum, dem Pflegebedürftigen nur Leistungen zu verkaufen. Viel wichtiger ist es, ihn über die vorhandenen Leistungen und seine Ansprüche aufzuklären. Im Regelfall wird dies zu einer besseren Nutzung der vorhandenen Leistungen führen und damit auch zu einer verstärkten Nachfrage nach Pflegedienstleistungen. Wer ergebnisoffen und umfassend berät, wird mittel- und langfristig erfolgreicher arbeiten als der Pflegedienst, der sich allein auf das „Verkaufen" konzentriert.

Das Pflege-Neuausrichtungsgesetz (PNG), das 2012 verabschiedet wurde, ist zwar in Teilbereichen ausweislich als Übergangsregelung gedacht, aber wer meint, der neue Pflegebedürftigkeitsbegriff würde nun ganz schnell umgesetzt, sollte sich nicht zu früh freuen. Übergangsregelungen haben in der Pflegeversicherung eine lange Tradition, die Behandlungspflege im Pflegeheim, bezahlt von der Pflegekasse, war ursprünglich auch nur eine Übergangsregelung von zwei Jahren.

Wie immer hat mein Kollege und Freund Gerd Nett das Buch nicht nur Korrektur gelesen, sondern auch mit vielen Anregungen zum Umfang beigetragen, dafür gebührt ihm der besondere Dank.

Juli 2013
Andreas Heiber

In das Buch ist der Wissensstand bis Juli 2013 eingeflossen. Da aber die notwendigen Vertragsänderungen (Rahmenverträge nach § 75) sowie Vergütungsvereinbarungen in vielen Bundesländern noch nicht vorhanden sind, sollten die Leser bei den entsprechenden Kapiteln immer auch die dann gültigen Regelungen der eigenen Verträge beachten. Soweit sinnvoll und notwendig (trifft für alle Bundesländer zu) werden wir solche Änderungen zeitnah als Ergänzungen online stellen.

Diese Aktualisierung finden sich hier:
http://www.beratungshandbuch.net

Folgendes Material zum Beratungshandbuch steht als Download für Sie im Internet bereit. An den entsprechenden Stellen im Buch finden Sie den Hinweis:

Download siehe:
http://www.beratungshandbuch.net

Beratungshandbuch Material im Downloadbereich	
Kapitel	**Inhalt/Beschreibung**
1.2	Beratungscheckliste
1.4	Leistungsübersicht
	Kombileistungstabellen
	Kombileistungsrechner
2	Daten zur Entwicklung Pflegeversicherung
7	Zusätzliche Kostenübernahmeerklärung
	Kostenvoranschlag Zeitabrechnung
	Kostenvoranschläge Bundesländern
10	Kombileistungen siehe oben
15	Stationär: Strukturvergleich
	Kostenvergleich
16	Tagespflege: Tabelle Buch
	Tagespflegerechner

1.2 Beratungscheckliste

   » Zwei Leistungsgruppen: Pflegebedürftige und Versicherte mit erheblich
      eingeschränkter Alltagskompetenz

   » Wird Leistung immer ausgeschöpft?

   » Auf Unterbrechungen achten

      • Vor und nach Unterbrechung auf Ausschöpfung der Monatsbeträge achten!

   » Leistungskomplexe sind Leistungspauschalen, keine Zeitvorgaben

   » Vor- und Nachteile der Zeitabrechnung darstellen

   » Neue Sachleistung (Anamnese und Planung verpflichtend)

   » Abgrenzung zur Grundpflege und Hauswirtschaft in der Praxis schwierig

   » Alternative Angebote ausschöpfen

   » Zwei Leistungsgruppen: Pflegebedürftige und Versicherte mit erheblich
      eingeschränkter Alltagskompetenz

   » Selbständige Sicherstellung der Leistung

   » Pflegegeld wird pro Tag berechnet

   » Beratungsbesuche als Chance nutzen

   » Als Standardleistung statt Sachleistung beantragen

   » Keine Kombination festlegen!

   » Geplante Nutzung fördern

   » Leistung nach Zeit anbieten

   » Notfallnutzung

   » Finanzierung auch der Kurzzeitpflege oder Tagespflege möglich

   » Nutzung durch andere (ehrenamtliche) Pflegepersonen oft nicht sinnvoll

Kapitel

1 2 3 4 5 6 7 8 9 10 11 12 13 14 15 16 17 18 19

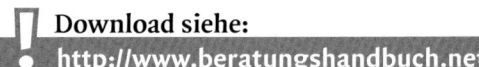

Download siehe:
http://www.beratungshandbuch.net

1.3 Lexikon der Abkürzungen und wichtigen Grundbegriffe

Häusliche Betreuung: neue Pflegesachleistung, die nur erbracht werden darf, wenn Grundpflege und Hauswirtschaft sicher gestellt ist

Pflegeperson = Angehörige, Nachbarn oder sonstige ehrenamtliche, die nicht erwerbsmäßig pflegen

Pflegefachkraft oder Pflegekraft = Pflegedienstmitarbeiter, die beruflich pflegen

Kostenerstattung = vom Versicherten direkt zu bezahlende Leistung, die die Pflegekasse den Versicherten erstattet

MDK = Medizinischer Dienst der Krankenversicherung (auch für die Pflegeversicherung zuständig)

Sachleistung = von der Pflegekasse direkt finanzierte Dienstleistung für den Versicherten

SGB = Sozialgesetzbuch

SGB I = Erstes Buch: Allgemeiner Teil

SGB III = Drittes Buch: Arbeitsförderung

SGB V = Fünftes Buch: Gesetzliche Krankenversicherung

SGB VI = Sechstes Buch: Gesetzliche Rentenversicherung

SGB VII = Siebtes Buch: Gesetzliche Unfallversicherung

SGB IX = Neuntes Buch: Rehabilitation und Teilhabe behinderter Menschen

SGB X = Zehntes Buch: Sozialverwaltungsverfahren und Sozialdatenschutz

SGB XI = Elftes Buch: Soziale Pflegeversicherung

SGB XII = Sozialhilfe

Zusätzliche Betreuung (nach § 45b) = Einstufung/Leistung für Versicherte ohne oder mit Pflegestufe, die aufgrund einer demenzbedingten Fähigkeitsstörung, geistigen Behinderung oder psychischen Erkrankung dauerhaft eine erhebliche Einschränkung der Alltagskompetenz haben; Feststellung erfolgt bei der Pflegeeinstufung oder auch separat auf Antrag

1.4 Leistungsübersicht kompakt

Pflegeversicherungsreform 2010 und Änderungen 2012

Leistung/Jahr	Ohne Pflege-stufe	Pflegestufe 1	Pflegestufe 2	Pflegestufe 3	Härtefall
Sachleistung § 36					
normaler Betrag	0 €	450 €	1.100 €	1.550 €	1.918 €
erheblich eingeschränkter Alltagskompetenz	225 €	665 €	1.250 €	1.550 €	1.918 €
Pflegegeld § 37					
normaler Betrag	0 €	235 €	440 €	700 €	-
erheblich eingeschränkter Alltagskompetenz	120 €	305 €	525 €	700 €	-

Verhinderungspflege § 39
Pflegestufe 1 bis 3 sowie ohne Pflegestufe aber mit erheblich eingeschränkter Alltagskompetenz

Verhinderungspflege	bis 1.550 €

Pflegehilfsmittel und wohnumfeldverbessernde Maßnahmen § 40
Pflegestufe 1 bis 3 sowie ohne Pflegestufe aber mit erheblich eingeschränkter Alltagskompetenz

Pflegeverbrauchsmittel	bis zu 31 €	
Wohmumfeldverbessernde Maßnahmen		bis zu 2.557 €

Zusätzliche Betreuungsleistungen § 45b

Grundbetrag	bis zu 100 €
Erhöhter Betrag	bis zu 200 €

Tagespflege § 41

normaler Betrag	0 €	450 €	1.100 €	1.550 €	–

zzgl. 50 % Ambulant, Sonderregelung bei erheblich eingeschränkter Alltagskompetenz

Kurzzeitpflege § 42

normaler Betrag	0 €	bis 1.550 €

Vollstationäre Pflege § 43

Vollstationäre Pflege	0 €	1.023 €	1.279 €	1.550 €	1.918 €

! Download siehe:
http://www.beratungshandbuch.net

Umrechnung Kombinationsleistung

Pflegestufe 1 (gerundet) ab 2013

in Euro	in Prozent		in Prozent	in Euro
450,00 €	100 %	< == >	0 %	0,00 €
427,50 €	95 %	< == >	5 %	11,75 €
405,00 €	90 %	< == >	10 %	23,50 €
382,50 €	85 %	< == >	15 %	35,25 €
360,00 €	80 %	< == >	20 %	47,00 €
337,50 €	75 %	< == >	25 %	58,75 €
315,00 €	70 %	< == >	30 %	70,50 €
292,50 €	65 %	< == >	35 %	82,25 €
270,00 €	60 %	< == >	40 %	94,00 €
247,50 €	55 %	< == >	45 %	105,75 €
225,00 €	50 %	< == >	50 %	117,50 €
202,50 €	45 %	< == >	55 %	129,25 €
180,00 €	40 %	< == >	60 %	141,00 €
157,50 €	35 %	< == >	65 %	152,75 €
135,00 €	30 %	< == >	70 %	164,50 €
112,50 €	25 %	< == >	75 %	176,25 €
90,00 €	20 %	< == >	80 %	188,00 €
67,50 €	15 %	< == >	85 %	199,75 €
45,00 €	10 %	< == >	90 %	211,50 €
22,50 €	5 %	< == >	95 %	223,25 €
0,00 €	0 %	< == >	100 %	235,00 €

Pflegestufe 2 (gerundet) ab 2013

in Euro	in Prozent		in Prozent	in Euro
1.100,00 €	100 %	< == >	0 %	0,00 €
1.045,00 €	95 %	< == >	5 %	22,00 €
990,00 €	90 %	< == >	10 %	44,00 €
935,00 €	85 %	< == >	15 %	66,00 €
880,00 €	80 %	< == >	20 %	88,00 €
825,00 €	75 %	< == >	25 %	110,00 €
770,00 €	70 %	< == >	30 %	132,00 €

Pflegestufe 2 (gerundet) ab 2013

in Euro	in Prozent		in Prozent	in Euro
715,00 €	65%	< == >	35%	154,00 €
660,00 €	60%	< == >	40%	176,00 €
605,00 €	55%	< == >	45%	198,00 €
550,00 €	50%	< == >	50%	220,00 €
495,00 €	45%	< == >	55%	242,00 €
440,00 €	40%	< == >	60%	264,00 €
385,00 €	35%	< == >	65%	286,00 €
330,00 €	30%	< == >	70%	308,00 €
275,00 €	25%	< == >	75%	330,00 €
220,00 €	20%	< == >	80%	352,00 €
165,00 €	15%	< == >	85%	374,00 €
110,00 €	10%	< == >	90%	396,00 €
55,00 €	5%	< == >	95%	418,00 €
0,00 €	0%	< == >	100%	440,00 €

Pflegestufe 3 (gerundet) ab 2013

in Euro	in Prozent		in Prozent	in Euro
1.550,00 €	100%	< == >	0%	0,00 €
1.472,50 €	95%	< == >	5%	35,00 €
1.395,00 €	90%	< == >	10%	70,00 €
1.317,50 €	85%	< == >	15%	105,00 €
1.240,00 €	80%	< == >	20%	140,00 €
1.162,50 €	75%	< == >	25%	175,00 €
1.085,00 €	70%	< == >	30%	210,00 €
1.007,50 €	65%	< == >	35%	245,00 €
930,00 €	60%	< == >	40%	280,00 €
852,50 €	55%	< == >	45%	315,00 €
775,00 €	50%	< == >	50%	350,00 €
697,50 €	45%	< == >	55%	385,00 €
620,00 €	40%	< == >	60%	420,00 €
542,50 €	35%	< == >	65%	455,00 €
465,00 €	30%	< == >	70%	490,00 €

Pflegestufe 3 (gerundet) ab 2013

in Euro	in Prozent		in Prozent	in Euro
387,50 €	25%	< == >	75%	525,00 €
310,00 €	20%	< == >	80%	560,00 €
232,50 €	15%	< == >	85%	595,00 €
155,00 €	10%	< == >	90%	630,00 €
77,50 €	5%	< == >	95%	665,00 €
0,00 €	0%	< == >	100%	700,00 €

Kombinationsleistung für Versicherte mit erheblich eingeschränkter Alltagskompetenz
Ohne Pflegestufe (gerundet) ab 2013

in Euro	in Prozent		in Prozent	in Euro
225,00 €	100%	< == >	0%	0,00 €
213,75 €	95%	< == >	5%	6,00 €
202,50 €	90%	< == >	10%	12,00 €
191,25 €	85%	< == >	15%	18,00 €
180,00 €	80%	< == >	20%	24,00 €
168,75 €	75%	< == >	25%	30,00 €
157,50 €	70%	< == >	30%	36,00 €
146,25 €	65%	< == >	35%	42,00 €
135,00 €	60%	< == >	40%	48,00 €
123,75 €	55%	< == >	45%	54,00 €
112,50 €	50%	< == >	50%	60,00 €
101,25 €	45%	< == >	55%	66,00 €
90,00 €	40%	< == >	60%	72,00 €
78,75 €	35%	< == >	65%	78,00 €
67,50 €	30%	< == >	70%	84,00 €
56,25 €	25%	< == >	75%	90,00 €
45,00 €	20%	< == >	80%	96,00 €
33,75 €	15%	< == >	85%	102,00 €
22,50 €	10%	< == >	90%	108,00 €
11,25 €	5%	< == >	95%	114,00 €
0,00 €	0%	< == >	100%	120,00 €

Kombinationsleistung für Versicherte mit erheblich eingeschränkter Alltagskompetenz
Pflegestufe 1 (gerundet) ab 2013

in Euro	in Prozent		in Prozent	in Euro
665,00 €	100 %	< == >	0 %	0,00 €
631,75 €	95 %	< == >	5 %	15,25 €
598,50 €	90 %	< == >	10 %	30,50 €
565,25 €	85 %	< == >	15 %	45,75 €
532,00 €	80 %	< == >	20 %	61,00 €
498,75 €	75 %	< == >	25 %	76,25 €
465,50 €	70 %	< == >	30 %	91,50 €
432,25 €	65 %	< == >	35 %	106,75 €
399,00 €	60 %	< == >	40 %	122,00 €
365,75 €	55 %	< == >	45 %	137,25 €
332,50 €	50 %	< == >	50 %	152,50 €
299,25 €	45 %	< == >	55 %	167,75 €
266,00 €	40 %	< == >	60 %	183,00 €
232,75 €	35 %	< == >	65 %	198,25 €
199,50 €	30 %	< == >	70 %	213,50 €
166,25 €	25 %	< == >	75 %	228,75 €
133,00 €	20 %	< == >	80 %	244,00 €
99,75 €	15 %	< == >	85 %	259,25 €
66,50 €	10 %	< == >	90 %	274,50 €
33,25 €	5 %	< == >	95 %	289,75 €
0,00 €	0 %	< == >	100 %	305,00 €

Kombinationsleistung für Versicherte mit erheblich eingeschränkter Alltagskompetenz
Pflegestufe 2 (gerundet) ab 2013

in Euro	in Prozent		in Prozent	in Euro
1.250,00 €	100 %	< == >	0 %	0,00 €
1.187,50 €	95 %	< == >	5 %	26,25 €
1.125,00 €	90 %	< == >	10 %	52,50 €
1.062,50 €	85 %	< == >	15 %	78,75 €
1.000,00 €	80 %	< == >	20 %	105,00 €
937,50 €	75 %	< == >	25 %	131,25 €
875,00 €	70 %	< == >	30 %	157,50 €

Kombinationsleistung für Versicherte mit erheblich eingeschränkter Alltagskompetenz
Pflegestufe 2 (gerundet) ab 2013

in Euro	in Prozent		in Prozent	in Euro
812,50 €	65%	< == >	35%	183,75 €
750,00 €	60%	< == >	40%	210,00 €
687,50 €	55%	< == >	45%	236,25 €
625,00 €	50%	< == >	50%	262,50 €
562,50 €	45%	< == >	55%	288,75 €
500,00 €	40%	< == >	60%	315,00 €
437,50 €	35%	< == >	65%	341,25 €
375,00 €	30%	< == >	70%	367,50 €
312,50 €	25%	< == >	75%	393,75 €
250,00 €	20%	< == >	80%	420,00 €
187,50 €	15%	< == >	85%	446,25 €
125,00 €	10%	< == >	90%	472,50 €
62,50 €	5%	< == >	95%	498,75 €
0,00 €	0%	< == >	100%	525,00 €

Bei der Pflegestufe 3 gibt es keine Leistungsdifferenzierung zwischen normalen Pflegebedürftigen und Pflegebedürftigen mit erheblich eingeschränkter Alltagskompetenz.

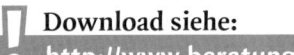

Download siehe:
http://www.beratungshandbuch.net

2 Die Pflegeversicherung

2.1 Kurzdarstellung

Die Pflegeversicherung wurde 1995 als Pflichtversicherung eingeführt, um das Risiko der Pflegebedürftigkeit sozial abzusichern. Im Sinne eines Zuschusses unterstützt die Pflegeversicherung Pflegebedürftige mit Leistungen zu Hause und im Pflegeheim. Eine vollständige Kostenübernahme war nie geplant und wird nicht erreicht.

2.2 Wesentliche Punkte

Geschichte der Pflegeversicherung

Der Einführung der Pflegeversicherung ging eine über zwanzigjährige Diskussion voraus. Erste ‚Vorläufer' (Leistungen speziell bei Pflegebedürftigkeit) wurden mit dem Gesundheits-Reformgesetz vom 20.12.1988 eingeführt: Über die damaligen §§ 55 bis 57 SGB V gab es folgende Leistungen für Schwerpflegebedürftige (ungefähr der heutigen Pflegestufe 2 entsprechend):

» Pflegesachleistungen bis zu 25 Einsätze bis zu einer Stunde, maximal 383 € (750,– DM) im Monat,

» bei Verhinderung der Pflegeperson Pflegesachleistungen für maximal 4 Wochen im Jahr insgesamt bis zu 920 € (1.800,– DM) (geleistete Pflegesachleistungen werden mit angerechnet),

» Pflegegeld von 205 € (400,– DM).

Die Leistungen traten aber erst am 01.01.1991 in Kraft.

Das Pflegeversicherungsgesetz selbst wurde am 26. Mai 1994 beschlossen, inzwischen aber vielfach geändert:

» Die Pflegeversicherung begann ab 01.01.1995 mit Beitragszahlungen, 1 %, da ab 01.04.1995 nur die ambulanten Leistungen abgerufen werden konnten.

» Zum 01.07.1996 begann mit der zweiten Stufe auch die stationäre Pflege, der Beitragssatz wurde dann auf 1,7 % angehoben.

Inzwischen hat das Pflegeversicherungsgesetz schon viele Änderungen erlebt. Die wichtigsten:

» **2002:** das Pflege-Qualitätssicherungsgesetz (PQsG) und das Pflegeleistungs-Ergänzungsgesetz (PflEG)-(Einführung der zusätzlichen Betreuungsleistungen).

Das SGB XI – Beratungshandbuch · Andreas Heiber, 2., überarbeitete Auflage
© Vincentz Network GmbH & Co. KG, Hannover 2013 · ISBN 978-3-86630-318-8

- » **2004:** Bezieher einer gesetzlichen Rente tragen den kompletten Beitragssatz allein.

- » **2005:** wurde mit dem Kinderberücksichtigungsgesetz der Beitragssatz für kinderlose Versicherte auf 1,95 % angehoben.

- » **2008:** erfolgte das Pflege-Weiterentwicklungsgesetz (erstmalige Anhebung der Leistungen, Schulnoten, Pflegeberater und Pflegestützpunkte); der Beitragssatz wird auf 1,95 %, für Kinderlose auf 2,2 % angehoben.

- » **2012:** durch das Pflege-Neuausrichtungsgesetz werden erhöhte Leistungen für Versicherte mit erheblich eingeschränkter Alltagskompetenz und die neue Leistung „Häusliche Betreuung" eingeführt; die Grundpflege ist nun immer als Pauschale sowie als Zeitleistung anzubieten, der Beitragssatz wird um 0,1 % auf 2,05, für Kinderlose auf 2,3 % angehoben.

Weitere Änderungen wie die Einführung eines neuen Pflegebedürftigkeitsbegriffs sind zumindest teilweise vorbereitet, einen konkreten Zeitplan für die Umsetzung gibt es auch weiterhin nicht.

Aktuelle Zahlen und Fakten zur Pflegeversicherung

Aktuelle Zahlen und Daten finden sich in zwei wichtigen Quellen:

- » Die amtlichen Pflegestatistiken werden alle zwei Jahre zum Stichtag 15.12. erhoben. Es werden alle Pflegeeinrichtungen von den Statistischen Landesämtern angeschrieben mit der Aufforderung, bestimmte Daten zum Stichtag zu erheben und weiterzugeben. Nach der Erhebung dauert es in der Regel noch knapp ein Jahr, bevor die Zahlen veröffentlicht werden. Zu beachten ist, dass hier allein die Daten der Pflegeversicherung abgefragt werden. Anzahl und Leistungen der Behandlungspflege werden nicht berücksichtigt. Die letzte veröffentlichte Statistik stammt aus 2011. Die aktuellen Statistiken findet man auf der Internetseite des Statistischen Bundesamtes (www.destatis.de)

- » Das zuständige Bundesministerium für Gesundheit veröffentlicht aufgrund der Zahlen der Pflegekassen jährlich aktuelle Zahlen zur Anzahl der Pflegebedürftigen, den bezogenen Leistungen sowie den Kosten. Sie findet man unter www.bmg.bund.de

Einige aktuelle Zahlen und Aussagen zur Pflegeversicherung:

1. Entwicklung der Pflegebedürftigkeit

Spannend für die Zukunft ist die Frage, wie sich die Pflegebedürftigkeit bzw. die Inanspruchnahme der ambulanten und stationären Leistungen entwickeln wird. Betrachtet man die Daten der letzten Jahre, ergibt sich seit ca. 2006 eine Trendwende beim Bezug von stationären Leistungen (Hinweis: die hier ausgewiesenen Daten der Sozialen Pflegeversicherung enthalten nicht die Zahlen der Privaten Pflege(pflicht-) versicherung. Allerdings sind sie in der Tendenz identisch, vergleicht man die Zahlen der Bundespflegestatistiken dazu.

	Ambulant	Ambulant	Stationär	Stationär	Gesamt
1996	1.162.18	75,14	384.562	24,86 %	1.546.746
1997	1.197.677	72,15 %	462.271	27,85 %	1.659.948
1998	1.226.715	70,58 %	511.403	29,42 %	1.738.118
1999	1.280.379	70,11 %	545.983	29,89 %	1.826.362
2000	1.260.825	69,19 %	561.344	30,81 %	1.822.169
2001	1.261.667	68,58 %	577.935	31,42 %	1.839.602
2002	1.289.152	68,25 %	599.817	31,75 %	1.888.969
2003	1.281.398	67,61 %	614.019	32,39 %	1.895.417
2004	1.296.811	67,34 %	628.892	32,66 %	1.925.70
2005	1.309.506	67,09 %	642.447	32,91 %	1.951.953
2006	1.309.751	66,54 %	658.754	33,46 %	1.968.505
2007	1.358.201	66,93 %	671.084	33,07 %	2.029.285
2008	1.432.534	67,78 %	680.951	32,22 %	2.113.485
2008	1.432.534	67,78%	680.951	32,22%	2.113.485
2009	1.537.574	68,79%	697.647	31,21%	2.235.221
2010	1.577.844	68,97%	709.955	31,03%	2.287.799
2011	1.600.554	69,13%	714.882	30,87%	2.315.436
2012	1.667.108	69,56%	729.546	30,44%	2.396.654

Daten: Soziale Pflegeversicherung, Leistungsbezieher am Jahresende; Quelle BMG 2013

Entwicklung der Pflegebedürftigkeit bis 2012

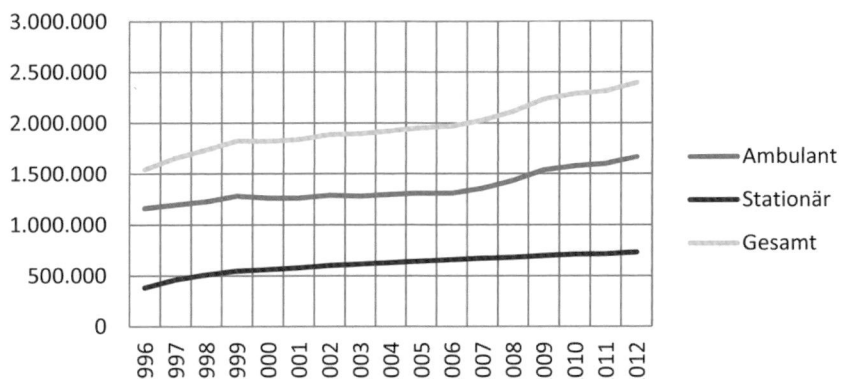

Bis 2006 ist der prozentuale Anteil der stationären Versorgung immer gestiegen (in den Anfangsjahren hat der erhöhte Anstieg auch mit Starteffekten der Pflegeversicherung zu tun). Seit 2007 geht der stationäre Anteil leicht zurück, im Verhältnis 2012 zu 2006 um immerhin 2,63 %.

Diese Werte zeigen sich nicht nur in den Zahlen der Sozialen Pflegeversicherung, sondern auch in den Bundespflegestatistiken, die alle Pflegebedürftigen einschließlich der privat Versicherten umfassen.

Ob die vielen geplanten und im Bau befindlichen Pflegeheime dauerhaft benötigt werden, darf zumindest bezweifelt werden.

2.   Pflegestufenverteilung

Pflegebedürftige Ambulant 2012

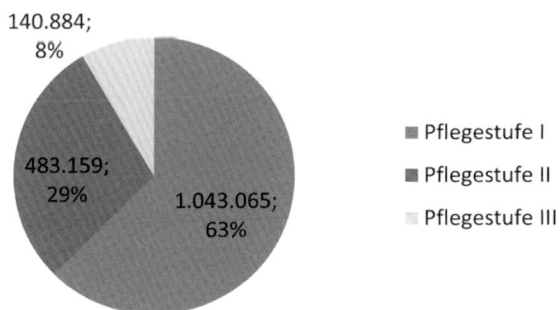

- Pflegestufe I
- Pflegestufe II
- Pflegestufe III

Pflegebedürftige Stationär 2012

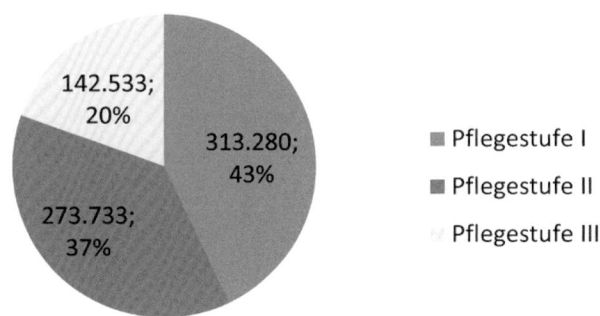

142.533; 20%

313.280; 43%

273.733; 37%

- Pflegestufe I
- Pflegestufe II
- Pflegestufe III

In der ambulanten Versorgung wird der überwiegende Teil der Versicherten in Pflegestufe 1 versorgt, Pflegestufe 3 ist der geringste Teil. Stationär sind Pflegestufe 1 und 2 ungefähr gleich gewichtet (Quelle: BMG, Soziale Pflegeversicherung, 2013).

3. Verteilung der Ausgaben

Pflegeversicherung: Leistungsausgaben 2012	in Millionen
Geldleistung	5.080
Pflegesachleistung	3.110
Pflegeurlaub	500
Tages-/Nachtpflege	250
Zusätzliche Betreuungsleistungen	380
Kurzzeitpflege	380
Soziale Sicherung	890
Pflegehilfsmittel	440
Vollstationäre Pflege	9.960
Vollstationäre Pflege in Behindertenheimen	260
Stationäre Vergütungszuschläge	540
Leistungsausgaben gesamt	**21.790**

Quelle: BMG 2013

Pflegeversicherung Ausgaben 2012 (Quelle: BMG 2013)

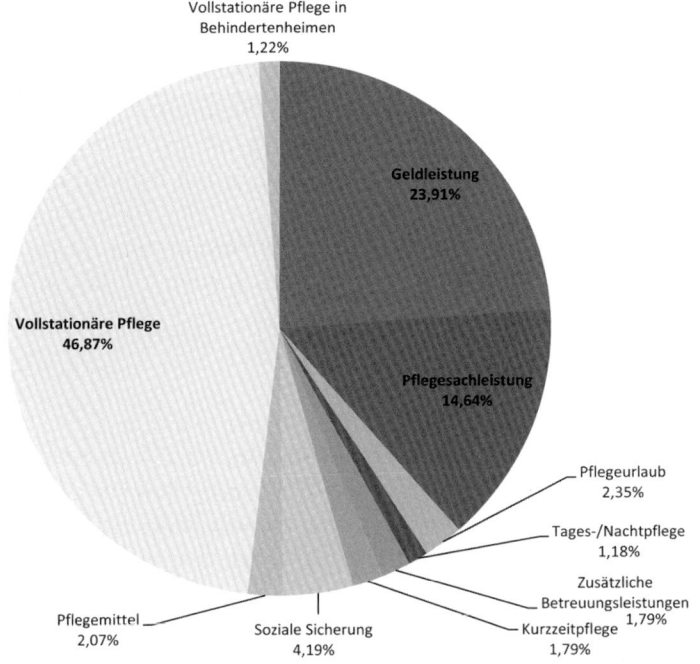

Vollstationäre Pflege in Behindertenheimen 1,22%

Geldleistung 23,91%

Vollstationäre Pflege 46,87%

Pflegesachleistung 14,64%

Pflegeurlaub 2,35%

Tages-/Nachtpflege 1,18%

Zusätzliche Betreuungsleistungen 1,79%

Kurzzeitpflege 1,79%

Pflegemittel 2,07%

Soziale Sicherung 4,19%

Vergleicht man die Ausgaben für die ambulante und stationäre Versorgung, stellt man fest, dass knapp 50 % aller Ausgaben für die stationäre Versorgung ausgegeben wird. Die folgende Zusammenfassung macht es noch deutlicher:

Pflegeversicherung 2013: Kosten nach Versorgungsart

	Ambulant	Stationär	Gesamt
Leistungsausgaben	11.030.000.000 €	10.760.000.000 €	21.790.000.000 €
in Prozent	50,62%	49,38%	
Anzahl Pflegebedürftiger	1.667.108	729.546	2.396.654
in Prozent	69,56%	30,44%	
Kosten pro Jahr pro Kopf	6.616 €	14.749 €	
pro Monat	551 €	1.229 €	
Kosten Ambulant zu Stationär	44,86%		

Quelle: BMG 2013; Zusammenstellung; SysPra

Download siehe:
http://www.beratungshandbuch.net

Fast 70 % aller Pflegebedürftigen werden ambulant versorgt, allerdings stehen ihnen nur 50 % der Leistungsausgaben zur Verfügung.

Pro Monat kostet rechnerisch ein ambulanter Pflegebedürftiger 551,– €, ein stationär versorgter Pflegebedürftiger jedoch 1.229,– €.

Auch diese Zahlen erklären, warum die Pflegereform 2008 gerade die Beratungsangebote „Pflegeberater" und „Pflegestützpunkte" ins Gesetz geschrieben hat. Der Gesetzgeber hofft, durch gezieltere Beratung die stationäre Versorgung zu reduzieren. Die ambulante Pflege ist vor allem deshalb so viel günstiger, weil ehrenamtliche Pflegepersonen den Hauptteil der Versorgung übernehmen. Durch das PNG und die zusätzlichen Leistungen für Versicherte/Pflegebedürftige mit erheblich eingeschränkter Alltagskompetenz dürften sich die Verhältnisse etwas zugunsten der ambulanten Versorgung verschieben.

Finanzierung und Beitragssatzstabilität
Einer der Hauptdiskussionspunkte vor Einführung der Pflegeversicherung war die Frage der Finanzierung und der Belastung der Arbeitgeber. Die Pflegeversicherung ist als Umlageversicherung (wie auch die Rentenversicherung) konzipiert: Aus den laufenden Beitragseinnahmen werden die Ausgaben bestritten, die Einnahmen wurden anfangs hälftig von Arbeitnehmern und Arbeitgebern getragen. Gleichzeitig bestand von Beginn an eine Versicherungspflicht (sei es in der gesetzlichen oder in einer, von den Leistungen her identischen, privaten Pflegeversicherung).

Für die Kompensation der Arbeitgeber wurde zunächst ein gesetzlicher Feiertag gestrichen, der Buß- und Bettag (nur in Sachsen ist der Feiertag nicht aufgehoben worden, hier zahlen allerdings auch die Arbeitnehmer den vollen Beitrag zur Pflegeversicherung allein); (siehe auch § 58).

Die Beiträge wurden 2004 systematisch verändert, allerdings nur für die Rentner, die nun den vollen Beitrag zahlen mussten. Die erste Änderung 1996 resultierte aus dem späteren Beginn der stationären Leistungen. 2005 wurde der Beitrag für Kinderlose um einen Zuschlag von 0,25 % erhöht. Davon ausgenommen sind Rentner, die vor dem 01.01.1940 geboren wurden, Erwachsene bis 23 Jahre sowie Empfänger von Arbeitslosengeld II, sowie Wehr- und Zivildienstleistende. Durch das PNG und die damit verbesserten ambulanten Leistungen wurde der Beitragssatz 2013 um 0,1 % angehoben.

Beitragssatzentwicklung der Pflegeversicherung

| | Arbeitnehmer Arbeitgeber (bis auf Sachsen) | | Rentner | |
	Mit Kindern	Kinderlose	vor Jahrgang 1940 oder/und mit Kindern	jünger als 1940 ohne Kinder
1995	1,00 %	1,00 %	0,50 %	0,50 %
Jul 96	1,70 %	1,70 %	0,85 %	0,85 %
2004	1,70 %	1,70 %	1,70 %	1,70 %
2005	1,70 %	1,95 %	1,70 %	1,95 %
Jul 08	1,95 %	2,20 %	1,95 %	2,20 %
Jan 13	2,05 %	2,30 %	2,05 %	2,30 %

Das ‚Bauprinzip' der Pflegeversicherung sieht vor, dass die Leistungen auch gekürzt werden können, wenn die Einnahmen die Ausgaben nicht mehr decken. Der Beitragssatz muss nicht angehoben werden (anders als in der Krankenversicherung).

Die Leistungen und ihre Finanzierung wurden 1995 festgesetzt. Mit der Umstellung auf den Euro wurden die Leistungsbeiträge nur umgestellt und auf volle Eurobeträge aufgerundet.

Erst 2008 gab es die erste tatsächliche Leistungserhöhung für die Ambulanten Leistungen sowie der Pflegestufe 3 Stationär (alle anderen Leistungen Stationär haben sich nicht erhöht). Auch durch das Pflege-Neuausrichtungsgesetz 2013 werden die Leistungen nur für eine Teilgruppe in der ambulanten Pflege erhöht, also nur für ca. 35 % der ambulant betreuten Pflegebedürftigen. Die 2008 eingeführte automatische Dynamisierung nach § 30 (verbunden mit der Preisentwicklung) wird frühestens 2014 festgestellt und sicherlich frühestens 2015 umgesetzt.

Betrachtet man die allgemeine Preisentwicklung am Beispiel der durchschnittlichen bundesweiten Heimkosten, die die Pflegestatistiken seit 1999 ausweist, lagen die durchschnittlichen Heimkosten (Pflege, Unterkunft und Verpflegung) in der Pflegestufe 2

» 1999 bei 2.070,– €,

» 2011 bei 2.440,– € (jeweils ohne Investitionskosten).

Da die Leistungen nicht erhöht wurden, müssen alle Kostensteigerungen durch die Pflegebedürftigen oder nachrangig die Sozialhilfe finanziert werden. Das führt zu einer schleichenden Abwertung der Leistungskraft der Versicherung.

Ambulant vor Stationär

Ein weiterer wesentlicher Punkt, der Grundsatz: „Ambulant vor Stationär" steht zwar im Gesetzestext (§ 3 Vorrang der häuslichen Pflege), ist aber vor allem bei der finanziellen Ausgestaltung der Leistungen nicht berücksichtigt: In den Pflegestufen 1 und 2 erhalten die ambulant versorgten Pflegebedürftigen deutlich weniger Sachleistungen als im Pflegeheim. Wären die stationären Leistungen genau so niedrig wie die ambulanten Leistungen, hätte es jedoch kaum die beabsichtigte Entlastung und Lösung von der Sozialhilfe gegeben.

Befreiung von und Entlastung der Sozialhilfe

Vor Einführung der Pflegeversicherung gab es praktisch keine oder kaum Unterstützungsleistungen bei Pflegebedürftigkeit. Wer nicht über ein familiäres Netzwerk versorgt werden konnte und in ein Pflegeheim gehen musste, war fast zwangsläufig auf Sozialhilfe angewiesen. Denn selbst in günstigen Pflegeheimen lagen die monatlichen Kosten immer deutlich über der Durchschnittsrente der Versicherten. Diese Sozialhilfeabhängigkeit sollte durch die Einführung der Pflegeversicherung, zumindest in sehr hohem Maße, reduziert werden.

Im Verhältnis zur Situation vor Einführung der Pflegeversicherung gibt es eine deutliche Entlastung, vor allem in der stationären Pflege.

Dazu zwei Beispiele:
Ambulant

Herr Müller ist seit kurzem in die Pflegestufe 1 eingestuft. Er benötigt Sachleistungen im Umfang von 500,– €, die Pflegeversicherung übernimmt davon 450,– €, nur 50,– € sind als Eigenanteil zu bezahlen. Vor Einführung der Pflegeversicherung hätte Herr Müller die kompletten 500,– € übernehmen müssen. Bei festgestellter eingeschränkter Alltagskompetenz nach § 45a sähe die Rechnung günstiger aus, weil in diesem Fall die Pflegekasse eine Zuschuss von bis zu 665 € an Sachleistungen übernehmen würde. Allerdings dürfte dann auch der Hilfebedarf deutlich höher sein.

Stationär

Herr Maier, Pflegestufe 2, ist in Bielefeld in ein Pflegeheim gezogen. Der Heimplatz kostet im Jahr 2013 inklusive aller Kosten (Pflege, Unterkunft und Verpflegung sowie Investitionskosten) 2.930,97 € im Monat. Die Pflegekasse bezuschusst 1.279,– €, so verbleiben 1.651,97 € (einschließlich Investitionskosten). Vor Einführung der Pflegeversicherung hätte Herr Maier die kompletten 2.930,97 € tragen müssen.

Aus beiden Beispielen wird deutlich, dass die Pflegeversicherung die Kosten nicht komplett übernehmen wollte, sondern dass die Pflegeversicherung lediglich ergänzend oder entlastend tätig werden kann.

§ 4 Absatz 2: „Bei häuslicher und teilstationärer Pflege **ergänzen** die Leistungen der Pflegeversicherung die familiäre, nachbarschaftliche oder sonstige ehrenamtliche Pflege und Betreuung. Bei teil- und vollstationärer Pflege werden die Pflegebedürftigen von Aufwendungen **entlastet**, die für ihre Versorgung nach Art und Schwere der Pflegebedürftigkeit erforderlich sind (pflegebedingte Aufwendungen), die Aufwendungen für Unterkunft und Verpflegung tragen die Pflegebedürftigen selbst".

Die nur teilweise Finanzierung der notwendigen Leistungen wird verkürzt auch als „Teilkaskoprinzip" bezeichnet.

Aus der Einstufung kann nicht auf finanzierte Leistungen geschlossen werden
Die Einstufung, insbesondere die Zeitermittlung für die einzelnen Verrichtungen mithilfe der Zeitkorridore (siehe auch Begutachtungsanleitung) haben nur mittelbar etwas mit den zu erhaltenden Leistungen zu tun. Die Zeitkorridore dienen lediglich der Ermittlung der Pflegestufe. Die von der Pflegeversicherung im Sinne eines Zuschusses gewährten Leistungen sollen und können nicht die notwendigen Leistungen, die Voraussetzung für die Einstufung sind, finanzieren.

Jedes Einstufungssystem hat vor allem die Aufgabe, aus der großen Anzahl der möglichen Nutzer eine so große oder kleine Menge herauszufiltern, dass mit den Beitragseinnahmen auch eine konkrete Entlastung erreicht wird. Je mehr Menschen als pflegebedürftig eingestuft werden, desto geringer fällt die Leistung des Einzelnen aus, wenn der Beitragssatz weiterhin stabil bleiben muss.

Leistungsgerechte Vergütung
Die Vergütung der ambulanten und stationären Leistungen beruht auf einem Vertragsgeflecht aus vier Verträgen:

> » **Versorgungsvertrag** nach § 72 (Zulassung zur Versorgung),
> » **Rahmenvertrag** nach § 75 auf Landesebene (organisatorische Regelungen),
> » **Qualitätsmaßstäbe und Expertenstandards** nach § 113 (der ‚alte' § 80),
> » **Vergütungsvereinbarung** ambulant nach § 89, stationär nach § 84.

Die Vergütungsvereinbarung setzt auf den anderen Vertragswerken auf bzw. bezieht ihre Inhalte mit ein. Die Vergütung muss für einen Pflegedienst (oder ein Pflegeheim) „leistungsgerecht sein. Die Vergütung muss einem Pflegedienst bei wirtschaftlicher Betriebsführung ermöglichen, seine Aufwendungen zu finanzieren und seinen Versorgungsauftrag zu erfüllen" (§ 89 bzw. § 84). Die Pflegeeinrichtung hat also die vertragliche Garantie, mit der Vergütung auszukommen, ansonsten dürfte die Vergütungsvereinbarung nicht weiter Bestand haben, sondern müsste gekündigt bzw. neu verhandelt werden.

Unabhängig davon, wie die Preise für eine Pflegeeinrichtung tatsächlich zustande gekommen sind, ist die Vereinbarung für jede Pflegeeinrichtung gesondert abzuschließen. Sie gilt damit individuell und speziell für die Einrichtung, die sie unterschrieben hat.

Die Preise für die einzelne Pauschal-Leistung sind Durchschnittspreise, die für alle im Jahr abgerechneten Leistungen gelten. Das heißt auch, dass die Preise im Einzelfall die Kosten nicht decken müssen oder können. Damit verbietet sich

» erlösorientierte Einsatzplanung, soweit sich die Erlöswerte auf einen Einsatz, einen Pflegekunden oder eine Tour beziehen.

» die öffentlich aufgestellte Behauptung, die aktuellen Vergütungen seien nicht ausreichend. Denn wer nicht mehr die Gewähr für eine leistungsfähige und wirtschaftliche pflegerische Versorgung bieten kann, muss seine Zulassung (Versorgungsvertrag) verlieren. Pflegediensten, die öffentlich behaupten, die Vergütung reiche nicht aus, aber nicht gleichzeitig die Vergütungsvereinbarung kündigen, müsste deshalb der Versorgungsvertrag entzogen werden.

Zeitvergütung muss leistungsgerecht sein

Anders sieht es bei der neuen Zeitvergütung (ab 2013) aus: Der Stundensatz ist leistungsrecht, weil ansonsten die Vergütungsvereinbarung nicht vom Pflegedienst unterschrieben worden wäre (siehe oben)! Dabei darf unabhängig von einer Mindestregelung (z. B. mindestens 15 Minuten) immer nur minutengenau abgerechnet werden, Pauschalabrechnungen (pro angefangene xx Minuten) sind nicht zulässig.

Preisunterschiede trotz gleicher Leistungen?

Das Prinzip der leistungsgerechten Vergütung, das wie oben beschrieben sich jeweils auf die einzelne Pflegeeinrichtung bezieht, sorgt logischerweise auch dafür, dass die Preise der Einrichtungen unterschiedlich hoch sind. Während in der stationären Pflege dies auch durch die unterschiedliche räumliche Ausstattung begründet scheint (jedes Heim sieht anders aus), ist eine Begründung für unterschiedliche Preise bei ambulanten Pflegediensten schwieriger. Dazu kommt, dass die Situation je nach Bundesland unterschiedlich ist. In einigen Bundesländern gibt es entgegen der Intention des Gesetzes zurzeit noch (letzte) Einheitspreise für alle Dienste (Schleswig-Holstein, Rheinland-Pfalz, Baden-Württemberg und Bayern), in anderen gibt es Preisgruppen (für Wohlfahrtseinrichtungen, Private etc.) oder komplett differenzierte Preise pro Region und Einrichtung (z. B. Nordrhein-Westfalen, Mecklenburg-Vorpommern).

Die Gründe für unterschiedliche Preise können vielfältig sein: unterschiedliche Personalstruktur, Tarifverträge, Organisationskosten, Wegekosten.
Da die Pflegekassen die Vergütungsvereinbarungen immer als Sachwalter der Versicherten abschließen, kann man auch gegenüber den Pflegekunden argumentieren, dass die Einrichtung nur genau die Vergütung bekommt, die für sie unbedingt notwendig (= leistungsgerecht) ist. Diese Prüfung findet (zumindest nach dem Gesetzestext) in der Vergütungsverhandlung durch die Pflegekassen statt bzw. hat formal stattgefunden. Und wie bei sehr vielen anderen Gütern und Dienstleistungen gibt es auch in der Pflege für identische Leistungen unterschiedliche Preise.

Höhere Stundensätze als der Wettbewerber?
Durch die zusätzlich auszuweisenden Stundensätze werden unter Umständen die Preisunterschiede der Pflegedienste noch transparenter: Der eine Pflegedienst wird nur 35 € die Stunde verlangen, der andere 45 €. Der Hauptgrund für die Preisunterschiede liegt einzig und allein in der Vergütung des Personals, meist bedingt durch unterschiedliche Tarifverträge: Da die (formale) Qualität immer gleich sein muss, stellt sich für den Kunden die Frage, warum er für die gleiche Leistung mehr Geld zahlen muss? Andererseits ist die Pflege absolut abhängig von guten Mitarbeitern, die auch fair bezahlt werden. Wer seine Mitarbeiter besser bezahlt als sein Wettbewerber, hat erfahrungsgemäß weniger Probleme, neue Mitarbeiter zu gewinnen. Pflegedienste sollten offensiver damit Werbung machen, dass sie ihre Mitarbeiter fair nach Tarif bezahlen und nicht versuchen, die Kosten durch Tarifflucht zu drücken. Denn wenn dauerhaft die Pflege immer schlechter bezahlt wird, werden gute Mitarbeiter in andere Bereiche oder Branchen abwandern. Da gute Pflege aber auch gute Mitarbeiter benötigt, müssen und sollten diese auch sachgerecht bezahlt werden. Und das Bundessozialgericht stellt in seinen aktuellen Urteilen eindeutig fest, dass tarifgerechte Bezahlung eindeutig wirtschaftlich ist und deshalb von den Pflegekassen refinanziert werden muss (BSG-Urteile siehe Quellen und Links).

Beitragszahlungen und Leistungsausgaben
Oft werden Pflegekräfte mit der Aussage konfrontiert, dass der Pflegebedürftige doch sein Leben lang gearbeitet und immer eingezahlt hätte und jetzt so wenig Pflegeleistungen bekommen würde.

Fakt ist:

» Die Pflegeversicherung existiert erst seit 1995, auch Beiträge werden erst ab dieser Zeit eingezogen/bezahlt.

» Ein Rentner der zum 01.01.2013 eingestuft wird, hat bis dahin (18 Jahre) folgende Beiträge (einschließlich 2013 gesamt) bezahlt:

   • **Beispiel 1:** Die Rente lag immer über der Beitragsbemessungsgrenze (in 2013 bei 3.937,50 €), es wurde immer der Höchstbetrag bezahlt. Dann wurden bis Ende 2013 an Beiträgen insgesamt: **10.727,56 €** bezahlt.

   • **Beispiel 2:** Ein Rentner mit einer gleichbleibenden Rente von 1.500,– € (= Beitragsbemessungsbetrag) hat seit Beginn der Pflegeversicherung bis Ende 2013 insgesamt: **4.608,– €** bezahlt

» Ein Jahr Bezug von Pflegegeldleistung ab 2013, (ohne Hilfsmittel, Verhinderungspflege, ohne Leistung nach § 45b) bedeutet:

   • Pflegestufe 1: 2.820,– €; bei eingeschränkter Alltagskompetenz: 3.660,- €

   • Pflegestufe 2: 5.280,– €; bei eingeschränkter Alltagskompetenz: 6.300,- €

   • Pflegestufe 3: 8.400,– €; bei eingeschränkter Alltagskompetenz: 8.400,- €

» Ein Jahr Bezug von Pflegesachleistung (ohne Pflegehilfsmittel, Verhinderungspflege etc.) bedeutet:

   • Pflegestufe 1: 5.400,– €; bei eingeschränkter Alltagskompetenz: 7.980,- €

   • Pflegestufe 2: 13.200,– €, bei eingeschränkter Alltagskompetenz: 15.000,- €

   • Pflegestufe 3: 18.600,– €; bei eingeschränkter Alltagskompetenz: 18.600,- €

» Ein Jahr Bezug von vollstationärer Pflege bedeutet:

   • Pflegestufe 1: 12.276,– €

   • Pflegestufe 2: 15.348,– €

   • Pflegestufe 3: 18.120,– €

Die Pflegeversicherung ist wie die Rentenversicherung als Umlageversicherung strukturiert: Heutige Leistungsbezieher bekommen Leistungen, die im Wesentlichen von der nachfolgenden Generation bezahlt werden. Das ist gut so und im Wesentlichen alternativlos, aber kein Grund zu glauben, die Pflegeversicherung wäre unfair, weil sie nicht alle Leistungen übernehmen kann, die benötigt werden.

Wer persönlich für höhere Leistungen ist, muss auch bereit sein, entsprechend mehr Beiträge zu bezahlen. Dies gilt auch für heutige Pflegebedürftige.

2.3 Hintergrund

Vor Einführung der Pflegeversicherung gab es so gut wie keine Leistungen bei Pflegebedürftigkeit (siehe auch Geschichte). Gleichzeitig entwickelt sich die Lebenserwartung weiter sehr positiv. Durch die höhere Lebenserwartung und die Veränderung der gesamten Lebensbedingungen können tradierte Versorgungskonzepte wie die Versorgung von Pflegebedürftigen durch die eigene Familie nicht mehr dauerhaft funktionieren. Die Einführung der Pflegeversicherung hat den Anstoß zu einer Entwicklung der Pflegeinfrastruktur gegeben, die die heutige Versorgung ermöglicht. So gibt es inzwischen über 12.300 ambulante Pflegedienste (Pflegestatistik 2011), vor Einführung gab es nicht einmal halb so viele. Problematisch bei der Einführung bis heute ist die unklare Kommunikation bezüglich der Leistungsmöglichkeiten der Pflegeversicherung. Es herrschte und gibt auch weiterhin die Erwartung, dass die Pflegeversicherung die Versorgung komplett finanziert. In der Praxis bleibt es dann den Leistungserbringern überlassen, diese falschen Erwartungen zu korrigieren. Andererseits werden auch einige Leistungen der Pflegeversicherung nur in sehr geringem Umfang genutzt, obwohl sie wesentlich zu Entlastung beitragen könnten (z. B. Verhinderungspflege oder auch Betreuungsleistungen für Demente).

2.4 Hinweise zur Beratung

Die richtigen Worte nutzen!

Allein die Frage, wie man die Pflegeversicherung mit Worten beschreibt, sagt viel über das Verständnis und das Verstehen der Leistungsmöglichkeiten aus. Dazu ein

Beispiel:

» Herr Müller benötigt für 500,– € Leistungen, erhält von der Pflegekasse nach Pflegestufe 1 insgesamt 450,– € Sachleistungen.

- **Variante 1:** „Herr Müller, Sie brauchen ja für 500,– € Leistungen, bekommen aber nur 450,– €. Da müssen Sie noch 50,– € **zuzahlen!**"

- **Variante 2:** Herr Müller, Sie brauchen ja für 500,– € Leistungen. Sie bekommen aber von der Pflegekasse einen Zuschuss von 450,– €, da bleibt als **Eigenanteil** für Sie nur noch 50,– € übrig.

Das Beispiel kann man auch verkürzt betiteln mit der Frage: „Ist das Glas halb voll oder halb leer?" Oft hat man den Eindruck, dass die Pflegebedürftigen und ihre Angehörigen nicht sehen und nicht vermittelt bekommen, was sie erhalten, sondern nur ärgerlich darüber sind, was sie nicht erhalten. Für sie ist das Glas also immer halb leer. Daher ist die erste Wortwahl wichtig.

Sich und die Kollegen vor einem ‚schlechten Gewissen' bewahren!
Mitleid und Empathie sind wichtige menschliche Reaktionen. Manchmal führen sie in der Pflege dazu, sich ausnutzen zu lassen. Das Klagen darüber, wie – vor allem wirtschaftlich – schlecht es einem Pflegebedürftigen und seinen Angehörigen geht, dient meist dazu, Pflegekräften ein schlechtes Gewissen zu machen, um weitere und dann meist heimliche und kostenfreie Leistungen zu bekommen. Dass die wirtschaftliche Situation objektiv so schlecht ist, darf in den meisten Fällen bezweifelt werden. Zumal die Erfahrung lehrt, dass die Menschen, die am meisten klagen (können), meist selbst nicht unbedingt in wirtschaftlicher Not sind. Alte Menschen in wirtschaftlicher Not klagen meist nicht, sie erhalten deshalb oft nicht die Leistungen, die sie bräuchten (oft auch nicht vom Pflegedienst, der sie als sehr nette und zurückhaltende Menschen kennt, die nie etwas fordern!). Menschen, die laut klagen und viel fordern, bekommen oftmals mehr, als sie objektiv benötigen. Umso wichtiger ist es, den Mitarbeitern folgende Punkte immer wieder in Schulungen und Gesprächen nahezubringen:

> » Die »Stillen« sind oft die wirklich Bedürftigen.
>
> » Die Aussage: „Arm, alt und gebrechlich" stimmt heute für die große Mehrheit nicht: Altersarmut ist zurzeit relativ selten anzutreffen.
>
> » Die Pflegeversicherung ist ein sehr großer Fortschritt, aber als Teilkaskoversicherung aufgebaut.
>
> » Die heutigen Leistungsbezieher leben von den Einzahlungen der jüngeren, sie selbst haben dazu recht wenig beigetragen.

Die tatsächliche durchschnittliche Einkommenssituation der Menschen ab 65 in Deutschland hat die Studie „Alterssicherung in Deutschland", im Auftrag des Bundesministeriums für Arbeit und Soziales von TNS Infratest Sozialforschung zuletzt 2012 ermittelt (siehe Grafik).

Alterssicherungsleistungen und zusätzliche Einkommen nach verschiedenen Merkmalen

Merkmal			Alters-sicherungs-leistungen	Zusätz-liche Ein-kommen	Alters-sicherungs-leistungen	Zusätz-liche Ein-kommen	Brutto-ein-kommen	Netto-ein-kommen
			Anteil der Bezieher/innen in %		Betrag je Beziher/in in EURO			
Ehepaare und Alleinstehende	Ehepaare	gesamt	99	57	2.215	1.115	2.829	2.433
		Mieter Eigentümer/	98	48	2.013	648	2.289	2.029
		mietfrei	100	61	2.316	1.301	3.105	2.640
		GRV-Rentner	100	56	2.189	1.057	2.778	2.407
	Alleinstehende	gesamt	99	45	1.275	436	1.557	1.366
		Männer Frauen	99	46	1.539	621	1.805	1.560
			99	45	1.313	365	1.463	1.292
		Mieter Eigentümer/	99	40	1.317	293	1.417	1.259
		mietfrei	99	50	1.435	555	1.699	1.475
		GRV-Rentner	100	44	1.346	406	1.523	1.349
Personen	Männer und Frauen	gesamt	97	47	1.306	486	1.511	1.321
		Verheiratet	95	49	1.252	521	1.477	1.286
		Verwitwet	99	42	1.421	432	1.594	1.403
		Geschieden/ Getrennt	98	53	1.232	489	1.468	1.278
		Ledig	97	47	1.347	373	1.493	1.301
	Männer	gesamt	99	50	1.659	642	1.957	1.695
		Verheiratet	99	51	1.704	648	2.013	1.749
		Verwitwet	100	44	1.708	564	1.952	1.691
		Geschieden/ Getrennt	99	48	1.381	789	1.742	1.499
		Ledig	96	45	1.379	483	1.561	1.352
		65 -u. 70 J. alt	98	55	1.606	929	2.086	1.764
		70 -u. 75 J. alt	99	48	1.690	651	1.989	1.726
		75 -u. 80 J. alt	98	42	1.618	470	1.794	1.752
		80 -u. 85 J. alt	99	51	1.749	285	1.881	1.674
		85 J. u. älter	99	57	1.690	358	1.869	1.651
	Frauen	gesamt	95	46	1.026	357	1.164	1.027
		Verheiratet	91	47	643	349	782	686
		Verwitwet	99	42	1.351	398	1.508	1.334
		Geschieden/ Getrennt	98	56	1.109	279	1.125	1.098
		Ledig	98	48	1.324	297	1.444	1.263
		65 -u. 70 J. alt	92	51	963	476	1.175	1.015
		70 -u. 75 J. alt	95	44	957	342	1.080	957
		75 -u. 80 J. alt	97	44	1.024	337	1.152	1.023
		80 -u. 85 J. alt	97	44	1.118	273	1.217	1.084
		85 J. u. älter	97	45	1.157	282	1.261	1.124
		Kein Kind	97	52	1.308	367	1.467	1.283
		1 Kind	94	47	1.094	336	1.226	1.084
		2 Kinder	94	47	979	384	1.132	997
		3 Kinder	95	43	921	364	1.062	941
		4 oder mehr Kinder	96	39	895	294	983	878

Merkmal			Alterssicherungsleistungen	Zusätzliche Einkommen	Alterssicherungsleistungen	Zusätzliche Einkommen	Brutto-einkommen	Netto-einkommen
			Anteil der Bezieher/innen in %		Betrag je Beziher/in in EURO			
Personen	Letzte berufliche Stellung	Arbeiter/ Angstellte Beamte Selbständige	98 97 93	44 59 69	1.262 2.835 946	346 395 1.258	1.396 3.026 1.789	1.250 2.433 1.430
	GRV-Rentner	gesamt	100	46	1.252	458	1.463	1.291
		Männer Frauen	100 100	48 45	1.579 1.006	610 334	1.872 1.154	1.643 1.026
	Migrationshin-tergrund	ohne mit	97 91	51 47	1.359 1.086	489 419	1.588 1.203	1.386 1.067

Die einzelnen Werte der Alterssicherungsleistungen sowie der zusätzlichen Einkommen können nur gewichtet addiert werden.

Aus: Alterssicherungsbericht 2012, Tab. C 4.1 (Ost und West gesamt)

Schichtung der Nettoeinkommen der 65-Jährigen und älteren

Betrachtet man die Schichtung der Nettoeinkommen auch im Vergleich Ost und West, stellt man fest, das im Osten die Spreizung weniger ausgeprägt ist, aber in beiden Richtungen. Es gibt im Osten weniger sehr niedrige und weniger sehr hohe Einkommen als im Westen.

Nettoeinkommens-klassen	Alte Länder			Neue Länder		
	Ehepaare	Allein-stehende Männer	Allein-stehende Frauen	Ehepaare	Allein-stehende Männer	Allein-stehende Frauen
unter 750 Euro	2%	10%	15%	0%	10%	9%
750 - u. 1.000 Euro	3%	13%	21%	1%	18%	19%
1.000 - u. 1.250 Euro	6%	16%	20%	4%	23%	26%
1.250 - u. 1.500 Euro	9%	18%	15%	12%	22%	27%
1.500 - u. 1.750 Euro	11%	14%	10%	19%	14%	12%
1.750 - u. 2.000 Euro	13%	9%	7%	20%	7%	4%
2.000 - u. 3.000 Euro	33%	13%	10%	37%	4%	2%
3.000 - u. 4.000 Euro	13%	4%	1%	4%	1%	0%
mehr als 4.000 Euro	10%	3%	1%	2%	1%	--
Gesamt	100%	100%	100%	100%	100%	100%

Quelle: Alterssicherungsbericht 2012, Tab C. 5.1

Lernen das Geld für sich auszugeben

Die heutige Generation der Pflegebedürftigen ist im Wesentlichen durch den 2.Weltkrieg, oftmals auch noch durch Flucht und Vertreibung geprägt (ca. 1/5 aller Deutschen hat durch den Krieg die Heimat verloren und musste tatsächlich von Vorne anfangen). Diese Erlebnisse führen auch dazu, dass diese Generation es nicht gelernt hat, für sich und ihre eigene Versorgung Geld auszugeben. Sie hat eher für eine bessere Zukunft ihrer Kinder und Angehörigen gespart, als an sich selbst zu denken. Dazu kommt, dass gerade diese Generation sehr stark geprägt ist von einem Staatsbild, in dem der Staat sich um seine Bürger kümmert (das galt sowohl in der alten Bundesrepublik als auch in der DDR). Die heute so propagierte Verantwortung für sich selbst hat diese Generation nicht gelernt. Die Pflegeversicherung hat diesen Wertewechsel erstmals in einem Sozialsystem eingeführt. Statt wie bisher eine Vollversorgung einzuführen, wurde erstmals ein Sozialversicherungszweig aufgebaut, der nur noch einen Zuschuss zu den notwendigen Kosten übernimmt. Diesen Systemwechsel hat die Politik weder klar beschrieben noch deutlich allen Bürgern erklärt, ebenso wenig wie dies die Pflegekassen getan haben.

2.5 Hinweise zur internen Umsetzung

Alle Mitarbeiter regelmäßig über die Grundlagen der Pflegeversicherung und ihre Entstehungsgeschichte schulen

Auch bei vielen Pflegemitarbeitern gibt es Lücken in Bezug auf die Geschichte, Systematik und Struktur der Pflegeversicherung. Daher sollte dies regelmäßig geschult und besprochen werden. Diese Themen gehören in die Einarbeitungsstandards neuer Mitarbeiter.

2.6 Quellen

§ 1 Soziale Pflegeversicherung

(1) Zur sozialen Absicherung des Risikos der Pflegebedürftigkeit wird als neuer eigenständiger Zweig der Sozialversicherung eine soziale Pflegeversicherung geschaffen.

(2) In den Schutz der sozialen Pflegeversicherung sind kraft Gesetzes alle einbezogen, die in der gesetzlichen Krankenversicherung versichert sind. Wer gegen Krankheit bei einem privaten Krankenversicherungsunternehmen versichert ist, muss eine private Pflegeversicherung abschließen.

(3) Träger der sozialen Pflegeversicherung sind die Pflegekassen; ihre Aufgaben werden von den Krankenkassen (§ 4 des Fünften Buches) wahrgenommen.

(4) Die Pflegeversicherung hat die Aufgabe, Pflegebedürftigen Hilfe zu leisten, die wegen der Schwere der Pflegebedürftigkeit auf solidarische Unterstützung angewiesen sind.

(4a) In der Pflegeversicherung sollen geschlechtsspezifische Unterschiede bezüglich der Pflegebedürftigkeit von Männern und Frauen und ihrer Bedarfe an Leistungen berücksichtigt und den Bedürfnissen nach einer kultursensiblen Pflege nach Möglichkeit Rechnung getragen werden.

(5) Die Leistungen der Pflegeversicherung werden in Stufen eingeführt: die Leistungen bei häuslicher Pflege vom 1. April 1995, die Leistungen bei stationärer Pflege vom 1. Juli 1996 an.

(6) Die Ausgaben der Pflegeversicherung werden durch Beiträge der Mitglieder und der Arbeitgeber finanziert. Die Beiträge richten sich nach den beitragspflichtigen Einnahmen der Mitglieder. Für versicherte Familienangehörige und eingetragene Lebenspartner (Lebenspartner) werden Beiträge nicht erhoben.

§ 2 Selbstbestimmung

(1) Die Leistungen der Pflegeversicherung sollen den Pflegebedürftigen helfen, trotz ihres Hilfebedarfs ein möglichst selbständiges und selbstbestimmtes Leben zu führen, das der Würde des Menschen entspricht. Die Hilfen sind darauf auszurichten, die körperlichen, geistigen und seelischen Kräfte der Pflegebedürftigen wiederzugewinnen oder zu erhalten.

(2) Die Pflegebedürftigen können zwischen Einrichtungen und Diensten verschiedener Träger wählen. Ihren Wünschen zur Gestaltung der Hilfe soll, soweit sie angemessen sind, im Rahmen des Leistungsrechts entsprochen werden. Wünsche der Pflegebedürftigen nach gleichgeschlechtlicher Pflege haben nach Möglichkeit Berücksichtigung zu finden.

(3) Auf die religiösen Bedürfnisse der Pflegebedürftigen ist Rücksicht zu nehmen. Auf ihren Wunsch hin sollen sie stationäre Leistungen in einer Einrichtung erhalten, in der sie durch Geistliche ihres Bekenntnisses betreut werden können.

(4) Die Pflegebedürftigen sind auf die Rechte nach den Absätzen 2 und 3 hinzuweisen.

§ 3 Vorrang der häuslichen Pflege

Die Pflegeversicherung soll mit ihren Leistungen vorrangig die häusliche Pflege und die Pflegebereitschaft der Angehörigen und Nachbarn unterstützen, damit die Pflegebedürftigen möglichst lange in ihrer häuslichen Umgebung bleiben können. Leistungen der teilstationären Pflege und der Kurzzeitpflege gehen den Leistungen der vollstationären Pflege vor.

§ 4 Art und Umfang der Leistungen

(1) Die Leistungen der Pflegeversicherung sind Dienst-, Sach- und Geldleistungen für den Bedarf an Grundpflege und hauswirtschaftlicher Versorgung sowie Kostenerstattung, soweit es dieses Buch vorsieht. Art und Umfang der Leistungen richten sich nach der Schwere der Pflegebedürftigkeit und danach, ob häusliche, teilstationäre oder vollstationäre Pflege in Anspruch genommen wird.

(2) Bei häuslicher und teilstationärer Pflege ergänzen die Leistungen der Pflegeversicherung die familiäre, nachbarschaftliche oder sonstige ehrenamtliche Pflege und Betreuung. Bei teil- und vollstationärer Pflege werden die Pflegebedürftigen von Aufwendungen entlastet, die für ihre Versorgung nach Art und Schwere der Pflegebedürftigkeit erforderlich sind (pflegebedingte Aufwendungen), die Aufwendungen für Unterkunft und Verpflegung tragen die Pflegebedürftigen selbst.

(3) Pflegekassen, Pflegeeinrichtungen und Pflegebedürftige haben darauf hinzuwirken, dass die Leistungen wirksam und wirtschaftlich erbracht und nur im notwendigen Umfang in Anspruch genommen werden.

3 Die Pflegeberatung durch die Pflegekassen (§ 7a/b)

3.1 Kurzdarstellung

Die Beratungspflicht der Pflegekassen umfasst eine neutrale und versichertenorientierte Beratung, ist aber eine freiwillige Leistung. Die Beratung kann über schriftliche Informationen, Pflegestützpunkte oder Pflegeberater durchgeführt werden. Bei der Information und vor allem bei den Preisvergleichslisten spielt das Internet eine wesentliche Rolle

3.2 Wesentliche Punkte

Beratungspflicht der Pflegekassen

Als Sozialleistungsträger sind die Pflegekassen schon durch das SGB I zur umfassenden Aufklärung und Beratung verpflichtet (§§ 13 und 14 SGB I). Darüber hinaus enthält das Pflegeversicherungsgesetz mit § 7 eine zusätzliche Beratungsverpflichtung. Über § 7 Abs. 3 (früher § 72 Abs. 5 alte Fassung) ist seit 1996 geregelt, dass die Pflegekassen verpflichtet sind, den Versicherten und Pflegebedürftigen Preisvergleichslisten zur Verfügung zu stellen. Erst durch die Umsetzung im Internet (auch im Zuge der Veröffentlichung der sogenannten Schulnoten) gibt es frei zugängliche Preisvergleichslisten.

Beratung durch Pflegeberater

Mit der Pflegereform 2008 ist der Beratungsanspruch nochmals erweitert worden: Über § 7a wurde die Pflegeberatung durch Pflegeberater der Pflegekassen festgeschrieben.

Das SGB XI – Beratungshandbuch • Andreas Heiber, 2., überarbeitete Auflage
© Vincentz Network GmbH & Co. KG, Hannover 2013 • ISBN 978-3-86630-318-8

„(1) Personen, die Leistungen nach diesem Buch erhalten, haben ab dem 1. Januar 2009 Anspruch auf individuelle Beratung und Hilfestellung durch einen Pflegeberater oder eine Pflegeberaterin bei der Auswahl und Inanspruchnahme von bundes- oder landesrechtlich vorgesehenen Sozialleistungen sowie sonstigen Hilfsangeboten, die auf die Unterstützung von Menschen mit Pflege-, Versorgungs- oder Betreuungsbedarf ausgerichtet sind (Pflegeberatung)."

Aufgabe der Pflegeberatung ist es insbesondere,

a. den Hilfebedarf unter Berücksichtigung der Feststellungen der Begutachtung durch den Medizinischen Dienst der Krankenversicherung systematisch zu erfassen und zu analysieren,

b. einen individuellen Versorgungsplan mit den im Einzelfall erforderlichen Sozialleistungen und gesundheitsfördernden, präventiven, kurativen, rehabilitativen oder sonstigen medizinischen sowie pflegerischen und sozialen Hilfen zu erstellen,

c. auf die für die Durchführung des Versorgungsplans erforderlichen Maßnahmen einschließlich deren Genehmigung durch den jeweiligen Leistungsträger hinzuwirken,

d. die Durchführung des Versorgungsplans zu überwachen und erforderlichenfalls einer veränderten Bedarfslage anzupassen sowie

e. bei besonders komplexen Fallgestaltungen den Hilfeprozess auszuwerten und zu dokumentieren.

Der Versorgungsplan beinhaltet insbesondere Empfehlungen zu den im Einzelfall erforderlichen Maßnahmen nach Satz 2 Nr. 3, Hinweise zu dem dazu vorhandenen örtlichen Leistungsangebot sowie zur Überprüfung und Anpassung der empfohlenen Maßnahmen. Bei Erstellung und Umsetzung des Versorgungsplans ist Einvernehmen mit dem Hilfesuchenden und allen an der Pflege, Versorgung und Betreuung Beteiligten anzustreben. Soweit Leistungen nach sonstigen bundes- oder landesrechtlichen Vorschriften erforderlich sind, sind die zuständigen Leistungsträger frühzeitig mit dem Ziel der Abstimmung einzubeziehen." (§ 7a)

Die Pflegebedürftigen haben das Recht auf diese umfassende Beratung, sind jedoch nicht verpflichtet, die Beratung anzufordern oder einen Berater in die Wohnung zu lassen.

Die Pflegeberater sollen in wohnortnahen Stützpunkten, den sogenannten „Pflegestützpunkten", angesiedelt sein und hier in Koordination und Zusammenarbeit mit allen an der Versorgung Beteiligten ein Netzwerk aufbauen und aktiv betreiben. Da die Zuständigkeit für den Aufbau der Pflegestützpunkte auf die Bundesländer delegiert wurde, gibt es je nach Bundesland, bisheriger Struktur und politischem Willen sehr unterschiedliche Strukturen und Entwicklungen.

Beim ersten Antrag gibt es ein Beratungsangebot innerhalb der ersten zwei Wochen
Durch das Pflege-Neuausrichtungsgesetz ist 2012 der Beratungsanspruch für Erstantragssteller noch verbessert worden. Nun sind die Pflegekassen verpflichtet, jeden neuen Antragssteller, der erstmalig Leistungen der Pflegeversicherung beantragt, entweder selbst (durch eigene Mitarbeiter) eine Beratung innerhalb von 14 Tagen nach Eingang des Antrags anzubieten oder ihm einen Beratungsgutschein zu übersenden für andere Beratungsstellen, die diese Beratung in den ersten 14 Tagen durchführen (können).

3.3   Hintergrund

Auch die Politik hat festgestellt, dass gut informierte Pflegebedürftige dauerhaft besser versorgt sind. Die ab 2009 eingeführten Pflegeberater gibt es zwar, einen nennenswerten Beitrag zur einer besseren Versorgung durch besser informierte Pflegebedürftige kann man nicht wirklich feststellen. Durch das PNG ist die Beratung für ‚Neukunden' noch verbessert worden, weil diese nun innerhalb der ersten zwei Wochen nach Antragseingang beraten werden.

3.4   Hinweise zur Beratung
Beratung ist freiwillig

Pflegeberater der Pflegekassen erfüllen eine wichtige Aufgabe. Je besser die Versicherte beraten werden, umso besser wird ihre Versorgung sein. Allerdings ist die Beratung in jedem Fall freiwillig. Versicherte haben das Recht, Beratungsangebote der Pflegekasse zurückzuweisen, ohne eine negative Konsequenz fürchten zu müssen: wenn sich beispielsweise ein Pflegeberater schriftlich zum Beratungsbesuch anmeldet, ohne dass der Versicherte ihn dazu eingeladen hat, kann er den Besuch jederzeit ohne Angabe von Gründen oder Nachteile absagen. Anders sieht es aus, wenn wegen einer Einstufungsbegutachtung der MDK oder ein beauftragter Prüfer sich anmeldet. Diese Termine sind verbindlich, falls man solche Besuche verweigert, kann sich das negativ auf die Pflegestufe bzw. die weitere Bewilligung auswirken.

Objektiv beraten ist Pflicht der Pflegeberater!
In der Vergangenheit gab es einige Kranken- und Pflegekassen, deren Pflegeberater sich selbständig bei Pflegebedürftigen, vor allem mit Behandlungspflegen, anmeldeten, um diese zu ‚beraten'. Oftmals mit dem Ergebnis, dass Behandlungspflegen dann von den Angehörigen übernommen werden sollten, obwohl es hierzu keine rechtliche Grundlage gab. Diese Art der Versorgungssteuerung ist nicht gesetzlicher Auftrag der Pflegeberater, zumal diese verpflichtet sind, auch für die Kranken- oder Pflegekasse wirtschaftlich nachteilige Umstände zu berücksichtigen:

---

§ 20 Untersuchungsgrundsatz
(2) Die Behörde hat alle für den Einzelfall bedeutsamen, auch die für die Beteiligten günstigen Umstände zu berücksichtigen. (§ 20 SGB X)

Das heißt im Beispiel, dass die Versicherten auf ihre Rechte hingewiesen werden müssen. Wenn trotzdem die Angehörigen freiwillig Leistungen übernehmen, die normalerweise in die Leistungspflicht der Krankenkasse fallen, ist das ihre freiwillige Entscheidung.

3.5 Hinweise zur internen Umsetzung

Pflegeberater der Pflegekasse kennen und nutzen
Die Verpflichtung zur Pflegeberatung durch Pflegeberater der Pflegekasse kann auch eine Chance bieten, vor allem bei Pflegebedürftigen, bei denen die Versorgungssituation schwierig ist und die Beratung des Dienstes nicht angenommen wird. Evtl. kann der Pflegeberater der Pflegekasse hier mehr erreichen.

In jedem Fall sollten die Pflegebedürftigen auf ihr Recht auf Beratung, aber auch auf die Freiwilligkeit der Beratung und ihr eigenes Hausrecht (sie entscheiden, wer ihre Wohnung betritt), aufmerksam gemacht werden. Eine Verweigerung der Beratung hat keine negativen Auswirkungen, anders als beispielsweise die Weigerung, den MDK zur Begutachtung der Pflegestufe in die Wohnung zu lassen.

Die Entwicklung der lokalen Pflegestützpunkte beobachten
Je nach Bundesland und Strukturen sind die Pflegestützpunkte inzwischen unterschiedlich entwickelt und etabliert. Sind im eigenen Einzugsgebiet Pflegestützpunkte vorhanden, sollte der Kontakt gesucht und die Formen der möglichen

Zusammenarbeit geklärt werden. Aus Sicht der Pflegedienste kann jede Form der Aufklärung über die Möglichkeiten der Versorgung bei Pflege nur positiv sein.

Pflegedatenbanken überprüfen

Die Preisvergleichslisten der Pflegekassen basieren alle auf den Internetdatenbanken, die inzwischen veröffentlicht sind. Die Pflegedienste sollten regelmäßig, spätestens bei Änderungen (z. B. durch Preiserhöhungen, Qualitätsprüfungen etc.) prüfen, ob die Angaben zu ihrer Einrichtung in den jeweiligen Datenbanken noch richtig sind. Auch sollte geprüft werden, ob, soweit möglich, immer der Hinweis auf die eigene Internetseite (soweit vorhanden) zu finden ist.
Die momentan vorhandenen Datenbanken sind:

www.aok-pflegedienstnavigator.de (Angebot der AOK)
www.pflegelotse.de (Angebot der Ersatzkassen VdEK)
www.bkk-pflegefinder.de (Angebot der Betriebskrankenkassen, Bund)
www.der-pflegekompass.de (Angebot der Bundesknappschaft)

3.6   Quellen

§ 7 Aufklärung, Beratung

(1) Die Pflegekassen haben die Eigenverantwortung der Versicherten durch Aufklärung und Beratung über eine gesunde, der Pflegebedürftigkeit vorbeugende Lebensführung zu unterstützen und auf die Teilnahme an gesundheitsfördernden Maßnahmen hinzuwirken.

(2) Die Pflegekassen haben die Versicherten und ihre Angehörigen und Lebenspartner in den mit der Pflegebedürftigkeit zusammenhängenden Fragen, insbesondere über die Leistungen der Pflegekassen sowie über die Leistungen und Hilfen anderer Träger, in für sie verständlicher Weise zu unterrichten, zu beraten und darüber aufzuklären, dass ein Anspruch besteht auf die Übermittlung

1. des Gutachtens des Medizinischen Dienstes der Krankenversicherung oder eines anderen von der Pflegekasse beauftragten Gutachters sowie

2. der gesonderten Rehabilitationsempfehlung gemäß § 18a Absatz 1.

Mit Einwilligung des Versicherten haben der behandelnde Arzt, das Krankenhaus, die Rehabilitations- und Vorsorgeeinrichtungen sowie die Sozialleistungsträger unverzüglich die zuständige Pflegekasse zu benachrichtigen, wenn sich der Eintritt von Pflegebedürftigkeit abzeichnet oder wenn Pflegebedürftigkeit festgestellt wird. Für die Beratung erforderliche personenbezogene Daten dürfen nur mit Einwilligung des Versicherten erhoben, verarbeitet und genutzt werden.

(3) Zur Unterstützung des Pflegebedürftigen bei der Ausübung seines Wahlrechts nach § 2 Abs. 2 sowie zur Förderung des Wettbewerbs und der Überschaubarkeit des vorhandenen Angebots hat die zuständige Pflegekasse dem Pflegebedürftigen unverzüglich nach Eingang seines Antrags auf Leistungen nach diesem Buch eine Vergleichsliste über die Leistungen und Vergütungen der zugelassenen Pflegeeinrichtungen zu übermitteln, in deren Einzugsbereich die pflegerische Versorgung gewährleistet werden soll (Leistungs- und Preisvergleichsliste). Gleichzeitig ist der Pflegebedürftige über den nächstgelegenen Pflegestützpunkt (§ 92c), die Pflegeberatung (§ 7a) und darüber zu unterrichten, dass die Beratung und Unterstützung durch den Pflegestützpunkt sowie die Pflegeberatung unentgeltlich sind. Die Leistungs- und Preisvergleichsliste ist der Pflegekasse vom Landesverband der Pflegekassen zur Verfügung zu stellen und zeitnah fortzuschreiben; sie hat zumindest die für die Pflegeeinrichtungen jeweils geltenden Festlegungen der Vergütungsvereinbarungen nach dem Achten Kapitel und zur wohnortnahen Versorgung nach § 92c zu enthalten und ist von der Pflegekasse um die Festlegungen in den Verträgen zur integrierten Versorgung nach § 92b, an denen sie beteiligt ist, zu ergänzen. Zugleich ist dem Pflegebedürftigen eine Beratung darüber anzubieten, welche Pflegeleistungen für ihn in seiner persönlichen Situation in Betracht kommen. Ferner ist der Pflegebedürftige auf die Veröffentlichung der Ergebnisse von Qualitätsprüfungen hinzuweisen. Versicherte mit erheblichem allgemeinen Betreuungsbedarf sind in gleicher Weise, insbesondere über anerkannte niedrigschwellige Betreuungsangebote, zu unterrichten und zu beraten.

(4) Die Pflegekassen können sich zur Wahrnehmung ihrer Beratungsaufgaben nach diesem Buch aus ihren Verwaltungsmitteln an der Finanzierung und arbeitsteiligen Organisation von Beratungsangeboten anderer Träger beteiligen; die Neutralität und Unabhängigkeit der Beratung ist zu gewährleisten.

§ 7a Pflegeberatung

„Personen, die Leistungen nach diesem Buch erhalten, haben ab dem 1. Januar 2009 Anspruch auf individuelle Beratung und Hilfestellung durch einen Pflegeberater oder eine Pflegeberaterin bei der Auswahl und Inanspruchnahme von bundes- oder landesrechtlich vorgesehenen Sozialleistungen sowie sonstigen Hilfsangeboten, die auf die Unterstützung von Menschen mit Pflege-, Versorgungs- oder Betreuungsbedarf ausgerichtet sind (Pflegeberatung)."

Aufgabe der Pflegeberatung ist es insbesondere,

» den Hilfebedarf unter Berücksichtigung der Feststellungen der Begutachtung durch den Medizinischen Dienst der Krankenversicherung systematisch zu erfassen und zu analysieren,

» einen individuellen Versorgungsplan mit den im Einzelfall erforderlichen Sozialleistungen und gesundheitsfördernden, präventiven, kurativen, rehabilitativen oder sonstigen medizinischen sowie pflegerischen und sozialen Hilfen zu erstellen,

» auf die für die Durchführung des Versorgungsplans erforderlichen Maßnahmen einschließlich deren Genehmigung durch den jeweiligen Leistungsträger hinzuwirken,

» die Durchführung des Versorgungsplans zu überwachen und erforderlichenfalls einer veränderten Bedarfslage anzupassen sowie

» bei besonders komplexen Fallgestaltungen den Hilfeprozess auszuwerten und zu dokumentieren. Der Versorgungsplan beinhaltet insbesondere Empfehlungen zu den im Einzelfall erforderlichen Maßnahmen nach Satz 2 Nr. 3, Hinweise zu dem dazu vorhandenen örtlichen Leistungsangebot sowie zur Überprüfung und Anpassung der empfohlenen Maßnahmen. Bei Erstellung und Umsetzung des Versorgungsplans ist Einvernehmen mit dem Hilfesuchenden und allen an der Pflege, Versorgung und Betreuung Beteiligten anzustreben. Soweit Leistungen nach sonstigen bundes- oder landesrechtlichen Vorschriften erforderlich sind, sind die zuständigen Leistungsträger frühzeitig mit dem Ziel der Abstimmung einzubeziehen. Eine enge Zusammenarbeit mit anderen Koordinierungsstellen, insbesondere den gemeinsamen Servicestellen nach § 23 des Neunten Buches, ist sicherzustellen. Ihnen obliegende Aufgaben der Pflegeberatung können die Pflegekassen ganz oder teilweise auf Dritte übertragen; § 80 des Zehnten Buches bleibt unberührt. Ein Anspruch auf Pflegeberatung besteht auch dann, wenn ein Antrag auf Leistungen nach diesem Buch gestellt wurde und erkennbar ein Hilfe- und Beratungsbedarf besteht. Vor dem 1. Januar 2009 kann Pflegeberatung gewährt werden, wenn und soweit eine Pflegekasse eine entsprechende Struktur aufgebaut hat. Es ist sicherzustellen, dass im jeweiligen Pflegestützpunkt nach § 92c Pflegeberatung im Sinne dieser Vorschrift in Anspruch genommen werden kann und die Unabhängigkeit der Beratung gewährleistet ist.

(2) Auf Wunsch erfolgt die Pflegeberatung unter Einbeziehung von Dritten, insbesondere Angehörigen und Lebenspartnern, und in der häuslichen Umgebung

oder in der Einrichtung, in der der Anspruchsberechtigte lebt. Ein Versicherter kann einen Leistungsantrag nach diesem oder dem Fünften Buch auch gegenüber dem Pflegeberater oder der Pflegeberaterin stellen. Der Antrag ist unverzüglich der zuständigen Pflege- oder Krankenkasse zu übermitteln, die den Leistungsbescheid unverzüglich dem Antragsteller und zeitgleich dem Pflegeberater oder der Pflegeberaterin zuleitet.

(3) Die Anzahl von Pflegeberatern und Pflegeberaterinnen ist so zu bemessen, dass die Aufgaben nach Absatz 1 im Interesse der Hilfesuchenden zeitnah und umfassend wahrgenommen werden können. Die Pflegekassen setzen für die persönliche Beratung und Betreuung durch Pflegeberater und Pflegeberaterinnen entsprechend qualifiziertes Personal ein, insbesondere Pflegefachkräfte, Sozialversicherungsfachangestellte oder Sozialarbeiter mit der jeweils erforderlichen Zusatzqualifikation. Zur erforderlichen Anzahl und Qualifikation von Pflegeberatern und Pflegeberaterinnen gibt der Spitzenverband Bund der Pflegekassen bis zum 31. August 2008 Empfehlungen ab. Die Qualifikationsanforderungen nach Satz 2 müssen spätestens zum 30. Juni 2011 erfüllt sein.

(4) Die Pflegekassen im Land haben Pflegeberater und Pflegeberaterinnen zur Sicherstellung einer wirtschaftlichen Aufgabenwahrnehmung in den Pflegestützpunkten nach Anzahl und örtlicher Zuständigkeit aufeinander abgestimmt bereitzustellen und hierüber einheitlich und gemeinsam Vereinbarungen bis zum 31. Oktober 2008 zu treffen. Die Pflegekassen können diese Aufgabe auf die Landesverbände der Pflegekassen übertragen. Kommt eine Einigung bis zu dem in Satz 1 genannten Zeitpunkt ganz oder teilweise nicht zustande, haben die Landesverbände der Pflegekassen innerhalb eines Monats zu entscheiden; § 81 Abs. 1 Satz 2 gilt entsprechend. Die Pflegekassen und die gesetzlichen Krankenkassen können zur Aufgabenwahrnehmung durch Pflegeberater und Pflegeberaterinnen von der Möglichkeit der Beauftragung nach Maßgabe der §§ 88 bis 92 des Zehnten Buches Gebrauch machen. Die durch die Tätigkeit von Pflegeberatern und Pflegeberaterinnen entstehenden Aufwendungen werden von den Pflegekassen getragen und zur Hälfte auf die Verwaltungskostenpauschale nach § 46 Abs. 3 Satz 1 angerechnet.

(5) Zur Durchführung der Pflegeberatung können die privaten Versicherungsunternehmen, die die private Pflege-Pflichtversicherung durchführen, Pflegeberater und Pflegeberaterinnen der Pflegekassen für die bei ihnen versicherten Personen nutzen. Dies setzt eine vertragliche Vereinbarung mit den Pflegekassen über Art, Inhalt und Umfang der Inanspruchnahme sowie über die Vergütung der hierfür je Fall entstehenden Aufwendungen voraus. Soweit Vereinbarungen mit den Pflegekassen nicht zustande kommen, können die privaten Versicherungsunternehmen, die die private Pflege-Pflichtversicherung durchführen, untereinander Vereinbarungen über eine abgestimmte Bereitstellung von Pflegeberatern und Pflegeberaterinnen treffen.

(6) Pflegeberater und Pflegeberaterinnen sowie sonstige mit der Wahrnehmung von Aufgaben nach Absatz 1 befasste Stellen, insbesondere

» nach Landesrecht für die wohnortnahe Betreuung im Rahmen der örtlichen Altenhilfe und für die Gewährung der Hilfe zur Pflege nach dem Zwölften Buch zu bestimmende Stellen,

» Unternehmen der privaten Kranken- und Pflegeversicherung,

» Pflegeeinrichtungen und Einzelpersonen nach § 77,

» Mitglieder von Selbsthilfegruppen, ehrenamtliche und sonstige zum bürgerschaftlichen Engagement bereite Personen und Organisationen sowie

» Agenturen für Arbeit und Träger der Grundsicherung für Arbeitsuchende, dürfen Sozialdaten für Zwecke der Pflegeberatung nur erheben, verarbeiten und nutzen, soweit dies zur Erfüllung der Aufgaben nach diesem Buch erforderlich oder durch Rechtsvorschriften des Sozialgesetzbuches oder Regelungen des Versicherungsvertrags- oder des Versicherungsaufsichtsgesetzes angeordnet oder erlaubt ist.

(7) Über die Erfahrungen mit der Pflegeberatung legt der Spitzenverband Bund der Pflegekassen dem Bundesministerium für Gesundheit bis zum 30. Juni 2011 einen unter wissenschaftlicher Begleitung zu erstellenden Bericht vor. Er kann hierzu Mittel nach § 8 Abs. 3 einsetzen.

§ 7b Beratungsgutscheine

(1) Die Pflegekasse hat dem Antragsteller unmittelbar nach Eingang eines erstmaligen Antrags auf Leistungen nach diesem Buch entweder

1. unter Angabe einer Kontaktperson einen konkreten Beratungstermin anzubieten, der spätestens innerhalb von zwei Wochen nach Antragseingang durchzuführen ist, oder

2. einen Beratungsgutschein auszustellen, in dem Beratungsstellen benannt sind, bei denen er zu Lasten der Pflegekasse innerhalb von zwei Wochen nach Antragseingang eingelöst werden kann; § 7a Absatz 4 Satz 5 ist entsprechend anzuwenden.

3. Die Beratung richtet sich nach den §§ 7 und 7a. Auf Wunsch des Versicherten hat die Beratung in der häuslichen Umgebung stattzufinden und kann auch nach Ablauf der in Satz 1 genannten Frist durchgeführt werden; über diese Möglichkeiten hat ihn die Pflegekasse aufzuklären.

(2) Die Pflegekasse hat sicherzustellen, dass die Beratungsstellen die Anforderungen an die Beratung nach den §§ 7 und 7a einhalten. Die Pflegekasse schließt hierzu allein oder gemeinsam mit anderen Pflegekassen vertragliche Vereinbarungen mit unabhängigen und neutralen Beratungsstellen, die insbesondere Regelungen treffen für

1. die Anforderungen an die Beratungsleistung und die Beratungspersonen,

2. die Haftung für Schäden, die der Pflegekasse durch fehlerhafte Beratung entstehen, und

3. die Vergütung.

(3) Stellen nach Absatz 1 Satz 1 Nummer 2 dürfen personenbezogene Daten nur erheben, verarbeiten und nutzen, soweit dies für Zwecke der Beratung nach den §§ 7 und 7a erforderlich ist und der Versicherte oder sein gesetzlicher Vertreter eingewilligt hat. Zudem ist der Versicherte oder sein gesetzlicher Vertreter zu Beginn der Beratung darauf hinzuweisen, dass die Einwilligung jederzeit widerrufen werden kann.

(4) Die Absätze 1 bis 3 gelten für private Versicherungsunternehmen, die die private Pflege-Pflichtversicherung durchführen, entsprechend.

4 Schulungsangebote für Pflegepersonen (§ 45)

4.1 Kurzdarstellung

Pflegepersonen haben das Recht auf Schulung und Beratung bei ihrer Pflegetätigkeit. Die Pflegekassen können hierzu Schulungskurse, individuelle Schulungen vor Ort sowie die Unterstützung bei der Entlassung aus dem Krankenhaus anbieten. Diese Angebote sind für die Pflegepersonen kostenfrei. Sie werden von Pflegekassen und Pflegeeinrichtungen angeboten.

4.2 Wesentliche Punkte

Jeder kann teilnehmen

Der Kreis derjenigen, die Schulungsangebote in Anspruch nehmen können, ist bewusst sehr weit gefasst. Es sollen nicht nur aktive Pflegepersonen geschult werden, sondern auch mögliche Interessenten, die erst einmal die Pflege kennen lernen wollen. Dies gilt vor allem für die allgemeinen und speziellen Schulungskurse, nicht jedoch für die Angebote der Überleitung sowie der Schulung vor Ort.

Die Schulungsangebote sind alle kostenfrei

Die Schulungsangebote, genauso wie die Überleitung oder die Schulung vor Ort, sind für die Pflegeperson, die Interessierten bzw. die Pflegebedürftigen kostenfrei. Das gilt unabhängig von der zuständigen Pflegekasse. Als Pflegeperson kann man an jedem Kurs teilnehmen, auch wenn dieser von einer anderen Pflegekasse veranstaltet wird.

Veranstalter und Ausrichter

Die Pflegekassen können die Kurse selbst oder durch beauftragte Einrichtungen durchführen lassen. Um die einheitliche Durchführung zu gewährleisten, schließen die Pflegekassen Rahmenverträge mit den durchführenden Einrichtungen bzw. ihren Verbänden ab. In den Rahmenverträgen sind die Qualifikation der Referenten, die Themen sowie die organisatorischen Voraussetzungen und die Vergütung festgelegt. Einrichtungen können Schulungskurse nur gegenüber einer Pflegekasse abrechnen, wenn sie einer solchen Vereinbarung beigetreten sind und die Voraussetzungen erfüllen.

Gleiches gilt auch für die Erbringung von Leistungen zur Überleitung oder zur häuslichen Schulung.

Das SGB XI – Beratungshandbuch • Andreas Heiber, 2., überarbeitete Auflage
© Vincentz Network GmbH & Co. KG, Hannover 2013 • ISBN 978-3-86630-318-8

Allgemeine und spezielle Schulungskurse

Bei Schulungskursen kann man zwei Arten unterscheiden: Grundschulungen (Basispflegekurse) und Kurse zu speziellen Themen (Spezialpflegekurse).

Die Grundschulungen decken inhaltlich alle Themen rund um die Pflege ab. Spezialthemen können beispielsweise Pflege bei Demenz, Kinderkrankenpflege oder Pflege bei speziellen Diagnosen sein. Inhaltlich ist abzugrenzen, bei welchen Themenfeldern ein Basispflegekurs Voraussetzung für den Besuch eines Spezialpflegekurses sein sollte. Die Schulungskurse gliedern sich meist in Einheiten von ca. 6 bis 12 Terminen von jeweils ca. 1,5 bis 2 Stunden.

Individuelle Schulung vor Ort

Die individuelle Schulung vor Ort soll der Pflegeperson helfen, mit der konkreten Pflegesituation besser umzugehen. Während im Schulungskurs der Platz um das Pflegebett immer frei ist, sieht es in vielen Wohnungen ganz anders aus. Die Vorteile der häuslichen Schulung liegen darin, genau auf die besondere Situation eingehen zu können. Der Schulungsumfang ist individuell festzulegen bzw. mit den Pflegekassen zu verhandeln. In manchen Situationen reichen ein bis zwei Termine von ca. 1 bis 2 Stunden aus. In anderen Situationen dürfte es zielführender sein, die Ausführung von bestimmten Grundpflegen in kleinen Zeitabschnitten zu üben und dies über mehrere Tage. Beispielsweise übernimmt die Tochter die abendliche Grundpflege, die Pflegefachkraft ist die ersten 6 Tage dabei, leitet sie an und zeigt ihr hilfreiche Handgriffe.

Überleitung aus dem Krankenhaus

Eine besondere Art der individuellen Schulung ist die Überleitung aus dem Krankenhaus in die häusliche Umgebung. Der Grund für einen Krankenhausaufenthalt ist meist der Beginn der Pflegebedürftigkeit (z. B. nach einem Schlaganfall) oder eine gesundheitliche Verschlechterung und damit eine Veränderung der Pflegesituation. Dann muss die Versorgung zu Hause überhaupt oder neu organisiert werden. Die Überleitungspflege beginnt in der Regel mit einem ersten Gespräch und Kennen lernen im Krankenhaus. Die Pflegefachkraft erfasst die Situation und berät bei der vielleicht notwendigen Ausstattung der Wohnung mit Pflegehilfsmitteln (z. B. Pflegebett), sowie bei der Planung der Versorgung. Die weiteren Besuche finden dann zu Hause statt. Meist können hier (je nach Rahmenvertrag) drei Termine abgerechnet werden.

4.3 Hintergrund

Pflegepersonen sind die wesentliche Stütze der ambulanten Pflege. Je besser sie ausgebildet und unterstützt werden, umso länger können sie die Versorgung beim Pflegebedürftigen zu Hause (mit) sicherstellen. Dabei spielt es keine Rolle, ob die Pflegepersonen die Pflege übernommen haben oder sich nur dafür interessieren. Alle, die Interesse haben, sollen unentgeltlich an Schulungskursen teilnehmen können. Obwohl es das Angebot schon seit Beginn der Pflegeversicherung gibt, ist die Anzahl derjenigen, die daran teilnimmt, noch recht gering. So nahmen bei der Barmer Pflegeversicherung im Jahr 2009 nur ca. 8.000 Pflegepersonen an Schulungen teil, bei insgesamt 140.000 Pflegebedürftigen. Das entspricht einer Quote von ca. 6 %. Gleichzeitig sind Pflegepersonen zu einem sehr hohen Prozentsatz gefährdet depressiv zu werden. Dies liegt auch daran, dass mit zunehmender Pflegeintensität die Außenkontakte abnehmen und sich das Leben immer mehr um den Pflegebedürftigen und ‚sein‘ Wohlergehen dreht. Da die Pflegepersonen zum Großteil aus der unmittelbaren Umgebung kommen (Ehe- und Lebenspartner, Töchter und Schwiegertöchter), ist deren Entlastung umso wichtiger.

4.4 Hinweise zur Beratung

Die komplette Palette der Schulungsangebote anbieten

Jeder Pflegedienst sollte alle Möglichkeiten, die über die Schulung nach § 45 angeboten werden können, anbieten. Das heißt nicht, dass man selbst immer Pflegekurse veranstalten muss, es reicht hier auch der Hinweis auf Kooperationspartner. Die Möglichkeiten der Überleitung sollten in jedem Fall genutzt werden.

Schulung kann entlasten

Vor allem die Schulung vor Ort kann die tägliche Pflegearbeit enorm entlasten. Die vielen Fragen, die sich in der Praxis der Versorgung ergeben, kann man kaum in der täglichen Pflege alle beantworten. Um hier die Kollegen zu entlasten, könnte eine zusätzliche individuelle Schulung vor Ort allen nutzen: den Angehörigen, für die man endlich Zeit hat sowie den Pflegekräften, die dann mit besser ausgebildeten Pflegepersonen zusammen arbeiten können und weniger durch Fragen ‚gestört‘ werden.

Schulung bei Beratungsbesuchen (§ 37.3) anbieten

Gerade die Pflegekunden, die die Versorgung bisher allein übernehmen, sollten gezielt für die Möglichkeiten der Schulungen sensibilisiert werden. Denn diese Gruppe arbeitet weitgehend allein ohne die Mithilfe von professionellen Kräften.

4.5 Hinweise zur internen Umsetzung

Rahmenvertrag über Verband beitreten

Prüfen Sie, ob Ihr Spitzenverband mit Pflegekassen einen Rahmenvertrag abgeschlossen hat und unter welchen Bedingungen sie dem beitreten können. Meist ist Voraussetzung für die Durchführung von solchen Schulungen, dass die Referenten eine entsprechende Qualifikation nachweisen können, beispielsweise als Pflegeberater.

Eigene Fachkräfte qualifizieren

Nicht jede Fachkraft ist dafür geeignet, Fachwissen anderen Menschen weiterzugeben. Wer lehren will, sollte daran Spaß haben und fachlich qualifiziert sein. Vor Auswahl der „Lehrkräfte" sollte geprüft werden, welche Voraussetzungen bzw. welche Inhalte oder welchen Abschluss der jeweilige Rahmenvertrag voraussetzt.

Kunden und Mitarbeiter regelmäßig informieren

Wichtig ist, Pflegepersonen, Pflegebedürftige und Mitarbeiter regelmäßig über das Schulungsangebot (vor allem auch die Möglichkeit der individuellen Schulung zu Hause) zu informieren. Die Mitarbeiter sollten erkennen, dass eine Schulung sie im Alltag sehr entlasten kann. Eine gute Planung, sowohl zeitlich als auch organisatorisch, unterstützt diesen Aspekt. Es sollte gleichzeitig zu Angeboten einer zeitweisen Betreuung (Ersatzpflege oder Betreuungsleistung, in der Gruppe oder zu Hause) informiert werden. Vorstellbar wäre z. B. die Betreuung des Pflegebedürftigen in einem anderen Raum für die Dauer des Kurses.

4.6 Quellen

§ 45 Pflegekurse für Angehörige und ehrenamtliche Pflegepersonen

(1) Die Pflegekassen sollen für Angehörige und sonstige an einer ehrenamtlichen Pflegetätigkeit interessierte Personen Schulungskurse unentgeltlich anbieten, um soziales Engagement im Bereich der Pflege zu fördern und zu stärken, Pflege und Betreuung zu erleichtern und zu verbessern sowie pflegebedingte körperliche und seelische Belastungen zu mindern. Die Kurse sollen Fertigkeiten für eine eigenständige Durchführung der Pflege vermitteln. Die Schulung soll auch in der häuslichen Umgebung des Pflegebedürftigen stattfinden.

(2) Die Pflegekasse kann die Kurse entweder selbst oder gemeinsam mit anderen Pflegekassen durchführen oder geeignete andere Einrichtungen mit der Durchführung beauftragen.

(3) Über die einheitliche Durchführung sowie über die inhaltliche Ausgestaltung der Kurse können die Landesverbände der Pflegekassen Rahmenvereinbarungen mit den Trägern der Einrichtungen schließen, die die Pflegekurse durchführen.

5 Soziale Sicherung der Pflegepersonen (§ 44)

5.1 Kurzdarstellung

Die Angebote zur sozialen Sicherung richten sich an alle Pflegepersonen: Jeder, der einen Pflegebedürftigen in der häuslichen Umgebung pflegt oder hauswirtschaftlich versorgt, ist unabhängig vom Zeitaufwand in der Gesetzlichen Unfallversicherung versichert.

Pflegepersonen, die wöchentlich mehr als 14 Stunden die Versorgung in der häuslichen Umgebung übernehmen, können darüber hinaus zusätzlich Leistungen zur Rentenversicherung beziehen und im Rahmen der Arbeitsförderung Maßnahmen zur Wiedereingliederung ins Berufsleben in Anspruch nehmen.

5.2 Wesentliche Punkte

Unfallversicherung
Alle Pflegepersonen sind (immer) versichert

Pflegepersonen sind nach § 19 Personen, die nicht erwerbsmäßig einen Pflegebedürftigen im Sinne § 14 in seiner häuslichen Umgebung versorgen.

Nicht erwerbsmäßig bedeutet, dass sie die Pflege nicht zur Erzielung eines Einkommens übernommen haben. Das ist auch dann erfüllt, wenn sie das Pflegegeld vom versorgten Pflegebedürftigen bekommen. Allerdings wäre jedes weitere Pflegegeld (von einem zweiten Pflegebedürftigen, beispielsweise dem Nachbarn) ein Merkmal dafür, dass die Pflege insgesamt erwerbsmäßig ausgeübt wird und damit nicht mehr ehrenamtlich. In diesem Fall gibt es keinen kostenlosen Versicherungsschutz über die Gesetzliche Unfallversicherung. Die erwerbstätige Pflegeperson muss sich kostenpflichtig selbst versichern.

Voraussetzung für einen Versicherungsschutz in der Gesetzlichen Unfallversicherung ist, dass ein Pflegebedürftiger im Sinne § 14 (also mindestens Stufe 1) versorgt wird. Die Versorgung eines Versicherten mit einem festgestellten zusätzlichen Betreuungsbedarf nach § 45a fällt zunächst nach dem Wortlaut des Pflegeversicherungsgesetzes nicht darunter, solange der Versicherte keine Pflegestufe (mindestens Pflegestufe 1) hat. Allerdings enthält der § 2, Abs. 2 Satz 1 der Gesetzlichen Unfallversicherung (SGB XII) eine Öffnungsklausel, die auf diese Fälle zutrifft: hier ist formuliert: „(2) Ferner sind Personen versichert, die wie nach Absatz 1 Nr. 1 Versicherte tätig werden." Da in Absatz 1, Nr. 1, 17: ausdrücklich die Pflegepersonen aufgeführt sind, dürfte auch der erweitere Personenkreis unfallversichert sein, der Versicherte ohne Pflegestufe aber mit einer dauerhaften erheblich eingeschränkten Alltagskompetenz versorgt.

Das SGB XI – Beratungshandbuch · Andreas Heiber, 2., überarbeitete Auflage
© Vincentz Network GmbH & Co. KG, Hannover 2013 · ISBN 978-3-86630-318-8

Die Unfallversicherung gilt nur, solange der Pflegebedürftige zuhause versorgt wird. Damit sind weitere Betreuungsleistungen durch Pflegepersonen in einem Pflegeheim nicht versichert.

Zur Versorgung gehören die Grundpflege sowie die Hauswirtschaft

Neben der Körperpflege gehören auch die Leistungen der Ernährung, Mobilität und Hauswirtschaft dazu, soweit diese überwiegend für den Pflegebedürftigen erbracht werden (siehe § 2 SGB VII). Das bedeutet, dass beispielsweise beim Einkauf für den Pflegebedürftigen auch etwas für die sonstige Familie mit eingekauft werden kann, ohne dass dadurch der Zweck (Versorgung eines Pflegebedürftigen) und damit der Versicherungsschutz verloren gehen.

Versicherungsschutz und -umfang

Die gesetzliche Unfallversicherung sichert Arbeitsunfälle (Unfälle, die unmittelbar mit der Versorgungstätigkeit zusammenhängen), Wegeunfälle (Unfälle auf dem Weg zum oder vom Pflegebedürftigen) sowie Berufskrankheiten (z. B. Infektionskrankheiten oder Hauterkrankungen, ausgelöst durch die Versorgung des Pflegebedürftigen).

Wichtig ist in jedem Fall, dass die Pflegeperson beim Arzt oder im Krankenhaus angibt, dass sie „bei der Versorgung eines Pflegebedürftigen verunfallt" ist. Normalerweise sind die Pflegepersonen der Pflegekasse bekannt, da sie bei der Einstufung bzw. einer Folgeeinstufung durch den MDK mit erfasst werden. Sollte eine Pflegeperson neu dazu kommen, kann sie immer nachgemeldet werden. Diese Nachmeldung hat keinerlei Auswirkungen auf andere Bereiche (z. B. andere Sozialleistungen), sondern dient nur dem einfacheren Nachweis des Versicherungsschutzes. Auch ohne Meldung bei der Pflegekasse ist eine Pflegeperson immer unfallversichert (siehe auch Gemeinsames Rundschreiben der gesetzlichen Unfallversicherungsträger, siehe Seite 68), eine Meldung bei der Pflegekasse vereinfacht nur den Nachweis des Status „Pflegeperson".

Rentenversicherung
Versicherter Personenkreis

Für Leistungen zur Rentenversicherung und Wiedereingliederung in den Beruf gelten weitere einschränkende Kriterien:

Pflegepersonen müssen nicht erwerbsmäßig,

- mindestens 14 Stunden pro Woche eine oder mehrere pflegebedürftige Personen pflegen und hauswirtschaftliche Versorgung übernehmen, selbst jedoch nicht

- mehr als 30 Stunden in der Woche erwerbstätig sein.

Diese einschränkenden Grenzen haben zum Ziel, einerseits nur die Pflegepersonen mit weiteren Leistungen auszustatten, die auch in erheblichem Umfang in die Versorgung integriert sind, aber andererseits nur die abzusichern, die nicht von sich aus schon selbst ‚genug' eigene Ansprüche in der Rentenversicherung erwerben.

Für Betroffene erscheint das weniger gerecht, es dient wohl in erster Linie der Begrenzung der hieraus zu tragenden Kosten für die Pflegekasse.

Folgende Besonderheiten gelten für weitere Gruppen:

» Pflegepersonen, die im Berufsleben als Selbständige nicht der Rentenversicherungspflicht unterliegen, sind als Pflegepersonen rentenversicherungspflichtig und können daher Rentenleistungen erwerben.

» Für Pflegepersonen, die über eine berufsständische Versorgungseinrichtung versichert sind, werden die Beiträge entsprechend dort eingezahlt.

» Pflegepersonen im Rentenalter können ihre eigene Rente nicht mehr aufstocken, wenn sie selbst schon eine Altersrente beziehen. Sind sie jedoch in Altersteilzeit, ist dies noch möglich.

Bisher umfasste die Regelung der 14 Stunden nur die Pflegetätigkeit bei einem einzelnen Pflegebedürftigen.

Wurden beispielsweise beide Elternteile je 10 Stunden in der Woche versorgt, so konnten diese Zeiten nicht addiert werden. Durch das PNG ist dies nun neu geregelt: Es können nun solche Pflegezeiten zusammen gezählt werden. Allerdings muss man hier beachten, dass dies bei den eigenen Eltern oder pflegebedürftigen Kindern unkritisch sein dürfte. Versorgt man neben dem eigenen Angehörigen noch den Nachbarn und erhält von beiden jeweils das Pflegegeld, wird sich schnell die Frage stellen, ob die Pflege dann nicht doch erwerbsmäßig erfolgt oder nur gegen Geld (und damit auch keine Sozialleistungen für ehrenamtliche Pflegepersonen mehr möglich sind).

Rentenansprüche entstehen nur, wenn die Pflegetätigkeit für mehr als 2 Monate im Jahr ausgeübt wird. Bei einer Unterbrechung von maximal 6 Wochen im Jahr wegen Erholungsurlaubs werden die Rentenversicherungsansprüche weitergezahlt. Auch für die ersten vier Wochen eines Krankenhausaufenthaltes oder einer stationären Rehabilitation des Pflegebedürftigen werden die Rentenbeiträge weitergezahlt. Unterbricht die Pflegeperson die Versorgung jedoch wegen eigener Krankheit, wird auch die Versicherungspflicht unterbrochen. Gleiches gilt bei einem Aufenthalt des Pflegebedürftigen in der Kurzzeitpflege oder beim tageweisen Bezug von Ersatzpflegeleistungen.

Die Feststellung über die von der Pflegeperson geleisteten Stunden in der Pflege trifft der Gutachter im Rahmen der Einstufung bzw. Folgeeinstufung. Er hat festzustellen, wie hoch der tatsächliche Stundenumfang in der Versorgung durch die jeweilige Pflegeperson ist. Dabei ist er besonders aufgefordert, dies dann zu prüfen, wenn Sachleistungen genutzt werden.

Auch zwei Pflegepersonen, die gemeinsam einen Pflegebedürftigen pflegen, können Versicherungsansprüche erwerben, wenn jeder von beiden mindestens 14 Stunden die Woche pflegt.

Zu erwartende Leistungen der Rentenversicherung

Die Höhe der zu erwerbenden Rentenansprüche richtet sich sowohl nach der Pflegestufe als auch nach der Dauer der Pflegetätigkeit.

Beitragszahlung der Pflegekassen an gesetzliche Rentenversicherung und die zu erwartende Rentenhöhe (Stand 2013)

Pflegestufe	Mindeststunden-zahl pro Woche	mtl. Beitragshöhe		voraussichtliche Rente	
		West	Ost	West	Ost
I	14	135,83 €	114,66 €	7,10 €	6,26 €
II	14	181,10 €	152,88 €	9,47 €	8,35 €
	21	271,66 €	229,16 €	14,21 €	12,53 €
III	14	203,74 €	171,99 €	10,66 €	9,40 €
	21	305,61 €	257,99 €	15,99 €	14,10 €
	28	407,48 €	343,98 €	21,32 €	18,80 €

Quelle: BMG 2013

Anmeldung

Die entsprechende Anmeldung erfolgt durch die Pflegekassen. Die mögliche Versicherungspflicht und damit der Leistungsanspruch entstehen ab der Antragsstellung, soweit der Pflegebedürftige später entsprechend eingestuft wird und die Pflegeperson die Pflege übernommen hat. Die Pflegekasse informiert die Pflegeperson schriftlich über die entsprechende Anmeldung bei der zuständigen Rentenversicherung.

Maßnahmen zur beruflichen Wiedereingliederung
Zielgruppe

Maßnahmen zur beruflichen Wiedereingliederung sind für Pflegepersonen gedacht, die ihre bisherige Berufstätigkeit (oder Arbeitslosigkeit oder Berufsausbildung) für die Pflege von Angehörigen unterbrochen haben. Zu ihrer beruflichen Wiedereingliederung können Leistungen der Arbeitsagentur in Anspruch genommen werden.

Arbeitslosengeld

Während der Zeit der Pflege besteht keine Versicherungspflicht in der Arbeitslosenversicherung, d.h. in dieser Zeit werden keine neuen Ansprüche auf Arbeitslosengeld I erworben (Hinweis: Arbeitslosengeld I entspricht mindestens 60 % des bisherigen Bruttoentgeltes). Evtl. Ansprüche auf Arbeitslosengeld I verjähren nach vier Jahren. Bis dahin nicht ausgenutztes Arbeitslosengeld (Anspruch insgesamt 12 Monate, ab dem Alter von 55 Jahren 18 Monate, ab dem Alter von 58 Jahren 24 Monate) kann nach der Pflege genutzt werden. Seit 2006 besteht die Möglichkeit der freiwilligen Weiterversicherung nach § 28a SGB III – „Versicherungspflichtverhältnis auf Antrag". Diese Option der Weiterführung der Arbeitslosenversicherung dürfte für die Berufstätigen interessant sein, die ihre Arbeitslosengeld-I-Ansprüche über die Zeit der Pflege hinaus aufrechterhalten wollen.

Berufliche Wiedereingliederung

Berufsrückkehrer sind Personen, die ihre Erwerbstätigkeit oder Arbeitslosigkeit oder eine betriebliche Berufsausbildung wegen der Betreuung pflegebedürftiger Angehöriger unterbrochen haben (für mindestens ein Jahr) und in einer angemessenen Zeit danach (in der Regel bis zu einem Jahr) in die Erwerbstätigkeit zurückkehren wollen.

Sie haben das Recht auf Leistungen der sogenannten Aktiven Arbeitsförderung. Das sind insbesondere Beratung und Vermittlung sowie die Förderung der beruflichen Weiterbildung durch Übernahme der Weiterbildungskosten. Wer beispielsweise seine bisherige Tätigkeit als Sachbearbeiterin zugunsten der Pflege aufgegeben hat, könnte zur beruflichen Wiedereingliederung zunächst eine Weiterbildung machen, um fachlich auf dem neusten Stand zu sein (siehe auch Broschüre der Arbeitsagentur).

Informationen

Ausführliche Informationen erhält man über die zuständige örtliche Arbeitsagentur. Weitergehende Informationen über Broschüren siehe Quellenteil.

5.3 Hintergrund

„Pflegepersonen bilden das Rückgrat der Versorgung der Pflegebedürftigen." Andererseits war und ist es eine Realität, dass Angehörige und vor allem die Frauen (Ehefrauen, Töchter, Mütter) die Pflege übernehmen. Diese Frauen waren vor Einführung der Pflegeversicherung, auch bei intensiver und langjähriger Pflegearbeit, sozial nicht abgesichert. Durch die Pflegeversicherung sollte zumindest für den Personenkreis eine ergänzende Absicherung ermöglicht werden, der aufgrund der Pflegetätigkeit keine Zeit mehr für eine weitere Berufstätigkeit hat.

5.4   Hinweise zur Beratung

Unfallversicherung
Jede Pflegeperson melden

Die gesetzliche Unfallversicherung ist ein Argument, jede Pflegeperson bei der Pflegekasse zu melden, selbst den Nachbarn, der einmal die Woche für den Pflegebedürftigen einkauft. So ist bei einem Unfall der Nachweis einfacher, zugleich ist die Pflegeperson überhaupt darüber informiert, bei welchen Tätigkeiten sie durch die Unfallversicherung abgesichert ist. Gleichzeitig sind dann der Pflegekasse Pflegepersonen bekannt, die im Rahmen der Verhinderungspflege ,verhindert' sein können. Durch die Meldung bei der Pflegekasse entstehen keine Nachteile. Das gilt solange, wie die Pflegeperson die Versorgung nicht erwerbsmäßig durchführt.

Rentenversicherung
Trotz Sachleistungen sind auch Rentenleistungen möglich!

Die Feststellung, wie viel Zeit die Pflegepersonen für die Versorgung der Angehörigen aufbringen, hat der Einstufungsgutachter zu treffen. Dies erfolgt in der Regel im Rahmen der Ersteinstufung bzw. einer Folgebegutachtung. Unklar ist, wie die Feststellung getroffen wird, wenn sich im Laufe der Zeit lediglich der Zeitaufwand der Pflegeperson geändert hat. Das kann auch durch eine Umverteilung (statt zwei nun nur noch eine Pflegeperson mit Pflegedienst) erfolgen. Hier ist mit den Pflegekassen zu klären, wie der Zeitnachweis der Pflegeperson erfolgen soll, der dann zu höheren Rentenbezügen führen kann.

Wichtig ist zu beachten, dass selbst bei vollem Sachleistungsbezug die Mitarbeit von Pflegepersonen nötig ist und selbst bei Pflegestufe 1 den Umfang von mindestens 14 Stunden überschreiten kann.

Notwendiger Pflegeaufwand (Grundpflege und Hauswirtschaft) zur Erreichung einer Pflegestufe

	pro Tag	pro Woche	
	mindestens (Std.)	mindestens (Std.)	maximal (Std.)
Pflegestufe 1	1,5	10,5	20,59
Pflegestufe 2	3	21	34,59
Pflegestufe 3	5	35	
Härtefall	7	49	

Die Tabelle gibt einen Überblick über die Zeitdefinition der einzelnen Pflegestufen.Erbringt der Pflegedienst Sachleistungen im Umfang von 30 Minuten pro Tag, also 3,5 Stunden pro Woche, bleibt rechnerisch noch ein Zeitraum von ca. 7 bis 17,29 Stunden offen, der durch Pflegepersonen zu erbringen ist (andernfalls kann die Einstufung nicht stimmen). Dieses Beispiel lässt zwar außer Acht, dass Pflegekräfte unter Umständen ‚schneller' arbeiten als Pflegepersonen. Trotzdem ist es nicht ausgeschlossen, dass selbst bei Pflegestufe 1 und Sachleistungsbezügen Pflegepersonen mehr als 14 Stunden in der Woche die Pflege übernehmen.

Rente auf mehrere Pflegepersonen aufteilen?

Übernehmen zwei Pflegepersonen die Versorgung, so ergibt sich je nach Zeitumfang ein entsprechend anteiliger Rentenanspruch. Voraussetzung ist in jedem Fall, dass 14 Stunden in der Woche überschritten werden. Versorgen beispielsweise zwei Töchter den Vater und jede erbringt in der Woche 10 Stunden, hat keine der Töchter Anspruch auf einen Beitrag zur Rentenversicherung. In diesem Fall wäre zu diskutieren, ob nicht eine Tochter etwas mehr übernimmt (4 Stunden) und dadurch zumindest eine Tochter zusätzliche Rentenansprüche erwerben kann.

Berufliche Wiedereingliederung

Unterbrechung wegen Pflege: Freiwillige Arbeitslosenversicherung sichert Ansprüche

Die Übernahme der Pflege von nahen Angehörigen wird in der Regel nicht geplant und kommt oft plötzlich. Dann müssen schnell Entscheidungen getroffen werden. Gerade in dieser Phase sollte die bisher berufstätige Pflegeperson sich beraten lassen und die weiteren beruflichen Optionen offen halten. In jedem Fall ist auf die freiwillige Weiterversicherung in der Arbeitslosenversicherung hinzuweisen, um nach Beendigung der Pflege einen Anspruch auf Arbeitslosengeld zu haben oder zu erhalten. Die Anmeldung zur freiwilligen Weiterversicherung muss innerhalb von einem Monat nach Beendigung der Pflegezeit erfolgen. Die freiwillige Weiterversicherung kostet ca. 7,00 € pro Monat (2010, weitere Details siehe Infoblatt „Freiwillige Weiterversicherung").

5.5   Hinweise zur internen Umsetzung

Auf die Pflegepersonen achten!

Viele Pflegepersonen, die noch nicht im Rentenalter sind, könnten Leistungen der sozialen Sicherung beziehen, wenn sie dies wüssten und evtl. bei der Pflegegestaltung berücksichtigen (siehe z. B. Zeitaufteilung wegen Ansprüchen in der Rentenversicherung oder freiwillige Weiterversicherung in der Arbeitslosenversicherung). Daher sollten Pflegekräfte und andere Beratungsmitarbeiter auf Pflegepersonen achten, die beispielsweise ihren Beruf für die Pflege aufgeben und diese besonders beraten bzw. auf Beratungsangebote und Informationsmaterial hinweisen.

5.6   Quellen

SGB XI (Pflegeversicherung)

§ 19 Begriff der Pflegepersonen

Pflegepersonen im Sinne dieses Buches sind Personen, die nicht erwerbsmäßig einen Pflegebedürftigen im Sinne des § 14 in seiner häuslichen Umgebung pflegen. Leistungen zur sozialen Sicherung nach § 44 erhält eine Pflegeperson nur dann, wenn sie eine oder mehrere pflegebedürftige Personen wenigstens 14 Stunden wöchentlich pflegt.

§ 44 Leistungen zur sozialen Sicherung der Pflegepersonen

(1) Zur Verbesserung der sozialen Sicherung der Pflegepersonen im Sinne des § 19 entrichten die Pflegekassen und die privaten Versicherungsunternehmen, bei denen eine private Pflege-Pflichtversicherung durchgeführt wird, sowie die sonstigen in § 170 Abs. 1 Nr. 6 des Sechsten Buches genannten Stellen Beiträge an den zuständigen Träger der gesetzlichen Rentenversicherung, wenn die Pflegeperson regelmäßig nicht mehr als dreißig Stunden wöchentlich erwerbstätig ist. Näheres regeln die §§ 3, 137, 166 und 170 des Sechsten Buches. Der Medizinische Dienst der Krankenversicherung stellt im Einzelfall fest, ob und in welchem zeitlichen Umfang häusliche Pflege durch eine Pflegeperson erforderlich ist, und erfragt in den Fällen, in denen die Pflege des Pflegebedürftigen die Dauer von 14 Stunden unterschreitet, ob die Pflegeperson weitere Pflegebedürftige pflegt. Der Pflegebedürftige oder die Pflegeperson haben darzulegen und auf Verlangen glaubhaft zu machen, dass Pflegeleistungen in diesem zeitlichen Umfang auch tatsächlich erbracht werden. Dies gilt insbesondere, wenn Pflegesachleistungen (§ 36) in Anspruch genommen werden. Während der pflegerischen Tätigkeit sind die Pflegepersonen nach Maßgabe der §§ 2, 4, 105, 106, 129, 185 des Siebten Buches in den Versicherungsschutz der gesetzlichen Unfallversicherung einbezogen. Pflegepersonen, die nach der Pflegetätigkeit in das Erwerbsleben zurückkehren wollen, können bei beruflicher Weiterbildung nach Maßgabe des Dritten Buches bei Vorliegen der dort genannten Voraussetzungen gefördert werden.

(2) Für Pflegepersonen, die wegen einer Pflichtmitgliedschaft in einer berufsständischen Versorgungseinrichtung auch in ihrer Pflegetätigkeit von der Versicherungspflicht in der gesetzlichen Rentenversicherung befreit sind oder befreit wären, wenn sie in der gesetzlichen Rentenversicherung versicherungspflichtig wären und einen Befreiungsantrag gestellt hätten, werden die nach Absatz 1 Satz 1 und 2 zu entrichtenden Beiträge auf Antrag an die berufsständische Versorgungseinrichtung gezahlt.

65

(3) Die Pflegekasse und das private Versicherungsunternehmen haben die in der Renten und Unfallversicherung zu versichernde Pflegeperson den zuständigen Renten- und Unfallversicherungsträgern zu melden. Die Meldung für die Pflegeperson enthält:

» ihre Versicherungsnummer, soweit bekannt,

» ihren Familien- und Vornamen,

» ihr Geburtsdatum,

» ihre Staatsangehörigkeit,

» ihre Anschrift,

» Beginn und Ende der Pflegetätigkeit,

» die Pflegestufe des Pflegebedürftigen und

» die unter Berücksichtigung des Umfangs der Pflegetätigkeit nach § 166 des Sechsten Buches maßgeblichen beitragspflichtigen Einnahmen.

Der Spitzenverband Bund der Pflegekassen sowie der Verband der privaten Krankenversicherung e. V. können mit der Deutschen Rentenversicherung Bund und mit den Trägern der Unfallversicherung Näheres über das Meldeverfahren vereinbaren.

(4) Der Inhalt der Meldung nach Absatz 3 Satz 2 Nr. 1 bis 6 und 8 ist der Pflegeperson, der Inhalt der Meldung nach Absatz 3 Satz 2 Nr. 7 dem Pflegebedürftigen schriftlich mitzuteilen.

(5) Die Pflegekasse und das private Versicherungsunternehmen haben in den Fällen, in denen eine nicht erwerbsmäßig tätige Pflegeperson einen Pflegebedürftigen pflegt, der Anspruch auf Beihilfeleistungen oder Leistungen der Heilfürsorge hat und für die die Beiträge an die gesetzliche Rentenversicherung nach § 170 Abs. 1 Nr. 6 Buchstabe c des Sechsten Buches anteilig getragen werden, im Antragsverfahren auf Leistungen der Pflegeversicherung von dem Pflegebedürftigen ab dem 1. Juni 2005 die zuständige Festsetzungsstelle für die Beihilfe oder den Dienstherrn unter Hinweis auf die beabsichtigte Weiterleitung der in Satz 2 genannten Angaben an diese Stelle zu erfragen. Der angegebenen Festsetzungsstelle für die Beihilfe oder dem Dienstherrn sind bei Feststellung der Beitragspflicht die in Absatz 3 Satz 2 Nr. 1 bis 5 und 8 genannten Angaben sowie der Beginn der Beitragspflicht mitzuteilen. Absatz 4 findet auf Satz 2 entsprechende Anwendung.

(6) Für die Fälle, in denen die Mindeststundenzahl von 14 Stunden wöchentlicher Pflege für die Rentenversicherungspflicht einer Pflegeperson nur durch die Pflege mehrerer Pflegebedürftiger erreicht wird, haben der Spitzenverband Bund der Pflegekassen, der Verband der privaten Krankenversicherung e. V. und die Deutsche Rentenversicherung Bund das Verfahren und die Mitteilungspflichten zwischen den

an einer Addition von Pflegezeiten beteiligten Pflegekassen und Versicherungsunternehmen durch Vereinbarung zu regeln. Die Pflegekassen und Versicherungsunternehmen dürfen die in Absatz 3 Satz 2 Nummer 1 bis 3 und 6 und, soweit dies für eine sichere Identifikation der Pflegeperson erforderlich ist, die in den Nummern 4 und 5 genannten Daten sowie die Angabe des zeitlichen Umfangs der Pflegetätigkeit der Pflegeperson an andere Pflegekassen und Versicherungsunternehmen, die an einer Addition von Pflegezeiten beteiligt sind, zur Überprüfung der Voraussetzungen der Rentenversicherungspflicht der Pflegeperson übermitteln und ihnen übermittelte Daten verarbeiten und nutzen.

SGB III Arbeitsförderung

§ 8 Vereinbarkeit von Familie und Beruf

(1) Die Leistungen der aktiven Arbeitsförderung sollen in ihrer zeitlichen, inhaltlichen und organisatorischen Ausgestaltung die Lebensverhältnisse von Frauen und Männern berücksichtigen, die aufsichtsbedürftige Kinder betreuen und erziehen oder pflegebedürftige Angehörige betreuen oder nach diesen Zeiten wieder in die Erwerbstätigkeit zurückkehren wollen.

(2) Berufsrückkehrer sollen die zu ihrer Rückkehr in die Erwerbstätigkeit notwendigen Leistungen der aktiven Arbeitsförderung unter den Voraussetzungen dieses Buches erhalten. Hierzu gehören insbesondere Beratung und Vermittlung sowie die Förderung der beruflichen Weiterbildung durch Übernahme der Weiterbildungskosten.

§ 20 Berufsrückkehrer

Berufsrückkehrer sind Frauen und Männer, die

> » ihre Erwerbstätigkeit oder Arbeitslosigkeit oder eine betriebliche Berufsausbildung wegen der Betreuung und Erziehung von aufsichtsbedürftigen Kindern oder der Betreuung pflegebedürftiger Angehöriger unterbrochen haben und

> » in angemessener Zeit danach in die Erwerbstätigkeit zurückkehren wollen.

Gesetzliche Unfallversicherung, SGB VII

§ 2 Versicherung kraft Gesetzes

(1) Kraft Gesetzes sind versichert...

17. Pflegepersonen im Sinne des § 19 des Elften Buches bei der Pflege eines Pflegebedürftigen im Sinne des § 14 des Elften Buches; die versicherte Tätigkeit umfaßt Pflegetätigkeiten im Bereich der Körperpflege und – soweit diese Tätigkeiten überwiegend Pflegebedürftigen zugute kommen – Pflegetätigkeiten in den Bereichen der Ernährung, der Mobilität sowie der hauswirtschaftlichen Versorgung (§ 14 Abs. 4 des Elften Buches).

(2) Ferner sind Personen versichert, die wie nach Absatz 1 Nr. 1 Versicherte tätig werden.

Infomaterial:

Rundschreiben der Gesetzlichen Unfallversicherungsträger:
http://www.dguv.de/ im Bereich Versicherung, andere sozialstaatl. Grüne Broschüre der Deutschen Rentenversicherung:
www.deutsche-rentenversicherung.de, im Bereich Services, Broschüren Hinweisblatt: Frauen und Beruf:
http://www.arbeitsagentur.de/ im Bereich Veröffentlichungen

6 Pflegezeitgesetz

6.1 Kurzdarstellung

Das 2008 eingeführte „Gesetz über die Pflegezeit – Pflegezeitgesetz" kennt zwei verschiedene Leistungen, damit Berufstätige pflegebedürftige nahe Angehörige in der häuslichen Umgebung versorgen können: Arbeitnehmer können im Rahmen der „kurzzeitigen Arbeitsverhinderung" von bis zu 10 Tagen sich von der Arbeit freistellen lassen, um beispielsweise die Versorgung der Pflegebedürftigen zu organisieren. Eine Lohnfortzahlung gibt es in der Regel nicht (s.u.).

Im Rahmen der „Pflegezeit" von bis zu 6 Monaten (gilt nur in Betrieben mit mehr als 15 Beschäftigten) können Arbeitnehmer selbst die Versorgung übernehmen. In beiden Fällen gilt ab der Ankündigung ein erweiterter Kündigungsschutz. Eine Lohnfortzahlung gibt es nicht.

6.2 Wesentliche Punkte

Das Recht auf kurzzeitige Arbeitsverhinderung bis zu 10 Arbeitstage

Gesetzestext: „§ 3 Beschäftigte haben das Recht, bis zu zehn Arbeitstage der Arbeit fernzubleiben, wenn dies erforderlich ist, um für einen pflegebedürftigen nahen Angehörigen in einer akut aufgetretenen Pflegesituation eine bedarfsgerechte Pflege zu organisieren oder eine pflegerische Versorgung in dieser Zeit sicherzustellen."

Unabhängig von der Betriebsgröße besteht immer das Recht auf kurzfristige Arbeitsverhinderung. Sie ist dem Arbeitgeber unverzüglich mitzuteilen, ebenso deren voraussichtliche Dauer. Eine Ankündigungszeit, um die kurzzeitige Arbeitsverhinderung zu nehmen, ist nicht vorgesehen, sie muss lediglich unverzüglich erfolgen. Praktisch kann dies bedeuten, dass man nachmittags den Arbeitgeber informiert, dass man ab dem nächsten Tag eine kurzzeitige Arbeitsverhinderung nehmen will/muss.

Der Arbeitgeber kann eine ärztliche Bescheinigung über die Pflegebedürftigkeit des nahen Angehörigen sowie über die Notwendigkeit der Versorgung durch den Beschäftigten verlangen. In der Regel bescheinigt der Hausarzt die Pflegebedürftigkeit bzw., wenn der Pflegebedürftige noch nicht eingestuft ist, die voraussichtliche Pflegebedürftigkeit. Dies gilt selbst dann, wenn der Gutachter später zu einer anderen Einschätzung kommt. Gleichzeitig soll der Arzt auch die Notwendigkeit der Versorgung durch den Angehörigen bescheinigen.

Aus Sicht des Gesetzgebers sind Auslöser für die kurzzeitige Arbeitsverhinderung Akutereignisse, beispielsweise eine Verschlechterung der Gesundheit oder überhaupt der erstmalige Eintritt der Pflegebedürftigkeit beispielsweise ausgelöst durch einen Schlaganfall. Es können aber genauso gut auch Ausfälle einer anderen

69

Das SGB XI – Beratungshandbuch • Andreas Heiber, 2., überarbeitete Auflage
© Vincentz Network GmbH & Co. KG, Hannover 2013 • ISBN 978-3-86630-318-8

Pflegeperson sein, die so kompensiert werden sollen. Die ärztliche Bescheinigung ist immer dann vorzulegen, wenn der Arbeitgeber dies verlangt oder dies im Arbeits- oder Tarifvertrag geregelt ist, also nicht automatisch. Sie ist aber auch nicht vor Beginn der kurzfristigen Arbeitsverhinderung vorzulegen, das heißt, sie kann auch während der Arbeitsverhinderung nachgereicht werden.

Die Pflegezeit von bis zu 6 Monaten

In der Pflegezeit übernimmt der Beschäftigte die Versorgung des Pflegebedürftigen zu Hause. Voraussetzung ist, dass eine Pflegebedürftigkeit vorliegt und der Pflegebedürftige zu Hause versorgt wird. Die Pflegezeit kann mit einer Ankündigungszeit von 10 Arbeitstagen in Anspruch genommen werden. Es muss dem Arbeitgeber mitgeteilt werden, ab wann und für welchen Zeitraum die Pflegezeit genommen werden soll. Die Pflegezeit kann auch in Teilzeit genommen werden (man reduziert beispielsweise seine volle Stelle für 6 Monate auf eine halbe Stelle). Bei der teilweisen Freistellung muss mit dem Arbeitgeber eine schriftliche Vereinbarung über die Verringerung und die Verteilung der Arbeitszeit getroffen werden. Wünschen auf Teilzeit hat der Arbeitgeber zu entsprechen, es sei denn, dringende betriebliche Gründe stünden diesen Wünschen entgegen.

Die Pflegezeit endet am geplanten Termin, spätestens nach 6 Monaten. Die Pflegezeit kann aus wichtigem Grund verlängert werden, wenn anfangs ein kürzerer Zeitraum geplant war. Die Pflegezeit endet vorzeitig, wenn die Pflegeperson nicht mehr zu Hause gepflegt wird (beispielsweise in ein Pflegeheim umzieht oder verstirbt) oder wenn die Pflege nicht mehr zumutbar ist (auch finanzielle Gründe (fehlendes Gehalt) können dazu führen, dass die Pflege nicht mehr zumutbar ist). Der Grund der veränderten Umstände ist dem Arbeitgeber unverzüglich mitzuteilen, die Pflegezeit endet dann vier Wochen nach der Mitteilung.

Die Möglichkeit der Pflegezeit gibt es nur in Betrieben mit mindestens 16 Beschäftigten (Anzahl der Köpfe). In kleineren Betrieben gibt es kein Recht auf Pflegezeit. Hier könnte nur mit dem Einverständnis des Arbeitgebers „normaler" Sonderurlaub genommen werden.

Wer ist Beschäftigter im Sinne des Gesetzes?

Das Pflegezeitgesetz gilt für Arbeitnehmer (hierzu zählen auch geringfügig Beschäftigte, bspw. „450,– € Kräfte"), Beschäftige in einer Berufsausbildung (z. B. Auszubildende), Personen, die wegen ihrer wirtschaftlichen Unselbständigkeit als arbeitnehmerähnliche Personen anzusehen sind; zu diesen gehören auch die in Heimarbeit Beschäftigten und die ihnen Gleichgestellten. Für Beamte gibt es vergleichbare Regelungen im Beamtenrecht des Bundes und der Länder.

Nahe Angehörige

Der Gesetzgeber hat für das Pflegezeitgesetz nahe Angehörige folgendermaßen definiert:

» Eltern, Großeltern und Schwiegereltern,

» Ehegatten, Lebenspartner, Partner in einer eheähnlichen Gemeinschaft,

» Geschwister,

» Kinder, Adoptiv- oder Pflegekinder; die Kinder, Adoptiv- oder Pflegekinder des Ehegatten oder Lebenspartners, Schwiegerkinder und Enkelkinder.

Nachbarn gehören nicht zu den nahen Angehörigen.

Kündigungsschutz und Lohnfortzahlung

Mit Ankündigung der kurzzeitigen Arbeitsverhinderung bzw. der Pflegezeit genießt der Beschäftigte bis zu deren Ablauf einen umfassenden Kündigungsschutz. Er wird also in jedem Fall nach Beendigung der Pflegezeit wieder im alten Anstellungsverhältnis arbeiten können.

Eine Lohnfortzahlung gibt es bei der Pflegezeit nicht. Bei der kurzfristigen Arbeitsverhinderung kommt es auf den Arbeitsvertrag an. Hier kann geregelt sein, wie die Lohnfortzahlung bei vorübergehender Verhinderung (§ 616 BGB) geregelt wird. Dies kann auch in Tarifverträgen geregelt sein.

Soziale Absicherung während der Pflegezeit

Um die soziale Absicherung während der Pflegezeit muss sich der Beschäftigte selbst kümmern, sie erfolgt nicht automatisch, weil sein bisheriges Beschäftigungsverhältnis nur ruht:

» Rentenversicherung: Hier können Beiträge über die Pflegeversicherung gezahlt werden, wenn der Beschäftigte die Zeitgrenzen der Pflegeperson erfüllt (siehe Seite 59).

» Kranken- und Pflegeversicherung: Verheiratete sind in der Regel dann über die Familienversicherung der gesetzlichen Krankenversicherung versichert, wenn sie kein eigenes Einkommen haben. Bei Nicht-Verheirateten, Alleinstehenden sowie privat Versicherten werden die Beiträge in Höhe der Mindestbeiträge auf Antrag von der Pflegekasse übernommen.

» Unfallversicherung: Versicherungsschutz ist für die Pflegeperson automatisch gegeben.

» Arbeitslosenversicherung: Pflegekasse übernimmt auf Antrag die Beiträge.

6.3 Hintergrund

Bis 2008 hatten Arbeitnehmer nur die Möglichkeit, über Urlaub oder Sonderurlaub ‚freie Tage‘ zu erhalten, um die Versorgung von Angehörigen zu regeln oder sicherzustellen. Das hat das Pflegezeitgesetz verändert. Nach der Ankündigung der Pflegezeit bis zur Beendigung ist der Berufstätige fast nicht kündbar, er kann also immer auf seinen Arbeitsplatz zurückkehren. Eine Lohnfortzahlung während der Pflegezeit ist nicht vorgesehen. Wer Pflegezeit nimmt, muss die Finanzierung dieser Zeit selbst organisieren bzw. es sich leisten können. Die Begrenzung auf 6 Monate Pflegezeit oder 10 Tage kurzzeitige Arbeitsverhinderung dürfte eher aus politischen und ökonomischen Gründen so festgelegt worden sein.

6.4 Hinweise zur Beratung

Pflegezeit muss man sich leisten können

Im Rahmen der Pflegezeit erfolgt in keinem Fall eine Lohnfortzahlung, daher sollten die Beschäftigten vor Nutzung der Pflegezeit informiert werden, welche finanzielle Situation sie dann erwartet. Als ‚Einkommen‘ steht nur das Pflegegeld zur Verfügung, wenn dies nicht durch Kombinationsleistungen oder Sachleistungen genutzt wird. Beiträge zur sozialen Sicherung können von der Pflegekasse auf Antrag übernommen werden (siehe oben).

Ein Beispiel:

Die Pflegesituation bei ihrem Vater hat sich nach einem Krankenhausaufenthalt deutlich verschlechtert, er ist nun in Pflegestufe 2 eingestuft. Die verheiratete Tochter beschließt, die Pflegezeit für 6 Monate zu nutzen. Die finanzielle Situation sowie die daraus resultierende Arbeit stellen sich ungefähr folgendermaßen dar:

» Die Pflegestufe 2 bedeutet, dass täglich mindestens ein Grundpflegebedarf von 2 Stunden oder mehr sowie eine Stunde täglich hauswirtschaftliche Leistungen notwendig sind. Nicht berücksichtigt sind reine Betreuungs- und Beaufsichtigungszeiten ohne konkrete Verrichtungen.

» Als Pflegegeld stehen im Jahre 2013 440,– € pro Monat zur Verfügung

» Da die Tochter pro Woche mehr als 21 Stunden die Versorgung übernimmt, leistet hierfür die Pflegekasse Beitragszahlungen zur Rentenversicherung in Höhe von 271,66 €.

» Kranken- und Pflegeversicherungsbeiträge fallen nicht an, da sie während der Pflegezeit durch die Familienversicherung über den Ehemann mitversichert ist. Im Rahmen einer freiwilligen Versicherung würden die Pflichtbeiträge in Höhe von ca. 140,– € von der Pflegekasse übernommen.

» Beiträge zur Arbeitslosenversicherung übernimmt die Pflegekasse.

Rechnet man alle Leistungen zusammen, kommt die Tochter brutto auf eine „Lohnsumme" von ca. 851,66 €. Als Netto bleiben nur 440,– € übrig. Dagegen steht ein Mindestversorgungsaufwand (ohne Betreuung und Begleitung) der Pflegestufe 2 von 91 bis 152 Stunden pro Monat, das entspricht einem fiktiven Stundenlohn brutto von 5,60 € bis 9,36 €, netto von 2,89 € bis 4,83 €.

Diese Zahlen zeigen, dass allein aus den gesetzlichen Leistungen keine echte Vergütung erfolgt. Es bleibt auch in der Pflegezeit für berufstätige Pflegepersonen eine finanzielle Frage.

Kurzfristige Arbeitsverhinderung oder Pflegezeit kann mit Verhinderungspflege ‚kombiniert' werden

Im Rahmen der Kurzfristigen Arbeitsverhinderung oder der Pflegezeit nach §§ 2 und 3 Pflegezeitgesetz kann dann der Verdienstausfall im Rahmen der Verhinderungspflege erstattet werden, wenn dafür ansonsten keine Lohnfortzahlung lt. Arbeitsvertrag (wenn meist nur für kurzfristige Arbeitsverhinderung) vorgesehen ist (siehe auch Verhinderungspflege, Seite 117ff.).

Pflegezeit immer erst für kurze Zeit nehmen!
Pflegepersonen, die Pflegezeit nutzen wollen, sollten ausführlich beraten werden. Denn gerade wenn die Versorgung aus einer akuten Krise heraus übernommen wird (z. B. Pflegebedürftigkeit nach Krankenhausaufenthalt), ahnen die Pflegepersonen oft nicht, was tatsächlich auf sie zukommt und wie sie das praktisch bewältigen werden. Wer längere Zeit im Berufsleben steht, für den wird die dauerhafte Versorgung eines Pflegebedürftigen (ohne weitere ‚Abwechslung') eine schwierige Zeit. Zu empfehlen ist, dass die Pflegepersonen die Pflegezeit zunächst für einen kürzeren Zeitraum als 6 Monate nehmen, beispielsweise für 1 bis 2 Monate. Denn in dieser Zeit lernt man nicht nur die Situation und Versorgung kennen, sondern lernt auch, ob man als Pflegeperson geeignet ist. Danach kann, wenn sich die Situation nicht verändert hat, die Pflegezeit immer noch verlängert werden.

Alternativ wäre auch die Pflegezeit als Teilzeit zu empfehlen, also dass man für einen Zeitraum von maximal 6 Monaten nur Teilzeit arbeitet. Dann bliebe ein Teil des Gehalts erhalten, man hätte mehr Zeit für die Versorgung, würde aber gleichzeitig nicht komplett aus der Arbeit aussteigen.

Die persönliche Einstellung, dass man die eigenen Eltern pflegen soll und will, ist lobenswert und gut. Die praktische Wirklichkeit kann allerdings dann ganz anders sein. Deshalb könnte man die Pflegezeit als „Probezeit" verstehen, in der man selbst ausprobieren kann, ob man mit der Versorgung zurechtkommt.

Was kommt nach der Pflegezeit?

Die Pflegezeit von maximal 6 Monaten reicht in den allermeisten Fällen nicht aus; Pflegebedürftigkeit dauert je nach Alter des Pflegebedürftigen, aber auch nach den medizinischen Ursachen der Pflegebedürftigkeit, unterschiedlich lange. In den meisten Fällen besteht die Pflegebedürftigkeit deutlich länger als 6 Monate. Daher sollte frühzeitig darüber gesprochen werden, wie die Versorgung nach der Pflegezeit aussehen soll.

Vor allem ist darauf hinzuweisen, dass nach der Pflegezeit evtl. die Kranken- und Pflegeversicherung selbst finanziert werden muss, gleichzeitig auch zu prüfen ist, ob die Arbeitslosenversicherung freiwillig fortgeführt wird (siehe Seite 64).

6.5 Hinweise zur internen Umsetzung

Auch der Pflegedienst ist Arbeitgeber!

Auch für die Mitarbeiter des Pflegedienstes gilt das Pflegezeitgesetz. Zwar kann man davon ausgehen, dass Pflegekräfte besser informiert sind. Aber auch bei der Beratung der eigenen Mitarbeiter sollte man gleich professionell und gründlich beraten wie bei anderen Pflegepersonen.

6.6 Quellen

Gesetz über die Pflegezeit
(Pflegezeitgesetz – PflegeZG)

§ 1 Ziel des Gesetzes

Ziel des Gesetzes ist, Beschäftigten die Möglichkeit zu eröffnen, pflegebedürftige nahe Angehörige in häuslicher Umgebung zu pflegen und damit die Vereinbarkeit von Beruf und familiärer Pflege zu verbessern.

§ 2 Kurzzeitige Arbeitsverhinderung

(1) Beschäftigte haben das Recht, bis zu zehn Arbeitstage der Arbeit fernzubleiben, wenn dies erforderlich ist, um für einen pflegebedürftigen nahen Angehörigen in einer akut aufgetretenen Pflegesituation eine bedarfsgerechte Pflege zu organisieren oder eine pflegerische Versorgung in dieser Zeit sicherzustellen.

(2) Beschäftigte sind verpflichtet, dem Arbeitgeber ihre Verhinderung an der Arbeitsleistung und deren voraussichtliche Dauer unverzüglich mitzuteilen. Dem Arbeitgeber ist auf Verlangen eine ärztliche Bescheinigung über die Pflegebedürftigkeit des nahen Angehörigen und die Erforderlichkeit der in Absatz 1 genannten Maßnahmen vorzulegen.

(3) Der Arbeitgeber ist zur Fortzahlung der Vergütung nur verpflichtet, soweit sich eine solche Verpflichtung aus anderen gesetzlichen Vorschriften oder aufgrund einer Vereinbarung ergibt.

§ 3 Pflegezeit

(1) Beschäftigte sind von der Arbeitsleistung vollständig oder teilweise freizustellen, wenn sie einen pflegebedürftigen nahen Angehörigen in häuslicher Umgebung pflegen (Pflegezeit). Der Anspruch nach Satz 1 besteht nicht gegenüber Arbeitgebern mit in der Regel 15 oder weniger Beschäftigten.

(2) Die Beschäftigten haben die Pflegebedürftigkeit des nahen Angehörigen durch Vorlage einer Bescheinigung der Pflegekasse oder des Medizinischen Dienstes der Krankenversicherung nachzuweisen. Bei in der privaten Pflege-Pflichtversicherung versicherten Pflegebedürftigen ist ein entsprechender Nachweis zu erbringen.

(3) Wer Pflegezeit beanspruchen will, muss dies dem Arbeitgeber spätestens zehn Arbeitstage vor Beginn schriftlich ankündigen und gleichzeitig erklären, für welchen Zeitraum und in welchem Umfang die Freistellung von der Arbeitsleistung in Anspruch genommen werden soll. Wenn nur teilweise Freistellung in Anspruch genommen wird, ist auch die gewünschte Verteilung der Arbeitszeit anzugeben.

(4) Wenn nur teilweise Freistellung in Anspruch genommen wird, haben Arbeitgeber und Beschäftigte über die Verringerung und die Verteilung der Arbeitszeit eine schriftliche Vereinbarung zu treffen. Hierbei hat der Arbeitgeber den Wünschen der Beschäftigten zu entsprechen, es sei denn, dass dringende betriebliche Gründe entgegenstehen.

§ 4 Dauer der Pflegezeit

(1) Die Pflegezeit nach § 3 beträgt für jeden pflegebedürftigen nahen Angehörigen längstens sechs Monate (Höchstdauer). Für einen kürzeren Zeitraum in Anspruch genommene Pflegezeit kann bis zur Höchstdauer verlängert werden, wenn der Arbeitgeber zustimmt. Eine Verlängerung bis zur Höchstdauer kann verlangt werden, wenn ein vorgesehener Wechsel in der Person des Pflegenden aus einem wichtigen Grund nicht erfolgen kann. Die Pflegezeit wird auf Berufsbildungszeiten nicht angerechnet.

(2) Ist der nahe Angehörige nicht mehr pflegebedürftig oder die häusliche Pflege des nahen Angehörigen unmöglich oder unzumutbar, endet die Pflegezeit vier Wochen nach Eintritt der veränderten Umstände. Der Arbeitgeber ist über die veränderten Umstände unverzüglich zu unterrichten. Im Übrigen kann die Pflegezeit nur vorzeitig beendet werden, wenn der Arbeitgeber zustimmt.

§ 5 Kündigungsschutz

(1) Der Arbeitgeber darf das Beschäftigungsverhältnis von der Ankündigung bis zur Beendigung der kurzzeitigen Arbeitsverhinderung nach § 2 oder der Pflegezeit nach § 3 nicht kündigen.

(2) In besonderen Fällen kann eine Kündigung von der für den Arbeitsschutz zuständigen obersten Landesbehörde oder der von ihr bestimmten Stelle ausnahmsweise für zulässig erklärt werden. Die Bundesregierung kann hierzu mit Zustimmung des Bundesrates allgemeine Verwaltungsvorschriften erlassen.

§ 6 Befristete Verträge

(1) Wenn zur Vertretung einer Beschäftigten oder eines Beschäftigten für die Dauer der kurzzeitigen Arbeitsverhinderung nach § 2 oder der Pflegezeit nach § 3 eine Arbeitnehmerin oder ein Arbeitnehmer eingestellt wird, liegt hierin ein sachlicher Grund für die Befristung des Arbeitsverhältnisses. Über die Dauer der Vertretung nach Satz 1 hinaus ist die Befristung für notwendige Zeiten einer Einarbeitung zulässig.

(2) Die Dauer der Befristung des Arbeitsvertrages muss kalendermäßig bestimmt oder bestimmbar sein oder den in Absatz 1 genannten Zwecken zu entnehmen sein.

(3) Der Arbeitgeber kann den befristeten Arbeitsvertrag unter Einhaltung einer Frist von zwei Wochen kündigen, wenn die Pflegezeit nach § 4 Abs. 2 Satz 1 vorzeitig endet. Das Kündigungsschutzgesetz ist in diesen Fällen nicht anzuwenden. Satz 1 gilt nicht, soweit seine Anwendung vertraglich ausgeschlossen ist.

(4) Wird im Rahmen arbeitsrechtlicher Gesetze oder Verordnungen auf die Zahl der beschäftigten Arbeitnehmerinnen und Arbeitnehmer abgestellt, sind bei der Ermittlung dieser Zahl Arbeitnehmerinnen und Arbeitnehmer, die nach § 2 kurzzeitig an der Arbeitsleistung verhindert oder nach § 3 freigestellt sind, nicht mitzuzählen, solange für sie aufgrund von Absatz 1 eine Vertreterin oder ein Vertreter eingestellt ist. Dies gilt nicht, wenn die Vertreterin oder der Vertreter nicht mitzuzählen ist. Die Sätze 1 und 2 gelten entsprechend, wenn im Rahmen arbeitsrechtlicher Gesetze oder Verordnungen auf die Zahl der Arbeitsplätze abgestellt wird.

§ 7 Begriffsbestimmungen

(1) Beschäftigte im Sinne dieses Gesetzes sind:

» Arbeitnehmerinnen und Arbeitnehmer,

» die zu ihrer Berufsbildung Beschäftigten,

» Personen, die wegen ihrer wirtschaftlichen Unselbständigkeit als arbeitnehmerähnliche Personen anzusehen sind; zu diesen gehören auch die in Heimarbeit Beschäftigten und die ihnen Gleichgestellten.

(2) Arbeitgeber im Sinne dieses Gesetzes sind natürliche und juristische Personen sowie rechtsfähige Personengesellschaften, die Personen nach Absatz 1 beschäftigen. Für die arbeitnehmerähnlichen Personen, insbesondere für die in Heimarbeit Beschäftigten und die ihnen Gleichgestellten, tritt an die Stelle des Arbeitgebers der Auftraggeber oder Zwischenmeister.

(3) Nahe Angehörige im Sinne dieses Gesetzes sind:

» Großeltern, Eltern, Schwiegereltern,

» Ehegatten, Lebenspartner, Partner einer eheähnlichen Gemeinschaft, Geschwister,

» Kinder, Adoptiv- oder Pflegekinder, die Kinder, Adoptiv- oder Pflegekinder des Ehegatten oder Lebenspartners, Schwiegerkinder und Enkelkinder.

(4) Pflegebedürftig im Sinne dieses Gesetzes sind Personen, die die Voraussetzungen nach den §§ 14 und 15 des Elften Buches Sozialgesetzbuch erfüllen. Pflegebedürftig im Sinne von § 2 sind auch Personen, die die Voraussetzungen nach den §§ 14 und 15 des Elften Buches Sozialgesetzbuch voraussichtlich erfüllen.

§ 8 Unabdingbarkeit
Von den Vorschriften dieses Gesetzes kann nicht zuungunsten der Beschäftigten abgewichen werden.

Hinweisblatt zum Pflegezeitgesetz:
http://www.arbeitsagentur.de/zentraler-Content/A07-Geldleistung/A074-Sozial-versicherung/Publikation/pdf/Hinweisblatt-Pflegezeitgesetz.pdf

7 Pflegesachleistungen (§ 36)

7.1 Kurzdarstellung

Pflegesachleistungen sind Leistungen der Grundpflege und Hauswirtschaft, die von zugelassenen Pflegediensten erbracht werden. Sie können zu Hause, aber auch an anderen Orten, an denen sich der Pflegebedürftige aufhält, erbracht werden. Die Leistungsbeträge sind je nach Pflegestufe gestaffelt, für Härtefälle gibt es zusätzliche Leistungen. Neu ist seit 2013 die erhöhte Leistung für Pflegebedürftige/Versicherte mit erheblich eingeschränkter Alltagskompetenz. Pflegesachleistungen können beim gemeinsamen Bezug auch gepoolt werden. Durch von der Pflegekasse finanzierte Pflegesachleistungen allein kann die Pflege nicht sichergestellt werden. Mit der Erbringung der Pflegesachleistungen sind automatisch weitere Pflichten des Pflegedienstes zur Qualitätssicherung und Beratung verbunden, die auch im Rahmen der Qualitätsprüfungen überprüft werden.

Die Leistungsbeträge für Pflegesachleistungen

ab 2013	mit erheblich eingeschränkter Alltagskompetenz
Ohne Pflegestufe	0,- €	225,- €
Pflegestufe 1	450,- €	665,- €
Pflegestufe 2	1.100,- €	1.250,- €
Pflegestufe 3	1.550,- €	1.550,- €
Härtefall	1.918,- €	1.918,- €

7.2 Wesentliche Punkte

Differenzierte Preise bei Pflegebedürftigen/Versicherten mit erheblich eingeschränkter Alltagskompetenz

Durch das PNG wird 2013 eine Differenzierung der Sachleistungen eingeführt: Pflegebedürftige bzw. Versicherte ohne Pflegestufe, bei denen eine erheblich eingeschränkte Alltagskompetenz nach § 45a festgestellt wurde, haben Anspruch auf die erhöhten Sachleistungsbeträge. Diese Regelung gilt übergangsweise bis zur Einführung eines neuen Pflegebedürftigkeitsbegriffs, allerdings wird diese Gesetzesänderung sicherlich nicht schnell umgesetzt werden. Auch unterhalb der Pflegestufe 1 hat diese Personengruppe Ansprüche auf Sachleistungen.

Auf die richtige Benennung achten: es gibt keine „Pflegestufe 0"

Im Alltag werden die Versicherten mit erheblich eingeschränkter Alltagskompetenz, aber mit einem Pflegebedarf unterhalb der Pflegestufe 1 oftmals „Pflegestufe 0"

Das SGB XI – Beratungshandbuch • Andreas Heiber, 2., überarbeitete Auflage
© Vincentz Network GmbH & Co. KG, Hannover 2013 • ISBN 978-3-86630-318-8

genannt. Diese Bezeichnung ist aber deshalb irreführend, weil es neben einem Pflegebedarf unterhalb der Stufe 1 eben noch als zweites eine Einstufung nach § 45a bedarf. Es kann also auch Versicherte geben, die dann eine „Pflegestufe 0" hätten, und trotzdem keine Leistungen bekämen, weil die Alltagskompetenz nicht erheblich eingeschränkt ist. Deshalb sollte man den Begriff „Pflegestufe 0" nicht verwenden, um den Leistungsanspruch bei eingeschränkter Alltagskompetenz zu beschreiben. Auch wenn man dann sprachlich mehr „Worte" benötigt, so vermeidet es doch Missverständnisse.

Die Pflegesachleistung ist eine Dienstleistung, die direkt mit der Pflegekasse abgerechnet wird.

Im Gegensatz zur Kostenerstattung (zum Beispiel die Verhinderungspflege § 39 oder die Zusätzlichen Betreuungsleistungen § 45b) werden als Pflegesachleistungen die Dienstleistungen bezeichnet, die direkt von der Pflegekasse zur Verfügung gestellt werden, die der Pflegebedürftige nicht erst selbst finanziert und später erstattet bekommt. Sachleistungen sind hier also konkrete Dienstleistungen, nicht „Sachen" wie Pflegehilfsmittel. Im Gesetzestext zu § 36 wird sie auch „Häusliche Pflegehilfe" genannt, damit wird auch deutlicher, was gemeint ist.

Pflegesachleistungen können nur von zugelassenen Einrichtungen oder Einzelpersonen nach § 77 erbracht werden

Einrichtungen sind dann zugelassen, wenn sie mit der Pflegekasse einen Versorgungsvertrag nach § 72 SGB XI abgeschlossen haben. Gleiches gilt für Einzelpersonen, die nach § 77 unter bestimmten Voraussetzungen zur Versorgung zugelassen werden können. Dienstleister ohne Versorgungsvertrag können keine Sachleistungen mit den Pflegekassen abrechnen.

Mit dem Abschluss eines Versorgungsvertrags gelten für den Pflegedienst auch die ergänzenden Regelungen der Qualitätsvereinbarungen nach § 113 sowie die jeweiligen Landesrahmenverträge nach § 75 SGB XI. Dazu kommt die separat zu vereinbarende Vergütungsvereinbarung nach § 89 SGB XI. Durch dieses Vertragsgeflecht ist in jedem Fall die Qualität der Leistungserbringung vertraglich sichergestellt einschließlich der Qualitätsprüfungen. Ein vergleichbares vertragliches Regelwerk gilt für die Beschäftigung bzw. Zulassung von Einzelpersonen nach § 77 SGB XI.

Die Leistung kann auch außerhalb des eigenen Haushaltes erbracht werden

Ausdrücklich ist im Gesetzestext geregelt, dass Pflegesachleistungen auch außerhalb des eigenen Haushalts erbracht und damit abgerechnet werden dürfen, beispielsweise auch dann, wenn sich der Pflegebedürftige bei Verwandten, Nachbarn, im Pflegehotel aufhält oder am Urlaubsort versorgt wird. Sachleistungen können nur dann nicht abgerechnet werden, wenn sich der Pflegebedürftige in einer stationären Einrichtung aufhält, dazu gehören auch die teilstationären Einrichtungen (Tagespflege und Kurzzeitpflege), die eigenständige Leistungen sind. Gleiches gilt auch in Einrichtungen der Behindertenhilfe oder der Rehabilitation.

Pflegesachleistungen können nur ausnahmsweise im Ausland erbracht werden

Pflegesachleistungen werden im Ausland nicht finanziert. Ausnahmsweise können die Kosten für bis zu 6 Wochen im Jahr übernommen werden, wenn die Pflegekraft, die ansonsten den Pflegebedürftigen versorgt, diese Sachleistungen auch während des Auslandsaufenthaltes erbringt. Gleiches gilt analog auch für die Verhinderungspflege nach § 39.

Pflegesachleistungen ruhen, wenn andere Leistungen der Krankenversicherung die Grundpflege und/oder Hauswirtschaft sicherstellen

Gemäß § 37.1 SGB V umfasst die Leistung der sogenannten Krankenhausvermeidungs- oder Verkürzungspflege sowohl die notwendige Behandlungspflege als auch Grundpflege und Hauswirtschaft. In einem solchen Fall ruht die Pflegesachleistung, weil sie eine nachrangige Leistung ist. Gleiches gilt für den Anteil der Hauswirtschaft, der durch eine Haushaltshilfe nach § 38 SGB V mit erbracht wird.

Der Leistungsinhalt ist auf die Verrichtungen im Ablauf des täglichen Lebens nach § 14 beschränkt

Die Pflegesachleistung umfasst Grundpflege und hauswirtschaftliche Leistungen, die abschließend durch die sogenannten „regelmäßig widerkehrenden Verrichtungen im Ablauf des täglichen Lebens" nach § 14 SGB XI (Einstufungskriterien) definiert sind. Die Konkretisierung dieses Leistungsrahmens erfolgt in den Rahmenverträgen nach § 75 auf Landesebene, in denen der Leistungsrahmen weiter interpretiert wird. Hier wird in der Regel festgelegt, dass beispielsweise auch Haarewaschen oder die Fingernagelpflege zur Grundpflege gehören, auch wenn sie als Einzelverrichtungen nicht aufgeführt sind. Die Zusammenfassung in konkreten Leistungspaketen oder Modulen sowie nach Zeit erfolgt dann über die Vergütungsvereinbarungen nach § 89 SGB XI.

Pauschale oder Zeitabrechnung (bei der Grundpflege)

Durch das PNG muss die Leistung der Grundpflege sowohl als Pauschale (Leistungskomplex oder Module) oder als Zeitabrechnung angeboten werden. Bei den Pauschalen steht die Leistungsdefinition der konkret vereinbarten Verrichtungen der Grundpflege fest. Sind die Leistungsinhalte erbracht, muss der Pflegedienst gehen, weil sein Auftrag damit beendet ist. Bei der Zeitabrechnung steht die vereinbarte Zeitdauer im Vordergrund, nicht jedoch die konkreten Verrichtungen. Ist die Zeit um, muss der Pflegedienst gehen, oder der Auftrag wird entsprechend verlängert. Bei der Grundpflege nach Zeit kann nur der Inhalt der im Gesetzestext festgeschriebenen Verrichtungen erbracht werden, keine anderen Leistungen. Der Kunde (und der Pflegedienst) kann im Rahmen der Zeitabrechnung nicht einfach nur die Zeit für ein Gespräch nutzen, denn diese Leistung hat er nicht vereinbart (das wäre aber als „Häusliche Betreuung" möglich, siehe Seite 93) .

Verrichtungsbezogene krankheitsspezifische Pflegemaßnahmen sind immer Leistungen der Behandlungspflege

Gemeint sind hier Behandlungspflegemaßnahmen, die sowohl zeitlich als auch fachlich unmittelbar mit einer Grundpflege verbunden sind: Zu nennen ist beispielsweise das Anziehen von Kompressionsstrümpfen mit der Verrichtung „Ankleiden", oder Einmalkatheterisierung in Zusammenhang mit der „Hilfe bei Ausscheidungen". Über die zeitliche Berücksichtigung bei der Einstufung sowie zur Frage der Genehmigung als Behandlungspflege gab es lange Zeit strittige Fragen, die seit April 2007 (durch die Gesundheitsreform) abschließend geregelt sind. Nun werden die verrichtungsbezogenen krankheitsspezifischen Pflegemaßnahmen zeitlich bei der Einstufung berücksichtigt und sind trotzdem als Behandlungspflegeleistungen von der Krankenkasse zu finanzieren, wenn die entsprechenden Voraussetzungen nach § 37.2 SGB V vorliegen. In den allermeisten Fällen wird es um das An- und Ausziehen von Kompressionsstrümpfen gehen, welches nicht Bestandteil der Grundpflege ist und dann von der Krankenversicherung als Behandlungspflege zu finanzieren ist.

Der Sachleistungsanspruch gilt pro Monat, nicht pro Tag

Die Sachleistungen sind als Monatsleistung definiert, das heißt, es steht pro Monat immer der volle Betrag zur Verfügung, selbst wenn die Versorgung erst im laufenden Monat beginnt. Das bedeutet praktisch, dass jemand, der sich vom 1. bis zum 16. des Monats im Krankenhaus befand und dann entlassen wird, in den verbleibenden 15 Tagen des Monats den vollen Sachleistungsbetrag zu Hause nutzen kann. Dies gilt auch bei Nutzung der Kurzzeitpflege oder in Kombination mit Leistungen nach § 43a (Versorgung in Behinderteneinrichtungen, siehe Seite 180).

Leistungen pro Pflegestufe

Die Leistungen werden pro Pflegestufe differenziert. Die Leistungsbeträge stehen immer bis zum Höchstbetrag zur Verfügung. Nicht ausgeschöpfte Leistungsbeträge führen zu einem entsprechend umgerechneten Anspruch als Pflegegeld, vorausgesetzt, man hat Kombinationsleistung beantragt (siehe auch Seite 112).

Härtefallregelung als Sonderfall der Pflegestufe 3

Als Sonderfall der Pflegestufe 3 gilt für Härtefälle ein erhöhtes Budget von bis zu 1.918 €, wobei die Gesamtzahl der Härtefallnutzer 3 Prozent aller ambulant versorgten Pflegebedürftigen der Pflegestufe 3 nicht überschreiten darf. Diese finanztechnische Einschränkung soll vom Spitzenverband Bund der Pflegekassen überwacht werden. Die für die Einstufung maßgebliche Härtefallrichtlinie legt die Kriterien fest.

Der Pflegekunde ist frei in der Wahl der Leistungen

Der Pflegekunde kann frei entscheiden, welche der möglichen grundpflegerischen oder hauswirtschaftlichen Leistungen er einkauft. Er ist nicht gezwungen, beispielsweise nur Grundpflege zu nehmen etc. Er könnte auch nur hauswirtschaftliche Leistungen abrufen, weil die Grundpflege seine Angehörigen übernehmen möchten. Der Pflegedienst ist im Rahmen der Anamnese und Pflegeplanung verpflichtet, die notwendigen Tätigkeiten zu benennen und die jeweilige Leistungsaufteilung (was von den notwendigen Tätigkeiten macht der Pflegedienst, was die Pflegepersonen) zu dokumentieren. Anders sieht es aus, wenn im Leistungsbescheid der Pflegekasse (meist auf Empfehlung im Gutachten) die freie Wahl explizit eingeschränkt ist, beispielsweise indem nur Grundpflege abgerufen werden darf. Diese Einschränkung ist möglich, wenn aus Sicht der Pflegekasse ansonsten die häusliche Versorgung nicht anders sichergestellt werden kann.

Poolen von Leistungen (gemeinsamer Abruf) ist möglich

Mit der Pflegereform 2008 ist das „Poolen" als neue Variante der Sachleistung eingeführt worden. Unter „Poolen" versteht man die zeitgleiche Leistungserbringung für mehrere Pflegebedürftige gemeinsam. Dazu eignen sich nachvollziehbarerweise nur die Leistungen, die nicht personenbezogene Dienstleistungen sind (wie z. B. die Körperpflege). Dies dürften in der Praxis aus dem Bereich Grundpflege nur die Hilfe bei der Nahrungsaufnahme (hier insbesondere die Hilfeart: Anleitung und Beaufsichtigung) sein. Im Bereich der Hauswirtschaft das Essen kochen, das Einkaufen und zumindest teilweise Reinigen der Wohnung und Waschen der Wäsche. Poolen können Pflegebedürftige, die in einer Wohnung (z. B. Ehepaare oder Wohngemeinschaften), in einem Haus (Mehrfamilienhaus) oder evtl. in einer Straße oder in einer Anlage des Betreuen Wohnens wohnen oder die sich zeitweise in einem Tagestreff oder einer ähnlichen ‚Gemeinschaftsbetreuung' aufhalten. Nur durch die räumliche Nähe entstehen überhaupt mögliche Synergieeffekte beim Pflegedienst, die durch das Poolen genutzt werden sollen. Spart durch das Poolen der einzelne Pflegebedürftige, kann das freigewordene Budget der Sachleistung dann auch für Betreuungsleistungen eingesetzt werden, solange die Grundpflege und hauswirtschaftliche Versorgung ansonsten sichergestellt ist. Voraussetzung für das Poolen sind konkrete Absprachen (vielleicht sogar vertragliche Regelungen), welche Pflegebedürftigen, welche Leistungen, wie und wann, gemeinsam in Anspruch nehmen wollen. In jedem Fall muss die Grundpflege und Hauswirtschaft im Einzelfall sicher gestellt werden, was im Rahmen der individuellen Pflegeplanung darzustellen ist.

Investitionskosten evtl. zusätzlich berechnen

Das Pflegeversicherungsgesetz finanziert nicht alle mit der Pflegeleistung verbundenen Kosten. Die Kosten in der Ambulanten Pflege für Fahrzeuge, aber auch die Büromiete und Büroausstattung sind sogenannte Investitionskosten, die die Pflegeversicherung nicht refinanziert. Lt. § 82 sind diese Kosten durch die Bundesländer zu tragen. Diese sollen dafür die Ersparnisse in der Sozialhilfe einsetzen, die durch die Pflegeversicherung entlastet worden ist (§ 9). Falls das jeweilige Bundesland die Investitionskosten nicht oder nur teilweise übernimmt (die konkrete Förderung erfolgt oft auch über die Landkreise oder kreisfreien Städte), sind diese Kosten privat in Rechnung zu stellen (dies gilt sowohl ambulant als auch für die stationäre Pflege). Warum es in einigen Bundesländern weiterhin eine Förderung gibt (z. B. in NRW oder Schleswig-Holstein), in anderen aber nicht (z. B. Baden-Württemberg oder Hessen) liegt in der Verantwortung der Landespolitik. Pflegedienste, die nicht gefördert werden, sind gezwungen, diese Kosten weiterzuberechnen, damit sie sich bei Vergütungsverhandlungen nicht vorwerfen lassen müssen, sie hätten diese Kostenblöcke doch aus der Pflegevergütung finanziert.

7.3   Hintergrund

Alle ambulanten Leistungen und damit auch die Pflegesachleistungen dienen nur der Ergänzung der sonstigen Versorgungssituation (siehe § 4, Absatz 2: „Bei häuslicher und teilstationärer Pflege ergänzen die Leistungen der Pflegeversicherung die familiäre, nachbarschaftliche oder sonstige ehrenamtliche Pflege und Betreuung"). Damit kann definitionsgemäß die jeweils verfügbare Leistung nicht ausreichen, die Versorgung sicherzustellen, die lt. Einstufung mindestens erforderlich ist. Das gilt auch für die Versicherten mit erheblich eingeschränkter Alltagskompetenz und ihren erhöhten Leistungen. Die Pflegesachleistungen sind als fester (Leistungs-) Zuschuss zu sehen, der die sonstige Versorgung ergänzt und stärkt.

Die Leistungen wurden nach 12 Jahren erstmalig durch die Pflegereform zum 1.7.2008 in drei Schritten (2008, 2010, 2012) angepasst und sollen ab 2015 weiter dynamisiert werden (siehe § 30). Nur die Versicherten mit erheblich eingeschränkter Alltagskompetenz haben durch das PNG 2013 eine spürbare Ausweitung der Sachleistungen erhalten.

7.4 Hinweise zur Beratung

Sachleistung im Rahmen § 36 kann nicht die Versorgung sichern

Die Sachleistungen können gar nicht ausreichen, die notwendige Pflege sicherzustellen. Je nach Bundesland können vielleicht 40 bis 60 Prozent der mindestens notwendigen Grundpflege und Hauswirtschaft sichergestellt werden. Ohne weitere privat (bzw. bei Bedürftigkeit über die Sozialhilfe SGB XII) zu bezahlende Sachleistungen oder/und die Mitarbeiter von Pflegediensten lässt sich die ambulante Pflege nicht sicherstellen. Nur weil die Sachleistungen zur Versorgung nicht mehr ausreichen, ist dies noch lange kein Grund, einen Höherstufungsantrag zu stellen. Dieser ist nur angezeigt, wenn sich die Versorgungssituation gegenüber der Einstufungsbegutachtung wesentlich geändert hat und man beispielsweise über ein Pflegetagebuch konkrete Feststellungen treffen konnte, dass eine höhere Pflegestufe erreichbar ist.

Unterschiedliche Leistungskataloge der Pauschalleistungen (Leistungskomplexe/Module) in jedem Bundesland

Die Leistungskataloge und Vergütungssysteme für die Pauschalen unterscheiden sich von Bundesland zu Bundesland, die Preise je nach Bundesland auch nach Pflegediensten. In fast allen Bundesländern wird die Grundpflege auf der Basis von Leistungskomplexen oder Modulen als Pauschalleistung definiert, nur bei einigen Pflegediensten in Hessen gab es die Grundpflege allein nach Zeit. Das sollte man wissen, um Nachfragen beispielsweise von Angehörigen aus anderen Bundesländern besser verstehen zu können. Hier muss man immer darauf hinweisen, welcher besondere Leistungskatalog und welche Preise für den eigenen Dienst gelten, unabhängig davon, was wo anders gilt.

Zeitabrechnung der Grundpflege als neue Pflichtvariante

Durch das PNG eingeführt muss die Grundpflege nun von jedem Pflegedienst doppelt angeboten werden: nach einem Pauschalsystem sowie nach Zeit. Jeder Pflegedienst muss immer beide Varianten anbieten, der Kunde hat die freie Wahl. Um Missverständnisse zu vermeiden, muss die Zeitleistung richtig erklärt werden:

» Es wird eine Zeit vereinbart: Ist die Zeit abgelaufen, hat der Pflegedienst zu gehen.

» Es wird die Leistungsart „Grundpflege" vereinbart, der Inhalt kann auch weiter konkretisiert werden (z. B. morgens aus dem Bett helfen, ins Bad begleiten, Waschen, Anziehen). Aber formal kann der Kunde nicht auf die Durchführung dieser Leistungen bestehen, da er die Zeit eingekauft hat, nicht diese Leistungen. Wenn die Zeit um ist, muss geklärt werden, ob der Pflegedienst länger bleiben und mehr abrechnen darf oder ob er gehen soll.

» Das Ergebnis der Zeit steht nicht fest, anders bei Leistungskomplexen: beispielsweise nach der Kleinen Morgentoilette ist der Pflegebedürftige angezogen.

» Es kann in der gekauften Zeit nur Leistung(en) der Grundpflege erbracht werden, nicht jedoch etwas anderes: nur reden ‚geht' nicht!

Problematische vertragliche Regelungen

» Problematisch können einige Regelungen sein, die mit der Zeitabrechnung vereinbart werden (Hinweis: das Buch ist mit Stand Juli 2013 aktualisiert, kann daher nur den Stand wiedergeben: Zu diesem Zeitpunkt gab es nur in Bremen eine Regelung und in Niedersachsen den Abschluss.

» Dokumentation als Bestandteil der Pflegezeit: Dann muss zur gewünschten Zeitdauer des Kunden noch eine oder zwei Minuten zusätzlich vereinbart werden, die für die tägliche Dokumentation notwendig sind (es geht hier vom Umfang her um die Durchführungsdokumentation, nicht die Überarbeitung/Evaluation)

» Mindestdauer von 15 Minuten (wie in Niedersachsen 2013 vereinbart): damit sind die Chancen der Zeitabrechnung begrenzt: Es ist formal schwieriger, kürzere Zeiten abzurechnen, auch wenn diese sinnvoll sind (z.B. abends nur beim Transfer helfen). Formal hat der Gesetzgeber festgelegt, dass nur die tatsächliche Anwesenheitszeit abgerechnet werden darf. Wenn der Mitarbeiter nach 12 Minuten geht, dürfen auch nur 12 Minuten abgerechnet werden (siehe Erläuterung zu § 89 im Gesetzentwurf, Drucksache 17/9369). So ist es auch in Niedersachsen geregelt.

Wie erklärt man Leistungskomplexe (keine Zeitleistung) und wie ‚verkauft' man Leistungen?

Die Zusammensetzung des eigenen Leistungskatalogs (der je nach Bundesland im Detail anders aussieht) zu erklären, ist eine wichtige Aufgabe in der Selbstdarstellung und Beratung. Denn die Leistungskomplexe oder Module sind oftmals weder selbsterklärend noch inhaltlich ausreichend beschrieben (Stichwort: „Teilwäsche"). Die Leistungskataloge lassen sich meist in drei Schritten gut erklären:

» Der Leistungsinhalt ist im Gesetz auf die Verrichtungen festgelegt, die auch für die Einstufung zählten. Das sind im Bereich der Körperpflege das Waschen, Duschen, Baden, die Zahnpflege, das Kämmen, Rasieren, die Darm- oder Blasenentleerung, im Bereich der Ernährung das mundgerechte Zubereiten oder die Aufnahme der Nahrung, im Bereich der Mobilität das selbständige Aufstehen und Zu-Bett-Gehen, An- und Auskleiden, Gehen, Stehen, Treppensteigen oder das Verlassen und Wiederaufsuchen der Wohnung und im Bereich der hauswirtschaftlichen Versorgung das Einkaufen, Kochen, Reinigen der Wohnung, Spülen, Wechseln und Waschen der Wäsche und Kleidung oder das Beheizen.

» Die einzelnen Leistungen wurden in Pakete zusammengefasst, die Leistungskomplexe oder Module heißen. Sie sind Pauschalen für einen bestimmten Leistungsinhalt. Um einen Leistungskomplex abzurechnen, müssen nicht unbedingt alle Bestandteile der Leistung erbracht werden, sondern vor allem der Kern der Leistung: Beispiel: Kleine Morgentoilette mit den Unterpunkten: dazu gehört das Ankleiden, die Teilwäsche, die Mund- und Zahnpflege. Der Pflegekunde möchte heute nicht, dass die Zähne geputzt werden. Trotzdem kann die Leistung „Kleine Morgentoilette" abgerechnet werden.

» Eine definierte Zeit (Mindestzeit oder Maximalzeit) ist vertraglich nicht festgelegt (Ausnahmen gibt es aber bei hauswirtschaftlichen Leistungen in einigen Verträgen) und würde auch dem Prinzip der Pauschalleistung widersprechen. Jede erlösorientierte Betrachtung oder Steuerung pro Einsatz verbietet sich, weil sie gegen den Versorgungsvertrag und die Qualitätsvereinbarung verstößt. Der Kunde hat andererseits auch kein Recht auf eine bestimmte Leistungszeit, sondern allein auf die zu erbringende Leistung. Das ist die sozialere Lösung, weil der Pflegekunde unabhängig vom Krankheitsbild immer die gleiche inhaltliche Leistung erhält, unabhängig von der Dauer. Würde man alternativ nach Zeit abrechnen, würde mit dem Fortschreiten der Pflegebedürftigkeit auch die Versorgung deutlich teurer. Durch das Festpreissystem (nichts anderes sind Leistungskomplexe) wird dies vermieden.

Oftmals stellt sich die Frage, wann der Pflegedienst eine Leistung (Pauschale) erbracht hat und damit abrechnen darf:
Ein Pflegebedürftiger steht immer dann auf, wenn die Pflegekraft im Zimmer stehen bleibt und ihn ermutigt, aufzustehen. Manchmal hilft sie auch, meist schafft es der Pflegebedürftige aber alleine. Darf der Pflegedienst die Leistung abrechnen, obwohl er nicht konkret hilft? Ja, denn der Hilfebegriff der Pflegeversicherung umfasst ausdrücklich auch die „Anleitung" und „Beaufsichtigung". Um festzustellen, ob in diesem Beispiel tatsächlich die Hilfe benötigt wird, könnte die Pflegekraft nach dem Begrüßen gleich wieder das Zimmer verlassen. Steht der Pflegebedürftige ohne weitere Ermunterung oder Unterstützung alleine auf, benötigt er keine Hilfe. Dann ist zukünftig nur abzusprechen, dass er selbst etwas früher aufsteht oder der Pflegedienst später kommt, wenn er aufgestanden ist. Steht er aber nur deshalb auf, weil die Pflegekraft im Zimmer bleibt, ihn ermuntert etc., ist die Leistung abzurech-

nen. Der Pflegedienstmitarbeiter muss gar nicht alles selbst machen, im Gegenteil: Anleitung und Beaufsichtigung sind im Sinne der aktivierenden Pflege sehr wichtige und oftmals unterschätzte Hilfearten. Problematisch ist es allerdings manchmal, den Pflegekunden klar zu machen, dass sie trotzdem etwas bezahlen müssen.

Sie haben sich selbst gewaschen, wobei die Pflegekraft nur assistiert hat, und sollen für das „Selberwaschen" auch noch bezahlen? Stellt man die umgekehrte Frage: Hätte sich der Pflegekunde ohne die Anwesenheit und Assistenz der Pflegekraft selbst gewaschen, wird deutlich, dass tatsächlich eine sehr konkrete Leistung erbracht worden ist.

Die Definition der verschiedenen Leistungen erfolgte auf Landesebene durch Vereinbarungen zwischen den Pflegekassen und Leistungsanbietern. Deshalb gibt es auch in jedem Bundesland andere Leistungsdefinitionen. Der einzelne Dienst wendet den Katalog an, ohne dass er ihn selbst mit ausgehandelt hat. Er ist aber verpflichtet ihn anzuwenden, selbst wenn die Pflegedienstmitarbeiter den Katalog oder die Zusammenstellung einzelner Leistungen nicht gut finden.

Kostenvoranschlag aufgrund des Bedarfs erstellen!
Ein Angebot bzw. ein Kostenvoranschlag sollte immer aus der fachlichen Notwendigkeit heraus erstellt werden, nicht aufgrund finanzieller Vorgaben. Wollen Kunden weniger (Leistungen) bezahlen als aus pflegefachlicher Sicht notwendig, sollen sie selbst Leistungsstreichungen vornehmen. Folgende Schritte sind zu empfehlen:

1. Die Pflegefachkraft klärt zunächst, welche Hilfen im Tagesablauf notwendig sind, unabhängig von konkreten Leistungskomplexen. Dazu lässt sie sich den Tagesablauf erzählen und ergänzt durch konkretes Nachfragen.

2. Sie klärt, welche der Aufgaben des Tagesablaufs von Pflegepersonen übernommen werden.

3. Sie erstellt aufgrund der dem Pflegedienst zugeordneten Leistungen ein Angebot/einen Kostenvoranschlag, unabhängig davon, wie hoch die Kosten sein werden.

4. Sind dem Kunden die Kosten zu hoch, müssen der Pflegebedürftige und seine Pflegepersonen entscheiden, welche Leistungen sie aus dem Angebot herausstreichen und dann selbst übernehmen.

Durch ein solches Vorgehen wird vermieden, dass die Pflegefachkraft allein aufgrund finanzieller Vorgaben ein Angebot erstellt, das nicht den notwendigen Arbeitsumfang erfasst. Später würden dann die Pflegeperson und der Pflegebedürftige sagen, sie wären davon ausgegangen, dass so alles Notwendige bezahlt sei und die Pflegekräfte zu „heimlichen" Leistungen drängen.

87

7.5 Hinweise zur internen Umsetzung

Regelmäßige Schulung aller Mitarbeiter

Die verschiedenen Leistungskataloge in den Bundesländern sind sehr unterschiedlich und in der Definition der Leistungen nicht immer eindeutig oder praxistauglich. Trotzdem ist der Pflegedienst vertraglich verpflichtet, sich daran zu halten. Das geht nur, wenn alle Mitarbeiter ein identisches Verständnis der Leistungen haben. So kann man nur empfehlen, regelmäßig im Detail die Leistungen und deren Abgrenzung zueinander zu schulen und schriftlich zu fixieren.

Systemunterschied der Pauschalen und der Zeitabrechnung erklären und an praktischen Beispielen verdeutlichen:

- » Zeitabrechnung: Die Zeit wird erbracht, nicht eine konkrete Leistung.

- » Leistungskomplex: Die Leistung wird erbracht, nicht eine konkrete Zeit.

In vielen Katalogen werden folgende Teilleistungen benannt, ohne sie konkreter inhaltlich zu definieren:

- » Teilwäsche: Gemeint sein kann hier nur das Waschen eines Teilbereichs des Körpers, nicht jedoch das Waschen von mehreren Teilbereichen (Singular!). Der aktuelle niedersächsische Katalog beschreibt die Leistung folgendermaßen: „Waschen und die anschließende Hautpflege von Teilbereichen des Körpers, z. B. Gesicht, Oberkörper oder Genitalbereich/ Gesäß". Das Waschen von Gesicht, Rücken und Genitalbereich, wie es als morgendliche Leistung sehr oft vorkommt, ist damit keine Teilwaschung mehr, sondern ist der nächstgrößeren Leistung zuzuordnen.

- » Toilettengang/Inkontinenzversorgung: Diese Leistung ist immer dann abzurechnen, wenn der Pflegekunde rund um den Toilettengang eine Hilfestellung benötigt (unabhängig vom Transfer zur Toilette und zurück), sei es beim An- oder Auskleiden oder bei jeder Form der Inkontinenzversorgung. Dabei spielt es keine Rolle, wie groß oder wie genutzt die Vorlage oder Windelhose ist.

Selbst erklärende Leistungs- und Preisliste erstellen und nutzen

Da die Leistungskomplexe der Pflegeversicherung weder von der Kurzbezeichnung („Kleine Morgentoilette") noch von der inhaltlichen Aufzählung („1. An- und Auskleinen, 2. Teilwäsche, 3. Mund- und Zahnpflege") selbst erklärend sind, sollte man die Leistungs- und Preislisten um konkrete Beispiele oder Erläuterungen ergänzen. Wer diese Möglichkeiten nicht nutzt, wird ständig Nachfragen und Missverständnisse klären müssen.

Dazu ein Beispiel zur Kleinen Morgentoilette

LK 3	Kleine Morgentoilette	• An- und Auskleiden • Waschen eines • Teilbereichs des Körpers • Mund- und Zahnpflege	Herrn Meyer wird im Badezimmer das Gesicht und der Oberkörper gewaschen, die Zähne putzt er unter Anleitung selbst, danach wird ihm beim Anziehen geholfen	12,50 €

- In der ersten Spalte ist die Nummer der Leistung genannt, die auch später auf der Rechnung auftaucht.

- In der zweiten Spalte steht die Kurzbezeichnung.

- In der dritten Spalte sind die Leistungsbestandteile aufgeführt, allerdings nicht als Aufzählung, sonst kommt schnell der Hinweis, Punkt 2 wäre noch nicht erfüllt. Das Wort „Teilwaschen" ist entsprechend umschrieben.

- In der vierten Spalte wird mit einem konkreten Beispiel verdeutlicht, wie die Leistung aussehen kann.

- In der fünften Spalte ist der Preis in Euro genannt. Die für die Vergütungsverhandlungen wichtigen Punktmengen bzw. der Punktwert sind für die Kunden nicht wichtig, sondern verwirren ihn eher. Hier ist allein der Endpreis genannt, auch einschließlich evtl. notwendiger Zusatzkosten wie Altenpflegeumlage.

- Weiter berechnete Investitionskosten sollten separat erklärt und dargestellt werden, weil sie allein privat zu finanzieren sind.

Systemunterschied zur Zeitabrechnung darstellen

In die Preisliste gehören auch die Leistungen nach Zeit sowie eine beispielhafte Beschreibung, was die Zeitabrechnung bedeutet: das hier die Zeit im Vordergrund steht, nicht das Ergebnis! Es ist auch zu erklären, wie bei Zeitüberschreitungen vorzugehen ist: Der Auftrag muss verlängert werden, die Mitarbeiter werden deshalb fragen, ob sie länger bleiben sollen und das (zumindest) im Pflegebericht dokumentierten (und evtl. gegenzeichnen lassen). Bei kritischen Kunden kann es auch hilfreich sein, ein Formular wie die „Zusätzliche Kostenübernahmeerklärung" zu nutzen.

Download siehe:
http://www.beratungshandbuch.net

Kostenvoranschlag und Pflegevertrag

Immer wenn Pflegesachleistungen erbracht werden, muss dazu ein Pflegevertrag abgeschlossen werden (siehe auch § 120 SGB XI). Dazu gehört auch ein entsprechender Kostenvoranschlag, der über die PTVA (Frage 29) ‚verpflichtend' wird (ansonsten verschlechtert sich die Schulnote). Idealerweise enthält der eigentliche

Pflegevertrag die gesamten vertraglichen Regelungen, während die konkreten Leistungen in einer Anlage erfasst werden, die gleichzeitig als Kostenvoranschläge dienen können. Durch die neue Wahlmöglichkeit (Zeitabrechnung oder Pauschalen) müssen lt. Gesetzestext immer zwei getrennte Kostenvoranschläge (für die Grundpflege) erstellt werden:

1. Kostenvoranschlag nur nach Pauschalen
2. Kostenvoranschlag nur nach Zeit.

Dabei dürfte die Wirklichkeit dahin gehen, dass es oftmals innerhalb eines Tages oder einer Woche auch Mischungen geben kann: morgens nach Pauschalen, abends nach Zeit. Das führt dann dazu, dass neben den beiden formalen noch ein dritter Kostenvoranschlag erstellt wird, der die richtige Verteilung zeigt.

Download siehe:
http://www.beratungshandbuch.net

Keine Leistungen ablehnen

Eine Leistungsübernahme darf nicht abgelehnt werden, weil diese Leistung beim Kunden zu lange dauert und die Vergütung dafür (anscheinend) nicht ausreicht, zumal die Begründung meist auch inhaltlich falsch ist. Die erlösorientierte Betrachtung der einzelnen Leistung bei einem Kunden führt in der Regel zu falschen betriebswirtschaftlichen Schlussfolgerungen, denn die Preise sind Durchschnittspreise und beziehen sich auf den Jahresdurchschnitt dieser Leistung bei allen Pflegekunden und nicht auf den Zeitaufwand bei einem einzelnen Kunden. Und sollte im Jahresdurchschnitt eine Leistung nicht leistungsrecht vergütet sein, muss der Pflegedienst Vergütungsverhandlungen führen (siehe § 89 bzw. § 72).

Auch darf nicht abgelehnt werden, dass der Kunde aus finanziellen Gründen das Abrechnungssystem (von Pauschalen auf Zeit oder umgekehrt) wechselt. Das wäre ebenfalls ein Verstoß gegen den Versorgungsvertrag, der zum Verlust der Zulassung führen kann.

Auf die vollständige Ausnutzung der Sachleistung achten

Regelmäßig sollte geprüft werden, ob die Sachleistung auch ausgeschöpft wird. Wird also in der Pflegestufe 1 wirklich 450,– € abgerechnet oder doch nur 430,– €? Solche Endbeträge führen evtl. zu einer sehr geringen Pflegegeldüberweisung, sind aber vermutlich vom Pflegedienst nicht gewollt. Daher sollten systematisch und regelmäßig alle die Kunden bzw. Pflegeverträge überprüft werden, bei denen die Sachleistungen zu 90 % oder höher (je nach Pflegestufe) abgerechnet werden.

7.6 Quellen

§ 36 Pflegesachleistung

(1) Pflegebedürftige haben bei häuslicher Pflege Anspruch auf Grundpflege und hauswirtschaftliche Versorgung als Sachleistung (häusliche Pflegehilfe). Leistungen der häuslichen Pflege sind auch zulässig, wenn Pflegebedürftige nicht in ihrem eigenen Haushalt gepflegt werden; sie sind nicht zulässig, wenn Pflegebedürftige in einer stationären Pflegeeinrichtung oder in einer Einrichtung im Sinne des § 71 Abs. 4 gepflegt werden. Häusliche Pflegehilfe wird durch geeignete Pflegekräfte erbracht, die entweder von der Pflegekasse oder bei ambulanten Pflegeeinrichtungen, mit denen die Pflegekasse einen Versorgungsvertrag abgeschlossen hat, angestellt sind. Auch durch Einzelpersonen, mit denen die Pflegekasse einen Vertrag nach § 77 Abs. 1 abgeschlossen hat, kann häusliche Pflegehilfe als Sachleistung erbracht werden. Mehrere Pflegebedürftige können Pflege- und Betreuungsleistungen sowie hauswirtschaftliche Versorgung gemeinsam als Sachleistung in Anspruch nehmen. Der Anspruch auf Betreuungsleistungen als Sachleistung setzt voraus, dass die Grundpflege und die hauswirtschaftliche Versorgung im Einzelfall sichergestellt sind. Betreuungsleistungen als Sachleistungen nach Satz 5 dürfen nicht zulasten der Pflegekassen in Anspruch genommen werden, wenn diese Leistungen im Rahmen der Eingliederungshilfe für behinderte Menschen nach dem Zwölften Buch, durch den zuständigen Träger der Eingliederungshilfe nach dem Achten Buch oder nach dem Bundesversorgungsgesetz finanziert werden.

(2) Grundpflege und hauswirtschaftliche Versorgung umfassen Hilfeleistungen bei den in § 14 genannten Verrichtungen; die verrichtungsbezogenen krankheitsspezifischen Pflegemaßnahmen gehören nicht dazu, soweit diese im Rahmen der häuslichen Krankenpflege nach § 37 des Fünften Buches zu leisten sind.

(3) Der Anspruch auf häusliche Pflegehilfe umfasst je Kalendermonat:

1. für Pflegebedürftige der Pflegestufe I Pflegeeinsätze bis zu einem Gesamtwert von:

a) 420 Euro ab 1. Juli 2008,

b) 440 Euro ab 1. Januar 2010,

c) 450 Euro ab 1. Januar 2012,

2. für Pflegebedürftige der Pflegestufe II Pflegeeinsätze bis zu einem Gesamtwert von:

a) 980 Euro ab 1. Juli 2008,

b) 1.040 Euro ab 1. Januar 2010,

c) 1.100 Euro ab 1. Januar 2012,

3. für Pflegebedürftige der Pflegestufe III Pflegeeinsätze bis zu einem Gesamt-wert von:
a) 1.470 Euro ab 1. Juli 2008,
b) 1.510 Euro ab 1. Januar 2010,
c) 1.550 Euro ab 1. Januar 2012.

(4) Die Pflegekassen können in besonders gelagerten Einzelfällen zur Vermeidung von Härten Pflegebedürftigen der Pflegestufe III weitere Pflegeeinsätze bis zu einem Gesamtwert von 1.918 Euro monatlich gewähren, wenn ein außergewöhnlich hoher Pflegeaufwand vorliegt, der das übliche Maß der Pflegestufe III weit übersteigt, bei-spielsweise wenn im Endstadium von Krebserkrankungen regelmäßig mehrfach auch in der Nacht Hilfe geleistet werden muss. Die Ausnahmeregelung des Satzes 1 darf für nicht mehr als 3 vom Hundert aller versicherten Pflegebedürftigen der Pflegestufe III, die häuslich gepflegt werden, Anwendung finden. Der Spitzenver-band Bund der Pflegekassen überwacht die Einhaltung dieses Höchstsatzes und hat erforderlichenfalls geeignete Maßnahmen zur Einhaltung zu ergreifen.

§ 123 Übergangsregelung: Verbesserte Pflegeleistungen für Personen mit erheb-lich eingeschränkter Alltagskompetenz

(1) Versicherte, die wegen erheblich eingeschränkter Alltagskompetenz die Voraus-setzungen des § 45a erfüllen, haben neben den Leistungen nach § 45b bis zum Inkrafttreten eines Gesetzes, das die Leistungsgewährung aufgrund eines neuen Pflegebedürftigkeitsbegriffs und eines entsprechenden Begutachtungsverfahrens regelt, Ansprüche auf Pflegeleistungen nach Maßgabe der folgenden Absätze.
(2) Versicherte ohne Pflegestufe haben je Kalendermonat Anspruch auf
    1. Pflegegeld nach § 37 in Höhe von 120 Euro oder
    2. Pflegesachleistungen nach § 36 in Höhe von bis zu 225 Euro oder
    3. Kombinationsleistungen aus den Nummern 1 und 2 (§ 38)
sowie Ansprüche nach den §§ 39 und 40.
(3) Für Pflegebedürftige der Pflegestufe I erhöhen sich das Pflegegeld nach § 37 um 70 Euro auf 305 Euro und die Pflegesachleistungen nach § 36 um 215 Euro auf bis zu 665 Euro.
(4) Für Pflegebedürftige der Pflegestufe II erhöhen sich das Pflegegeld nach § 37 um 85 Euro auf 525 Euro und die Pflegesachleistungen nach § 36 um 150 Euro auf bis zu 1 250 Euro.

Formular „Zusätzliche Kostenübernahmeerklärung":
zu finden unter **www.SysPra.de**, im Bereich Arbeitshilfen oder auf
www.vincentz.net

8 Häusliche Betreuung (§ 124)

8.1 Kurzdarstellung

Betreuungsleistungen können seit 2013 auch als Sachleistungen (im Rahmen der Leistungsbeträge nach § 36) abgerufen werden. Voraussetzung ist allerdings, dass in jedem Einzelfall die Grundpflege und Hauswirtschaft sichergestellt ist und dass keine Grundpflege und Hauswirtschaft im Rahmen der Häuslichen Betreuung übernommen wird. Die Häusliche Betreuung ist auf den Haushalt, die Umgebung (z. B. Spaziergang) bzw. den Haushalt der Angehörigen beschränkt.

8.2 Wesentliche Punkte

Häusliche Betreuung ist eine Sachleistung

Anders als die „Zusätzliche Betreuung nach § 45 b" ist die Häusliche Betreuung eine Sachleistung; das heißt, auch für diese Leistung muss es eine Pflegeanamnese und Pflegeplanung geben einschließlich der begleitenden Beratung. Diese Leistung ist inhaltlich im Rahmenvertrag nach § 75 auf Landesebene konkreter definiert und im Rahmen der Qualitätsmaßstäbe nach § 113 ist sie auch Gegenstand der Qualitätsprüfungen sowie der Bewertung im Rahmen der Pflege-Transparenz-Vereinbarung Ambulant (PTVA).

Jeder Kunde kann die Leistung in Anspruch nehmen

Die Häusliche Betreuung ist eine ‚normale' Sachleistung, daher kann sie ohne Einschränkung von allen Sachleistungsberechtigten (also mit oder ohne erheblich eingeschränkter Alltagskompetenz) in Anspruch genommen werden!

Grundpflege und Hauswirtschaft muss sichergestellt sein, sonst darf die Leistung nicht erbracht werden

Wünscht der Kunde diese Leistung, muss zunächst im Rahmen der Anamnese/ Pflegeplanung festgestellt und sichergestellt werden, dass bei Leistungsbeginn die Grundpflege und Hauswirtschaft (beispielsweise durch die Angehörigen oder andere Leistungen des Pflegedienstes) sichergestellt ist. Ist dies nicht der Fall, kann die Leistung vom Pflegedienst nicht erbracht werden. Auch während der Leistungserbringung muss der Pflegedienst immer wieder überprüfen und sicherstellen, dass die Voraussetzung für die Leistungserbringung (Grundpflege und Hauswirtschaft ist sichergestellt) vorliegt, ansonsten darf der Pflegedienst die Leistung nicht mehr erbringen, sondern kann nur noch Grundpflege oder Hauswirtschaftliche Leistungen anbieten.

1
2
3
4
5
6
7
8
9
10
11
12
13
14
15
16
17
18
19

Das SGB XI – Beratungshandbuch • Andreas Heiber, 2., überarbeitete Auflage
© Vincentz Network GmbH & Co. KG, Hannover 2013 • ISBN 978-3-86630-318-8

Leistungsinhalte der Häuslichen Betreuung

Im Gesetzestext formuliert der Gesetzgeber die möglichen Leistungen noch sehr abstrakt und offen, in der Gesetzesbegründung nennt er hier praktische, aber durchaus widersprüchliche Beispiele:

Unterstützung von Aktivitäten im häuslichen Umfeld, die dem Zweck der Kommunikation und der Aufrechterhaltung sozialer Kontakte dienen:

» Spaziergänge in der näheren Umgebung

» Ermöglichung des Besuchs von Verwandten und Bekannten

» Begleitung zum Friedhof

» Unterstützung bei der Gestaltung des häuslichen Alltags

» Hilfen zur Entwicklung und Aufrechterhaltung einer Tagesstruktur

» Hilfen zur Durchführung bedürfnisgerechter Beschäftigungen

» Hilfen zur Einhaltung eines bedürfnisgerechten Tag-/Nacht-Rhythmus

» Unterstützung bei Hobby und Spiel

» Unterstützungsleistungen bei der Regelung von finanziellen und administrativen Angelegenheiten (Hinweis: Allerdings ist hier keine aktive Beratung gemeint, sondern nur die praktische Ausführung, wobei die Anweisungen vom Pflegebedürftigen kommen).

Die Leistung darf keine Grundpflege oder Hauswirtschaft sein

Aus der Gesetzesvorgabe, dass die Grundpflege und Hauswirtschaft im Einzelfall (durch andere/andere Leistungen) sichergestellt ist, ergibt sich, dass die Häusliche Betreuung eben auch keine grundpflegerischen oder hauswirtschaftlichen Tätigkeiten umfassen darf. Während die Abgrenzung zur Hauswirtschaft im Einzelfall fließend sein kann, beispielsweise wenn der Pflegebedürftige gerne (quasi als „Hobby") kocht und man ihn deshalb bei diesem Hobby unterstützt, steht die formal notwendige Abgrenzung zur Grundpflege im Widerspruch zu den in der Gesetzesbegründung aufgezählten Beispielen: Beim Spaziergang gibt es fast immer Leistungen der Grundpflege (Aufsuchen/Verlassen der Wohnung, An- und Ausziehen, Treppensteigen, Gehen), selbst reine Betreuungsleistungen sind ohne in der Zwischenzeit notwendige Hilfeleistungen beim Toilettengang oder beim Essen/Getränke kaum vorstellbar. Dieser formale Konflikt kann nur dann gelöst werden, wenn in den Ausführungen der Rahmenverträge nach § 75 auf Landesebene solche Ausnahmen definiert werden. Ansonsten kann man diese Leistung formal kaum erbringen, ohne zwischenzeitlich eine zweite Pflegekraft hinzuzuziehen.

Leistungen und Begriffe „Häusliche Betreuung" und „Zusätzliche Betreuung nach § 45b" sauber auseinander halten!

Es gibt zwei Betreuungsleistungen, die schnell zu verwechseln sind, deshalb muss man von Beginn an die Begriffe sauber auseinander halten:

» »Häusliche Betreuung« ist eine Sachleistung, erfordert Pflegeanamnese und Planung, nur möglich, wenn Grundpflege und Hauswirtschaft sichergestellt ist; Preisvereinbarung mit den Pflegekassen.

» »Zusätzliche Betreuung« nach § 45b: Kostenerstattungsleistung (keine vertragliche Vereinbarung mit den Pflegekassen: weder über die Qualität noch über den Preis), es darf keine Grundpflege und Hauswirtschaft erbracht werden, aber Voraussetzung ist nicht, dass die Grundpflege und Hauswirtschaft sichergestellt ist!

Häusliche Betreuung darf keine „Billigpflege" sein

Durch den Hilfebegriff der Pflegeversicherung (insbesondere Anleitung, Beaufsichtigung) sind jegliche Unterstützungsleistungen im Rahmen der definierten Grundpflegeverrichtungen als Grundpflegeleistungen zu erbringen. Deshalb muss den Kunden von Beginn an erklärt werden, was alles nicht zur Häuslichen Betreuung gehören kann.

8.3   Hintergrund

Weil der Gesetzgeber zwar noch keinen neuen Pflegebedürftigkeitsbegriff einführen wollte (der seit ca. 3 Jahren fertig für die Umsetzung ist), gleichzeitig aber einen Handlungsbedarf sah, um die vor allem dementen Pflegebedürftigen besser zu unterstützen, hat er die Leistung „Häusliche Betreuung" in das Gesetz aufgenommen. Die strikte, aber praxisfremde Trennung von Grundpflege und Hauswirtschaft hat seine historischen Wurzeln im Gesetzgebungsverfahren. Denn anfangs war von eigenständigen Betreuungsdiensten die Rede, die sozusagen unterhalb der Pflegedienste (sowohl fachlich/formal als auch inhaltlich) angesiedelt waren. Aus der sicherlich nicht unberechtigten Furcht heraus, hier könnte eine Struktur von Billigpflegediensten entstehen, haben die Verbände der Leistungserbringer, aber auch der Kostenträger diesen Entwurf kritisiert und so zu einer Änderung beigetragen. Geblieben ist die Leistungsdefinition mit ihren weltfremden Grenzen sowie der Modellversuch zur Erprobung separater Betreuungsdienste nach § 125 SGB XI.

8.4 Hinweise zur Beratung

Leistungsgrenzen klar benennen

In den Flyern und im Vertragsgespräch muss deutlich gemacht werden, was die Leistung Häusliche Betreuung alles nicht ist. Dabei ist es wichtig, auf den Hilfebegriff der Pflegeversicherung einzugehen und zu erläutern, dass die Häusliche Betreuung immer da aufhören muss, wenn eine Grundpflegeleistung erbracht wird und selbst wenn es sich beispielsweise um die reine Beaufsichtigung beim Ins-Bett-gehen handelt.

Gleiches Budget aber mehr Leistungsarten?

Ein Großteil der Pflegebedürftigen hat durch die Reform 2013 (PNG) keine erhöhten Leistungen bekommen. Hochrechnungen gehen davon aus, das nur ca. 1/3 aller Pflegebedürftigen nach § 45b eingestuft sind. Nur bei dieser Gruppe wurden die Sachleistungen ausgeweitet. Trotzdem dürfen alle Pflegebedürftigen die neue Leistung Häusliche Betreuung wählen. Wenn für die bisherige Versorgung die Sachleistungen schon jetzt nicht ausgereicht haben, so sind weitere Leistungen auf jeden Fall als Eigenanteil und damit privat zu finanzieren. Hier bietet sich aber auch die Möglichkeit, Betreuung als reine Privatleistung anzubieten (und damit außerhalb der Definition der Pflegeversicherung/Leistungsverträge). Das hätte den Vorteil, dass die private Betreuung vom Inhalt her vergleichbar/identisch wäre mit der Zusätzlichen Betreuung und die formalen Zwänge einer Sachleistung nicht zuträfen. (Private) Betreuung gehört also in jede Dienstleistungspreisliste.

8.5 Hinweise zur internen Umsetzung

Leistungsgrenzen schon aus Haftungsgründen beachten

Wenn in den Leistungsverträgen und Rahmenverträgen nach § 75 auf Landesebene die Leistungsgrenzen nicht praxisnaher definiert sind (z. B. dass zum Spaziergang die notwendige Hilfestellung beim Anziehen, Treppensteigen und Gehen dazu gehört), muss der Pflegedienst sie einhalten. Dann gehört zum Spaziergang eben auch die Grundpflegeleistung: Verlassen und Wiederaufsuchen der Wohnung dazu, die eigentliche Häusliche Betreuung fängt dann erst auf der Straße an. Denn bei einem Unfall (beispielsweise der Pflegebedürftige fällt die Treppe runter) wird immer der Pflegedienst verantwortlich sein. Vor allem dann, wenn er diese Leistung (Treppensteigen) mit der Leistung Häusliche Betreuung und dem dafür einzusetzenden Personal gar nicht erbringen sollte.

Alternativen zur Häuslichen Betreuung

Die Pflegeversicherung kennt für die Betreuung noch zwei weitere Leistungen, die nicht an die engen Leistungsgrenzen der Häuslichen Betreuung gebunden sind, weil sie auf der Basis der Kostenerstattung erbracht werden und inhaltlich offener formuliert sind:

> » Zusätzliche Betreuung nach § 45b: Voraussetzung ist nicht, das Grund-pflege und Hauswirtschaft im Einzelfall sichergestellt ist: der Pflegedienst muss dies nicht überprüfen und weder eine Anamnese noch Pflegepla-nung erstellen. Was er ‚freiwillig' macht, liegt in seiner Verantwortung, ist aber kein Prüfgegenstand bei Qualitätsprüfungen. Unabhängig davon wird jeder Pflegedienst bei Gefahr für Leib und Leben einschreiten und die Pflegekasse oder andere Behörden informieren, unabhängig davon, ob er durch die Pflegeversicherung verpflichtet ist. Denn auf der Ebene der Gefahr für Leib und Leben ist jeder Bürger zum Handeln verpflichtet.

> » Verhinderungspflege nach § 39: auch hier ist die reine Betreuung neben der Grundpflege und Hauswirtschaft möglich, ansonsten gelten die gleichen Ausführungen wie bei der Zusätzlichen Betreuung nach § 45b

Geeignetes Personal für die Betreuung?

Formal wird über die Rahmenverträge nach § 75 auf Landesebene (durch die kon-krete Beschreibung der Inhalte) sowie durch die Vergütungsvereinbarungen auch der Personalmix bzw. deren Ausbildungsstand definiert. Zurzeit (Juli 2013) gibt es nur in Bremen eine Konkretisierung, die aber allein auf die durch eine Demenz verursachten Probleme abstellt und dabei auf vergleichbare Regelungen aus dem stationären Bereich zurückgreift. Allerdings gibt es hier deutliche Unterschiede: Zuhause wird die Versorgung von Dementen viel weniger durch abwehrendes oder agressives Verhalten geprägt als im Pflegeheim. Auch gibt es bei der regelhaften Einzelbetreuung ganz andere Probleme als im Heim, wo meist eine Gruppenbetreu-ung stattfindet. Andererseits sind Grundpflegeprobleme im Heim einfach lösbar: Die Betreuungskräfte rufen einfach eine Pflegekraft, die dann beispielsweise den Toilettengang übernimmt, während ansonsten die Gruppenbetreuung ungestört weiter läuft. Zuhause sieht das anders aus: Hier muss evtl. die Betreuungskraft den spontanen Toilettengang begleiten können, auch wenn er ausdrücklich nicht zu ihrem Leistungsspektrum dazu gehört. Die eingesetzten Betreuungskräfte müs-sen auch im Bereich der Mobilität (Transfer, Treppensteigen, An- und Auskleiden) ausgebildet sein, alles andere wäre praxisfremd. Dazu müssen die Mitarbeiter eine regelmäßig aufgefrischte Notfallschulung sowie die jährliche Hygieneschulung nachweisen. Wie auch immer der Personalmix in den Rahmenverträgen und Vergütungsvereinbarungen beschrieben wird, sollten diese Grundlange schon aus haftungsrechtlicher Sicht vorhanden sein.

Privatleistung Betreuung in die Privat- bzw. Dienstleistungspreisliste aufnehmen

» (Private) Betreuung gehört in jede Privat- oder Dienstleistungspreisliste eines Pflegedienstes. Vom Preis her sollte der vergleichbare Preis der Pflegeversicherung genommen werden. Denn da dieser vom Prinzip her „leistungsgerecht" ist, besteht kein Grund, einen höheren Preis abzurechnen, nur weil die Leistung privat finanziert wird. Der Preis kann lediglich um die hier privat zu finanzierenden Investitionskosten (siehe Sachleistung, Seite 83) erhöht werden.

8.6   Quellen

§ 124 SGB XI Übergangsregelung: Häusliche Betreuung

(1) Pflegebedürftige der Pflegestufen I bis III sowie Versicherte, die wegen erheblich eingeschränkter Alltagskompetenz die Voraussetzungen des § 45a erfüllen, haben bis zum Inkrafttreten eines Gesetzes, das die Leistungsgewährung aufgrund eines neuen Pflegebedürftigkeitsbegriffs und eines entsprechenden Begutachtungsverfahrens regelt, nach den §§ 36 und 123 einen Anspruch auf häusliche Betreuung.

(2) Leistungen der häuslichen Betreuung werden neben Grundpflege und hauswirtschaftlicher Versorgung als pflegerische Betreuungsmaßnahmen erbracht. Sie umfassen Unterstützung und sonstige Hilfen im häuslichen Umfeld des Pflegebedürftigen oder seiner Familie und schließen insbesondere das Folgende mit ein:

1. Unterstützung von Aktivitäten im häuslichen Umfeld, die dem Zweck der Kommunikation und der Aufrechterhaltung sozialer Kontakte dienen,

2. Unterstützung bei der Gestaltung des häuslichen Alltags, insbesondere Hilfen zur Entwicklung und Aufrechterhaltung einer Tagesstruktur, zur Durchführung bedürfnisgerechter Beschäftigungen und zur Einhaltung eines bedürfnisgerechten Tag-/Nacht-Rhythmus.

Häusliche Betreuung kann von mehreren Pflegebedürftigen oder Versicherten mit erheblich eingeschränkter Alltagskompetenz auch als gemeinschaftliche häusliche Betreuung im häuslichen Umfeld einer oder eines Beteiligten oder seiner Familie als Sachleistung in Anspruch genommen werden.

(3) Der Anspruch auf häusliche Betreuung setzt voraus, dass die Grundpflege und die hauswirtschaftliche Versorgung im Einzelfall sichergestellt sind.

(4) Das Siebte, das Achte und das Elfte Kapitel sind entsprechend anzuwenden.

§ 125 Modellvorhaben zur Erprobung von Leistungen der häuslichen Betreuung durch Betreuungsdienste

(1) Der Spitzenverband Bund der Pflegekassen kann in den Jahren 2013 und 2014 aus Mitteln des Ausgleichsfonds der Pflegeversicherung mit bis zu 5 Millionen Euro Modellvorhaben zur Erprobung von Leistungen der häuslichen Betreuung nach § 124 durch Betreuungsdienste vereinbaren. Dienste können als Betreuungsdienste Vereinbarungspartner werden, die insbesondere für demenziell erkrankte Pflegebedürftige dauerhaft häusliche Betreuung und hauswirtschaftliche Versorgung erbringen.

(2) Die Modellvorhaben sind darauf auszurichten, die Wirkungen des Einsatzes von Betreuungsdiensten auf die pflegerische Versorgung umfassend bezüglich Qualität, Wirtschaftlichkeit, Inhalt der erbrachten Leistungen und Akzeptanz bei den Pflegebedürftigen zu untersuchen und sind auf längstens drei Jahre zu befristen. Für die Modellvorhaben ist eine wissenschaftliche Begleitung und Auswertung vorzusehen. Soweit im Rahmen der Modellvorhaben personenbezogene Daten benötigt werden, können diese mit Einwilligung des Pflegebedürftigen erhoben, verarbeitet und genutzt werden. Der Spitzenverband Bund der Pflegekassen bestimmt Ziele, Dauer, Inhalte und Durchführung der Modellvorhaben. Die Modellvorhaben sind mit dem Bundesministerium für Gesundheit abzustimmen.

(3) Auf die am Modell teilnehmenden Dienste sind die Vorschriften dieses Buches für Pflegedienste entsprechend anzuwenden. Anstelle der verantwortlichen Pflegefachkraft können sie eine entsprechend qualifizierte, fachlich geeignete und zuverlässige Kraft mit praktischer Berufserfahrung im erlernten Beruf von zwei Jahren innerhalb der letzten acht Jahre als verantwortliche Kraft einsetzen; § 71 Absatz 3 Satz 4 ist entsprechend anzuwenden. Die Zulassung der teilnehmenden Betreuungsdienste zur Versorgung bleibt bis zu zwei Jahre nach dem Ende des Modellprogramms gültig.

9 Pflegegeld (§ 37)

9.1 Kurzdarstellung

Pflegebedürftige können statt Pflegesachleistungen auch Pflegegeld als Leistung beziehen. Mit dem Pflegegeld entsteht die Verpflichtung, die notwendige Grundpflege und Hauswirtschaft selber sicherzustellen. Obligatorische, regelmäßige Beratungseinsätze durch Pflegedienste oder andere zugelassene Stellen sollen der Beratung und Qualitätssicherung dienen. Ab 2013 gibt es auch Pflegegeld für Versicherte unterhalb der Pflegestufe I aber mit eingeschränkter Alltagskompetenz.

ab 2013		mit erheblich eingeschränkter Alltagskompetenz
ohne Pflegestufe	0,- €	120,- €
Pflegestufe 1	235,- €	305,- €
Pflegestufe 2	440,- €	525,- €
Pflegestufe 3	700,- €	700,- €

9.2 Wesentliche Punkte

Erhöhte Pflegegeldleistungen für Versicherte mit erheblich eingeschränkter Alltagskompetenz

Mit dem PNG hat der Gesetzgeber ab 2013 übergangsweise erhöhte Pflegegeldbeträge für Versicherte mit erheblich eingeschränkter Alltagskompetenz eingeführt, so dass es nun jeweils zwei verschiedene Pflegegeldbeträge gibt.

Sicherstellung der erforderlichen Grundpflege und Hauswirtschaft im Umfang der Pflegestufe

Mit dem Bezug von Pflegegeld verpflichtet sich der Pflegebedürftige, die für seine Pflegestufe und seine Situation notwendige Grundpflege und Hauswirtschaft selber sicherzustellen. Nicht die Pflegepersonen sind verpflichtet, sondern der Pflegebedürftige selbst. Durch den damit verbundenen Sicherstellungsauftrag können auch ergänzende Leistungen zur Grundpflege und Hauswirtschaft durch die Sozialhilfe nicht in Anspruch genommen werden, weil diese Versorgung innerhalb der Pflegestufe durch das Pflegegeld sicherzustellen ist.

Das Pflegegeld ist für die Pflegepersonen gedacht

Der Pflegebedürftige bekommt das Pflegegeld überwiesen und kann darüber frei verfügen mit der oben genannten Einschränkung (Verpflichtung). Findet er also Pflegepersonen, die ihn versorgen, ohne dass er das Pflegegeld weitergibt, entspricht dies auch der gesetzlichen Regelung. Allerdings kann keiner gezwungen

Das SGB XI – Beratungshandbuch • Andreas Heiber, 2., überarbeitete Auflage
© Vincentz Network GmbH & Co. KG, Hannover 2013 • ISBN 978-3-86630-318-8

werden, jemanden ohne irgendeine Entschädigung zu versorgen. Das Pflegegeld ist dafür gedacht, die Angehörigen und anderen Pflegepersonen zu entschädigen bzw. ihnen ein ‚Dankeschön' zukommen zu lassen.

Oftmals wird das Pflegegeld auf Wunsch des Pflegebedürftigen direkt auf das Konto einer Pflegeperson (meist eines Angehörigen) überwiesen. Dies ist möglich, weil der Pflegebedürftige beim Antrag auf Pflegegeld selbst eine geeignete Kontoverbindung angeben kann. Ob dies in jedem Fall sinnvoll ist, sollte überlegt werden. Wenn der Pflegebedürftige sich nicht mehr von der Angehörigen pflegen lassen will, müsste er zusätzlich auch die Überweisung des Pflegegeldes ändern.

Der direkte Vergleich Pflegegeld und Sachleistung hinkt

Oftmals stellen Pflegepersonen die Frage, warum sie für die gleiche Arbeit erheblich weniger ‚Geld' bekommen als der Pflegedienst. Der grundsätzliche Unterschied liegt darin, dass das Pflegegeld nur eine Anerkennung darstellt, aber keinen Lohn. Der Pflegedienst muss mit der Vergütung u.a.

- Mitarbeiter bezahlen, einschließlich aller Sozialabgaben,
- dafür sorgen, dass bei Ausfall eine Ersatzpflegekraft da ist,
- die Qualität sichern (u.a. Pflegeplanung, systematisch arbeiten, Pflegevisiten, regelmäßige Schulungen),
- notwendige Versicherungen wie Berufshaftpflicht und Unfall/Berufsgenossenschaft abschließen.

Pflegepersonen sind vor allem moralisch verpflichtet, pro Tag eine entsprechende Versorgung durchzuführen, Pflegedienste sind vertraglich verpflichtet.

Zum Pflegegeld muss man fairerweise auch noch die anderen sozialen Leistungen für die Pflegeperson dazurechnen: das ist der Schutz der gesetzlichen Unfallversicherung und je nach Zeitaufwand auch Beiträge zur Rentenversicherung (siehe auch Pflegezeitgesetz, Hintergrund, Seite 72).

Das Pflegegeld wird tageweise berechnet und gezahlt

Anders als die Pflegesachleistung wird das Pflegegeld tageweise berechnet und ausgezahlt. Es wird monatlich im Voraus gezahlt. Während eines Krankenhausaufenthaltes oder während einer medizinischen Rehabilitationsmaßnahme wird das Pflegegeld für die ersten vier Wochen weitergezahlt. Im Sterbemonat wird das Pflegegeld für den gesamten Monat bezahlt.

Weiterzahlung von 50 % während der Verhinderungspflege oder Kurzzeitpflege
Seit 2013 wird das Pflegegeld während der tageweisen Verhinderungspflege oder während eines Kurzzeitpflegeaufenthaltes jeweils bis zu vier Wochen weiter gezahlt. Dabei wird wie bisher der jeweils erste und letzte Tag voll bezahlt, danach zu 50 %.

Das Pflegegeld kann auch im EU-Ausland und der Schweiz bezogen werden
In § 34 ist geregelt, dass das Pflegegeld bis zu 6 Wochen im Jahr auch im Ausland bezogen werden kann. Im europäischen Ausland einschließlich der Schweiz kann das Pflegegeld als Geldleistung dauerhaft bezogen werden. Detaillierte Regelungen sind in Anlage 5 zum Rundschreiben der Spitzenverbände zu finden (siehe unten).

Pflegegeld wird nicht als Einkommen berücksichtigt
Mit dem Pflegegeld soll die Motivation der Pflegepersonen zur ehrenamtlichen Pflege gestärkt werden. Auch aus diesem Grund wird das Pflegegeld als Einkommen bei anderen Sozialleistungen nicht berücksichtigt werden. Dies ist inzwischen in § 13 SGB XI ausdrücklich geregelt. Das Pflegegeld ist auch kein zu versteuerndes Einkommen (§ 3 Abs. 36 Einkommenssteuergesetz).

Verpflichtung zu Beratungsbesuchen
Der Bezug von Pflegegeld ist mit der Verpflichtung verbunden, in der Pflegestufe 1 und 2 zweimal jährlich, in der Pflegestufe 3 viermal jährlich einen Beratungseinsatz einer zugelassenen Pflegeeinrichtung oder Pflegekraft abzurufen. Diese Beratungsbesuche dienen der Beratung, aber auch zur Qualitätssicherung. Wer diese Beratungsbesuche nicht regelmäßig nachweist, dem kann das Pflegegeld gekürzt (um 50 %) oder im Wiederholungsfall verweigert werden. Abweichend davon müssen Versicherte ohne Pflegestufe aber mit erheblich eingeschränkter Alltagskompetenz keine Beratungsbesuche abrufen und nachweisen.

Nachweis der Beratungsbesuche über ein Formular
Zum Nachweis des Beratungsbesuches wird von den Spitzenverbänden der Pflegekassen ein Formular vorgegeben, das als Nachweis dient. Es wird im Rahmen des Beratungsbesuches ausgefüllt. Durch seine Unterschrift erklärt sich der Pflegekunde mit der Weitergabe der Daten und Inhalte an die Pflegekasse einverstanden. Ohne diese Erklärung darf der Pflegedienst das Formular nur mit der Feststellung weitergeben, dass ein Besuch durchgeführt wurde. Auf dem Formular ist ausdrücklich vermerkt, dass eine Weitergabe ohne weitere Feststellungen des Pflegedienstes für den Versicherten keine Nachteile mit sich bringt.

Allerdings könnte die Pflegekasse von sich aus den MDK zu einer routinemäßigen Folgebegutachtung schicken, wenn sie das Begutachtungsformular ohne weitere Informationen erhält, weil der Pflegebedürftige einer Weitergabe nicht zustimmt.

Die Pflegekassen gehen auch davon aus, dass der Pflegedienst in „Notsituationen" (hier werden „eklatant gefährliche Pflegesituationen, vitale Gefährdung des Pflegebedürftigen und/oder massive Gewaltanwendung" genannt) sich über die Weigerung hinwegsetzt und trotzdem die Pflegekassen informiert (Rundschreiben § 37, Seite 20). In solchen Fällen muss jeder im Rahmen der Nothilfe handeln, ansonsten könnte das Verhalten als „Unterlassene Hilfeleistung" gewertet werden.

Beratungskompetenz auch in Hinblick auf die ‚Verordnung' von Hilfsmitteln nutzen!

Im Beratungsgespräch soll auch auf die Notwendigkeit einer sachgerechten Hilfsmittelausstattung eingegangen werden, auf dem Beratungsformular ist dafür ein eigenes Feld vorgesehen. Da Pflegefachkräfte gemäß § 40 (siehe Seite 149) in der Lage sind, die Angemessenheit einer Hilfsmittelversorgung zu beurteilen, sollte man diese Möglichkeit und Aufgabe auch wahrnehmen. Dabei ist es hilfreich, im Formular nicht nur das Hilfsmittel zu benennen, sondern auch kurz fachlich zu begründen, warum dieser Einsatz im Sinne § 40 notwendig ist. Das erspart der Pflegekasse noch weitere Nachfragen und erleichtert die Bewilligung.

Weitere Beratungseinsätze für Menschen mit zusätzlichem Betreuungsbedarf nach § 45a

Versicherte (ohne Pflegestufe), aber mit zusätzlichem Betreuungsbedarf oder Pflegebedürftige mit zusätzlichem Betreuungsbedarf nach § 45a können den Beratungseinsatz in doppelter Anzahl freiwillig abrufen, also je nach Pflegestufe vier- oder achtmal. Versicherte ohne Pflegestufe zweimal im Jahr. Diese zusätzlichen Beratungsbesuche sollen mehr Zeit für die besondere Beratung dieser Pflege- und Betreuungssituationen schaffen. Ihr Abruf ist freiwillig.

Wer kann die Beratungseinsätze durchführen?

Bisher waren allein zugelassene Pflegedienste berechtigt, Beratungsbesuche nach § 37.3 SGB XI zu erbringen und abzurechnen. In Ausnahmefällen, wenn keine zugelassene Pflegeeinrichtung vor Ort ist (beispielsweise im Ausland), konnte die Pflegekasse auch andere Pflegekräfte, die jedoch nicht bei ihr angestellt sein durften, beauftragen.

Durch die Pflegereform 2008 sind weitere Gruppen prinzipiell berechtigt, diese Beratungsbesuche durchzuführen:

- zugelassene Pflegedienste,
- Beauftragte, jedoch nicht angestellte Pflegefachkräfte (dürften vor allem in der Auslandsbegutachtung beauftragt werden, aber auch, wenn der Pflegebedürftige ein seltenes Krankheitsbild hat bzw. bei der Beratung von besonderen Gruppen wie pflegebedürftigen Kindern),

- neu hinzugekommen: anerkannte Beratungsstellen (mit pflegefachlicher Kompetenz und nachgewiesener Qualitätssicherung),
- neu hinzugekommen: anerkannte Beratungsstelle ohne pflegefachliche Kompetenz, für die Beratung von Versicherten mit zusätzlichem Betreuungsbedarf, jedoch ohne Pflegestufe,
- neu hinzugekommen: Pflegeberater nach § 7a.

Die Zulassung der Beratungsstellen obliegt den Landesverbänden der Pflegekassen, die hierfür auch entsprechende Regelungen erstellen. Ob sich hier viele neue Anbieter etablieren werden, ist angesichts der maximalen Vergütung von bis zu 21,– € bei Pflegestufe 1 und 2 sowie 31,– € bei Pflegestufe 3 fraglich. Beratungsstellen ohne pflegefachlichen Hintergrund könnten beispielsweise Beratungsstellen der Alzheimergesellschaft sein. Sie könnten diese Beratung übernehmen. Allerdings nur solange keine Pflegestufe vorliegt.

Folgen nicht sichergestellter Pflege, die der Gutachter feststellt, für den Pflegegeldbezug

» Die Pflegekasse kann Unterstützung über einen Pflegeberater anbieten.

» Der Gutachter hat insbesondere (immer) festzustellen, ob häusliche Pflege allein mit Pflegegeld sichergestellt ist.

» Die Pflegekasse kann auf Pflegesachleistungen umstellen, d.h. der Kunde bekommt kein Pflegegeld mehr, sondern nur noch Pflegesachleistungen finanziert.

» Die Pflegekasse kann aufgrund der gutachterlichen Empfehlungen feststellen, dass Häusliche Pflege nicht sichergestellt ist und nur noch stationäre Pflege bezahlen. Das heißt nicht, dass der Pflegekunde in ein Pflegeheim gehen muss. Er bekommt nur keine ambulanten Leistungen mehr finanziert. Sicherlich wird in solchen Situationen auch der örtliche Sozialdienst (oder vergleichbare Institutionen) eingeschaltet, weil evtl. eine Gefahr für die körperliche Unversehrtheit des Pflegebedürftigen nicht auszuschließen ist.

9.3 Hintergrund

Die Versorgung der Pflegebedürftigen zu Hause ist ohne die familiäre und ehrenamtliche Mitarbeit der vielen Pflegepersonen nicht denkbar. Mit der Einführung der Pflegeversicherung sollten vor allem diese Pflegepersonen gestärkt und zumindest teilweise finanziell für ihre Arbeit belohnt werden. Dabei stellt das Pflegegeld keine Entlohnung dar, sondern ist allein als „Dankeschön" zu verstehen. Vor Einführung der Pflegeversicherung gab es für diesen Personenkreis nur teilweise eine deutlich geringere Entschädigung (über den § 55 SGB V alter Fassung ab der vergleichbaren Pflegestufe 2: 205 € (400,– DM), siehe auch Kap. Pflegeversicherung).

Mit dem PNG wurden die Beträge für Versicherte mit erheblich eingeschränkter Alltagskompetenz erhöht, um deren erhöhtem Versorgungsbedarf (übergangsweise) gerecht zu werden.

9.4 Hinweise zur Beratung

Nach dem Geldbetrag fragen
Durch die Reform 2013 (PNG) erhalten Versicherte mit erheblich eingeschränkter Alltagskompetenz neue bzw. mehr Leistungen. Da diese Gruppe schon in der Vergangenheit ihre ihnen zustehenden Leistungen nicht immer abgerufen hat (oftmals weil sie nicht verstanden haben, was die Einstufung nach § 45a bedeutet), sollte beim Beratungsbesuch gezielt nach der aktuellen Pflegegeldsumme gefragt werden. So lässt sich schneller ermitteln, ob der Pflegebedürftige nach § 45a eingestuft ist oder nicht. Mit diesem Hintergrund kann dann auch auf die Leistungsnachsprüche nach § 45b beraten werden

Pflegedienste könnten die bessere Beratung bieten
Pflegedienste haben im Verhältnis zu den anderen möglichen Dienstleistern, die Beratungsbesuche übernehmen können, einen wesentlichen Vorteil: Sie können darstellen, dass sie die tägliche Praxis haben. Anders als besondere Beratungsstellen oder Pflegeberater der Pflegekassen übernehmen die Pflegefachkräfte nicht nur ausschließlich Beratungsaufgaben, sondern sind oft auch selbst in der Pflege aktiv. Diese Praxisnähe spricht ebenso für den Pflegedienst wie die Tatsache, dass weitergehende Leistungen dann vom gleichen Anbieter durchgeführt werden können, den man schon kennengelernt hat.

Inhaltliche Schwerpunkte setzen
Wenn sich die Gesamtsituation im Pflegehaushalt nicht verändert hat, bietet es sich an, bei den Besuchen neben der Situationsaufnahme und der Klärung anstehender Fragen besondere inhaltliche Schwerpunkte zu setzen. Dies könnten pflegebegleitende Themen sein, besondere Hinweise auf mögliche Leistungen wie Verhinderungspflege oder Schulungen, aber auch Hinweise auf kulturelle oder sonstige Angebote in der Stadt.

Pflegebedürftige und Pflegeperson sollten das Gefühl haben, dass sich der Besuch gelohnt hat.

Beraten statt verkaufen

Natürlich kann bei dieser Gelegenheit aufgezeigt werden, was der Pflegedienst zu bieten hat. Wer dies mit dem Ansatz tut, unbedingt etwas verkaufen zu wollen, wird sich dauerhaft unbeliebt machen. Viel sinnvoller ist ein Beratungsansatz, der offen berät und auch Alternativen aufzeigt. Ein Beispiel: Der Pflegedienst bietet auch Essen auf Rädern an. Dann sollte man nicht nur das eigene Essen loben, sondern auch auf die Systemzwänge (es kommt zu einer bestimmten Zeit, die Auswahl ist eingeschränkt) und auch auf andere Anbieter hinweisen. Es kann sein, dass das eigene Essen dem Pflegekunden nicht schmeckt, aber das Essen der Konkurrenz. Dann ist es immer noch besser, dass er von dort aus beliefert wird. Die Alternative wäre ein unzufriedener Kunde, dessen Stimmung sich auch auf die Pflege übertragen könnte. Eventuell würde er sogar mit dem Gedanken spielen, in ein Pflegeheim umzuziehen.

Je offener und neutraler jemand berät, desto seriöser wirkt seine Beratung und damit der Dienst. Und um so mehr wird er tatsächlich ,verkaufen'! Eine Verkäuferin in einem Bekleidungsgeschäft, die jedes Kleidungsstück, das man anprobiert, toll findet, gewinnt weniger Vertrauen als eine Kollegin, die offen und ehrlich sagt, wenn etwas weder passt noch gut aussieht.

Immer Informationsmaterial mitnehmen

Menschen sind begrenzt aufnahmefähig. Oftmals gehen Informationen verloren, die die Pflegefachkräfte während eines Beratungsgespräches geben. Daher ist es hilfreich, zu verschiedenen Themen schriftliche Materialien herauszugeben. Das können Flyer oder Broschüren öffentlicher Stellen, aber auch eigene Infoblätter (die der Pflegedienst oder auch der Verband erstellt), sein. Eine Kundenzeitschrift (eigene oder zugekaufte, Newsletter etc.) könnte die Kundenbindung ebenfalls unterstützen.

9.5 Hinweise zur internen Umsetzung

Terminverwaltung für die Kunden anbieten

Es sollte für einen Pflegedienst selbstverständlich sein, Beratungskunden anzubieten, sie an den nächsten notwendigen Beratungstermin zu erinnern. Das hat den Vorteil, dass der Pflegedienst selbst die Termine besser planen kann. Und beim Pflegegeldbezieher bleibt dieser Service in guter Erinnerung. Da jeder Pflegegeldbezieher auch ein potenzieller Nutzer von Verhinderungspflege oder zukünftig von Sachleistung sein kann, sollte jeder Pflegedienst diesen Service anbieten. Für die Terminverwaltung reicht schon ein Tischkalender, falls die Termine nicht direkt über die Pflegesoftware verwaltet werden können.

Qualifizierte Mitarbeiter einsetzen und praxistauglich dokumentieren

Nicht jede Pflegefachkraft, die gut in der praktischen Pflege ist, ist eine gute Berate-rin. Dazu gehören Fähigkeiten wie Gesprächsführung, Anleitung, ein breites Wissen in pflegefachlichen und leistungsrechtlichen Fragen und eine gewisse Lebens-erfahrung. Aus diesem Grunde sollten die Beratungsbesuche nicht ‚gleichmäßig‘ unter den Fachkräften verteilt und dann durchgeführt werden, wenn in der Tour mal ‚Luft‘ ist. Einen qualifizierten Beraterstamm auszubilden (beispielsweise über Pfle-geberaterkurse etc.), der für die Beratungsbesuche zuständig ist, ist ratsam. Auch sollten sich einzelne Mitarbeiter auf bestimmte Themen, Diagnosen oder Kunden-gruppen (z. B. Kinder, junge Behinderte) spezialisieren.

Im Gesetzestext wird eine personelle Kontinuität gefordert. Weil die meisten Besuche nur im Abstand von einem halben Jahr stattfinden, erscheint die personelle Kontinuität weniger wichtig als eine sachgerechte und praxisnahe Dokumentation. Durch diese können auch andere Pflegefachkräfte die Beratung nahtlos fortführen, ohne ‚von Vorne anfangen zu müssen‘.

Abrechnung der Leistung

Der Preis zur Abrechnung der Beratungsbesuche ist im Gesetzestext § 37 abschlie-ßend festgesetzt. Lt. Urteil des BSG vom 17.12.2009 gibt es keine Regelung, nach der für diese Leistung eine Vergütungsvereinbarung mit den Pflegekassen abzu-schließen ist, weil in § 89 hier eine Regelung fehlt. Daher kann der Pflegedienst diese Leistung im Rahmen der Höchstbeträge selbst festsetzen, „Die Pflegedienste haben die Vergütung für die Beratungsbesuche nach billigem Ermessen unter Berücksichtigung des im Einzelfall erforderlichen Zeitaufwandes festzusetzen, wobei eine schematische Festsetzung des jeweiligen Höchstbetrages unzulässig ist." (BSG, B3P3/08 R vom 17.12.2009, Randziffer 24). Im Höchstbetrag enthalten sind alle Kosten, auch die Wegekosten.

9.6 Quellen

§ 37 Pflegegeld für selbst beschaffte Pflegehilfen

(1) Pflegebedürftige können anstelle der häuslichen Pflegehilfe ein Pflegegeld beantragen. Der Anspruch setzt voraus, dass der Pflegebedürftige mit dem Pflegegeld dessen Umfang entsprechend die erforderliche Grundpflege und hauswirtschaftliche Versorgung in geeigneter Weise selbst sicherstellt. Das Pflegegeld beträgt je Kalendermonat:

1. für Pflegebedürftige der Pflegestufe I

    a) 215 Euro ab 1. Juli 2008,

    b) 225 Euro ab 1. Januar 2010,

    c) 235 Euro ab 1. Januar 2012,

2. für Pflegebedürftige der Pflegestufe II

    a) 420 Euro ab 1. Juli 2008,

    b) 430 Euro ab 1. Januar 2010,

    c) 440 Euro ab 1. Januar 2012,

3. für Pflegebedürftige der Pflegestufe III

    a) 675 Euro ab 1. Juli 2008,

    b) 685 Euro ab 1. Januar 2010,

    c) 700 Euro ab 1. Januar 2012.

(2) Besteht der Anspruch nach Absatz 1 nicht für den vollen Kalendermonat, ist der Geldbetrag entsprechend zu kürzen; dabei ist der Kalendermonat mit 30 Tagen anzusetzen. Die Hälfte des bisher bezogenen Pflegegeldes wird während einer Kurzzeitpflege nach § 42 und einer Verhinderungspflege nach § 39 jeweils für bis zu vier Wochen je Kalenderjahr fortgewährt. Das Pflegegeld wird bis zum Ende des Kalendermonats geleistet, in dem der Pflegebedürftige gestorben ist. § 118 Abs. 3 und 4 des Sechsten Buches gilt entsprechend, wenn für die Zeit nach dem Monat, in dem der Pflegebedürftige verstorben ist, Pflegegeld überwiesen wurde.

(3) Pflegebedürftige, die Pflegegeld nach Absatz 1 beziehen, haben 1. bei Pflegestufe I und II halbjährlich einmal, 2. bei Pflegestufe III vierteljährlich einmal eine Beratung in der eigenen Häuslichkeit durch eine zugelassene Pflegeeinrichtung, durch eine von den Landesverbänden der Pflegekassen nach Absatz 7 anerkannte Beratungsstelle mit nachgewiesener pflegefachlicher Kompetenz oder, sofern dies durch eine zugelassene Pflegeeinrichtung vor Ort oder eine von den Landesverbän-

den der Pflegekassen anerkannte Beratungsstelle mit nachgewiesener pflegefachlicher Kompetenz nicht gewährleistet werden kann, durch eine von der Pflegekasse beauftragte, jedoch von ihr nicht beschäftigte Pflegefachkraft abzurufen. Die Beratung dient der Sicherung der Qualität der häuslichen Pflege und der regelmäßigen Hilfestellung und praktischen pflegefachlichen Unterstützung der häuslich Pflegenden. Die Vergütung für die Beratung ist von der zuständigen Pflegekasse, bei privat Pflegeversicherten von dem zuständigen privaten Versicherungsunternehmen zu tragen, im Fall der Beihilfeberechtigung anteilig von den Beihilfefestsetzungsstellen. Sie beträgt in den Pflegestufen I und II bis zu 21 Euro und in der Pflegestufe III bis zu 31 Euro. Pflegebedürftige, bei denen ein erheblicher Bedarf an allgemeiner Beaufsichtigung und Betreuung nach § 45a festgestellt ist, sind berechtigt, den Beratungseinsatz innerhalb der in Satz 1 genannten Zeiträume zweimal in Anspruch zu nehmen. Personen, bei denen ein erheblicher Bedarf an allgemeiner Beaufsichtigung und Betreuung nach § 45a festgestellt ist und die noch nicht die Voraussetzungen der Pflegestufe I erfüllen, können halbjährlich einmal einen Beratungsbesuch in Anspruch nehmen; die Vergütung für die Beratung entspricht der für die Pflegestufen I und II nach Satz 4. In diesen Fällen kann die Beratung auch durch von den Landesverbänden der Pflegekassen anerkannte Beratungsstellen wahrgenommen werden, ohne dass für die Anerkennung eine pflegefachliche Kompetenz nachgewiesen werden muss.

(4) Die Pflegedienste und die anerkannten Beratungsstellen sowie die beauftragten Pflegefachkräfte haben die Durchführung der Beratungseinsätze gegenüber der Pflegekasse oder dem privaten Versicherungsunternehmen zu bestätigen sowie die bei dem Beratungsbesuch gewonnenen Erkenntnisse über die Möglichkeiten der Verbesserung der häuslichen Pflegesituation dem Pflegebedürftigen und mit dessen Einwilligung der Pflegekasse oder dem privaten Versicherungsunternehmen mitzuteilen, im Fall der Beihilfeberechtigung auch der zuständigen Beihilfefestsetzungsstelle. Der Spitzenverband Bund der Pflegekassen und die privaten Versicherungsunternehmen stellen ihnen für diese Mitteilung ein einheitliches Formular zur Verfügung. Der beauftragte Pflegedienst und die anerkannte Beratungsstelle haben dafür Sorge zu tragen, dass für einen Beratungsbesuch im häuslichen Bereich Pflegekräfte eingesetzt werden, die spezifisches Wissen zu dem Krankheits- und Behinderungsbild sowie des sich daraus ergebenden Hilfebedarfs des Pflegebedürftigen mitbringen und über besondere Beratungskompetenz verfügen. Zudem soll bei der Planung für die Beratungsbesuche weitestgehend sichergestellt werden, dass der Beratungsbesuch bei einem Pflegebedürftigen möglichst auf Dauer von derselben Pflegekraft durchgeführt wird.

(5) Der Spitzenverband Bund der Pflegekassen und der Verband der privaten Krankenversicherung e. V. beschließen gemeinsam mit den Vereinigungen der Träger der ambulanten Pflegeeinrichtungen auf Bundesebene unter Beteiligung des Medi-

zinischen Dienstes des Spitzenverbandes Bund der Krankenkassen Empfehlungen zur Qualitätssicherung der Beratungsbesuche nach Absatz 3. Die Empfehlungen gelten für die anerkannten Beratungsstellen entsprechend.

(6) Rufen Pflegebedürftige die Beratung nach Absatz 3 Satz 1 nicht ab, hat die Pflegekasse oder das private Versicherungsunternehmen das Pflegegeld angemessen zu kürzen und im Wiederholungsfall zu entziehen.

(7) Die Landesverbände der Pflegekassen haben neutrale und unabhängige Beratungsstellen zur Durchführung der Beratung nach den Absätzen 3 und 4 anzuerkennen. Dem Antrag auf Anerkennung ist ein Nachweis über die erforderliche pflegefachliche Kompetenz der Beratungsstelle und ein Konzept zur Qualitätssicherung des Beratungsangebotes beizufügen. Die Landesverbände der Pflegekassen regeln das Nähere zur Anerkennung der Beratungsstellen. Für die Durchführung von Beratungen nach Absatz 3 Satz 6 können die Landesverbände der Pflegekassen geeignete Beratungsstellen anerkennen, ohne dass ein Nachweis über die pflegefachliche Kompetenz erforderlich ist.

(8) Der Pflegeberater oder die Pflegeberaterin (§ 7a) kann die vorgeschriebenen Beratungseinsätze durchführen und diese bescheinigen.

Verhältnis der Leistungen der Pflegeversicherung zu anderen Sozialleistungen § 13

(5) Die Leistungen der Pflegeversicherung bleiben als Einkommen bei Sozialleistungen und bei Leistungen nach dem Asylbewerberleistungsgesetz, deren Gewährung von anderen Einkommen abhängig ist, unberücksichtigt. Satz 1 gilt entsprechend bei Vertragsleistungen aus privaten Pflegeversicherungen, die der Art und dem Umfang nach den Leistungen der sozialen Pflegeversicherung gleichwertig sind. Rechtsvorschriften, die weitergehende oder ergänzende Leistungen aus einer privaten Pflegeversicherung von der Einkommensermittlung ausschließen, bleiben unberührt.

(6) Wird Pflegegeld nach § 37 oder eine vergleichbare Geldleistung an eine Pflegeperson (§ 19) weitergeleitet, bleibt dies bei der Ermittlung von Unterhaltsansprüchen und Unterhaltsverpflichtungen der Pflegeperson unberücksichtigt. Dies gilt nicht

> » in den Fällen des § 1361 Abs. 3, der §§ 1579, 1603 Abs. 2 und des § 1611 Abs. 1 des Bürgerlichen Gesetzbuchs,

> » für Unterhaltsansprüche der Pflegeperson, wenn von dieser erwartet werden kann, ihren Unterhaltsbedarf ganz oder teilweise durch eigene Einkünfte zu decken und der Pflegebedürftige mit dem Unterhaltspflichtigen nicht in gerader Linie verwandt ist.

§ 34 SGB XI Ruhen der Leistungsansprüche

(1a) Der Anspruch auf Pflegegeld nach § 37 oder anteiliges Pflegegeld nach § 38 ruht nicht bei pflegebedürftigen Versicherten, die sich in einem Mitgliedstaat der Europäischen Union, einem Vertragsstaat des Abkommens über den Europäischen Wirtschaftsraum oder der Schweiz aufhalten.

(2) Der Anspruch auf Leistungen bei häuslicher Pflege ruht darüber hinaus, soweit im Rahmen des Anspruchs auf häusliche Krankenpflege (§ 37 des Fünften Buches) auch Anspruch auf Grundpflege und hauswirtschaftliche Versorgung besteht sowie für die Dauer des stationären Aufenthalts in einer Einrichtung im Sinne des § 71 Abs. 4, soweit § 39 nichts Abweichendes bestimmt. Pflegegeld nach § 37 oder anteiliges Pflegegeld nach § 38 ist in den ersten vier Wochen einer vollstationären Kranken-hausbehandlung, einer häuslichen Krankenpflege mit Anspruch auf Grundpflege und hauswirtschaftliche Versorgung oder einer Aufnahme in Vorsorge- oder Reha-bilitationseinrichtungen nach § 107 Abs. 2 des Fünften Buches weiter zu zahlen; bei Pflegebedürftigen, die ihre Pflege durch von ihnen beschäftigte besondere Pflege-kräfte sicherstellen und bei denen § 66 Abs. 4 Satz 2 des Zwölften Buches Anwen-dung findet, wird das Pflegegeld nach § 37 oder anteiliges Pflegegeld nach § 38 auch über die ersten 4 Wochen hinaus weitergezahlt.

§ 123 Übergangsregelung: Verbesserte Pflegeleistungen bei Personen mit erheblich eingeschränkter Alltagskompetenz (siehe Seite 78)

10 Kombinationsleistung (§ 38)

10.1 Kurzdarstellung

Pflegesachleistungen und Pflegegeld lassen sich kombinieren. Dabei bildet der prozentuale Verbrauch der Pflegesachleistung die Basis, welcher prozentuale Anteil an Pflegegeld noch verfügbar ist.

10.2 Wesentliche Punkte

Immer Kombinationsleistung statt Sachleistung beantragen

Beim Antrag auf Pflegeleistungen oder bei der Umstellung von Pflegegeld auf Pflegesachleistungen sollte man dazu raten, immer Kombinationsleistung zu beantragen. Damit ist sichergestellt, dass falls einmal die Sachleistung nicht ausgeschöpft wird, immer das anteilige Pflegegeld überwiesen wird. In der Regel dürften die Pflegekassen aufgrund der Rechtslage immer so handeln.

Bindungswirkung von 6 Monaten

Wählt der Pflegebedürftige eine feste Kombination, weil er beispielsweise jeden Monat garantiert 100 Euro Pflegegeld bekommen will, ist er an dieses Verhältnis für 6 Monate gebunden. Der Gesetzgeber hat dies mit praktischen Erwägungen begründet: könnte der Pflegekunde jederzeit frei das Verhältnis ändern, könnte er je nach Lust und Laune mal mehr oder mal weniger Sachleistungen abfordern. Der praktische Verwaltungs- und Steuerungsaufwand wäre so sehr groß. Allerdings kann man jederzeit dann das Verhältnis ändern, wenn sich die Pflegesituation verändert hat.

Kunden sind daher gut beraten, gegenüber der Pflegekasse keine festen Prozentsätze anzugeben. Wenn einmal etwas mehr Pflegesachleistungen übernommen werden, müssten diese sonst privat bezahlt werden.

Ein relativ stabiles Pflegegeld lässt sich besser und ohne dieses Risiko über den Pflegevertrag steuern.

Die Umrechnung

Die Umrechnung beruht auf folgendem Hintergrund: die Pflegesachleistung ist ein monatlicher Anspruch. Dieser wird gekürzt durch die abgerechneten Leistungen. Der verbleibende Anteil wird prozentual dargestellt. Daraus ergibt sich, in welchem Prozentsatz die Leistung ausgeschöpft wurde. Wurden nicht 100 % Sachleistungen ausgeschöpft, steht noch der prozentuale Anteil an Pflegegeld zur Verfügung.

Das SGB XI – Beratungshandbuch • Andreas Heiber, 2., überarbeitete Auflage
© Vincentz Network GmbH & Co. KG, Hannover 2013 • ISBN 978-3-86630-318-8

Die Rechenformel:

1. in Anspruch genommene Pflegesachleistung geteilt durch maximalen Pflegestufenbetrag ergibt prozentualen Anteil der Ausschöpfung

2. 100 % – Rechenbetrag aus 1. ergibt offenen Prozentsatz

3. Pflegegeld mal Ergebnis aus 2.

Beispiel:

1. Pflegesachleistung: 300,– €, Pflegestufe 1: 450,– €; Ergebnis: 0,67 = in %: 67 %

2. 100 % – 67 % = 33 %

3. Pflegegeld Pflegestufe 1: 235,– € * 32 % = 77,55 €

Hilfsmittel zur Umrechnung

Umrechnungstabellen sind einfache Hilfsmittel, um das ungefähr verbleibende Pflegegeld schnell zu berechnen. Die Umrechnungstabellen sind meist in 5 % oder 10 %-Schritten aufgeteilt. So kann man einfach ablesen, bei welchem Sachleistungsbetrag wie viel Pflegegeld übrig bleibt. Im Rahmen von Erst- oder Beratungsgesprächen reicht diese ungefähre Ermittlung immer aus. Im Rahmen eines konkreten Kostenvoranschlags sollte eine genaue Berechnung erfolgen.

Kombileistungstabellen siehe Seite 19ff.

Download siehe:
http://www.beratungshandbuch.net

10.3 Hintergrund

Nicht immer wird so viel professionelle Hilfe benötigt, wie die Sachleistung insgesamt finanziert. Oftmals reicht die Hilfe beim Baden, weil die Pflegeperson nicht (mehr) in der Lage ist, den Pflegebedürftigen aus der Wanne zu heben. Die Kombinationsleistung regelt das Zusammentreffen von Pflegesachleistung und Pflegegeld. Betrachtet man die Statistiken des Bundesgesundheitsministeriums, nahmen 2012 im Jahresdurchschnitt deutlich mehr Pflegebedürftige die Kombinationsleistung in Anspruch als die reine Sachleistung (380.186 Kombinationsleitungen zu 129.489 Sachleistungen).

10.4 Hinweise zur Beratung

Warum gibt es nicht die restliche Sachleistung, sondern nur so wenig Pflegegeld?
Die Frage geht in die gleiche Richtung, warum das Pflegegeld bei doch gleicher Arbeit so viel niedriger ist als die Sachleistung (siehe Seite 101). Beides lässt sich nicht miteinander vergleichen, weil Pflegegeld nur eine Anerkennung, Pflegesachleistung aber für die Komplettfinanzierung, inklusive Ausfall etc. zu nutzen ist.

Überweisung des offenen Pflegegeldes
Die Pflegekasse kann ein zu erstattendes Pflegegeld erst überweisen, wenn der Pflegedienst die Sachleistungen abgerechnet hat. Anders als beim reinen Pflegegeldbezug (das ja am Monatsanfang überwiesen wird), kann die Überweisung des anteiligen Pflegegeldes erst deutlich später erfolgen.

Festlegung eines prozentualen Betrags in keinem Fall empfehlenswert

Auch wenn die Pflegeperson immer einen festen Pflegegeldbetrag wünscht, sollte keine Festlegung gegenüber der Pflegekasse erfolgen. Zum einen gibt es die Festlegung auf 6 Monate. In der Praxis kann dies zu folgender Situation führen:

» Es ist ein Pflegegeld von 50 % Pflegestufe 1, 117,50 € entsprechend 225,– € Sachleistung festgelegt.

» Im zweiten Monat soll der Pflegedienst ausnahmsweise eine zusätzliche Große Pflege durchführen, so dass nun Sachleistungen von 240,– € zu bezahlen sind.

» Da die Sachleistung auf 50 % beschränkt ist, hat der Pflegebedürftige 15,– € privat (beispielsweise über das Pflegegeld) zu finanzieren.

» Wäre kein fester Prozentsatz vereinbar, würde die Pflegekasse 240,– € übernehmen, an Pflegegeld bliebe in diesem Monat: 108,10 €.

Der Unterschied zwischen beiden Berechnungen ist: 9,40 €. Um diesen Betrag wäre die Versorgung teurer, wenn ein fester Prozentsatz als Kombinationsleistung festgelegt worden wäre.

Auch bei Kombination gilt die 50 % Regelung des Pflegegeldes

Auch in Verbindung mit der Kombinationsleistung wird das entsprechend anteilige Pflegegeld zu 50 % bei tageweiser Verhinderungspflege bzw. Kurzzeitpflege bis zu jeweils 28 Tage weiter gezahlt. Wenn beispielsweise die Kombinationsleistung als Pflegegeld 117,50 € pro Monat beträgt, wird während eines Monats Kurzzeitpflege davon 50 % = 58,75 € weiter gezahlt. Zwar wird in der Zeit des Kurzzeitpflegeaufenthaltes keine Sachleistung des Pflegedienstes abgerufen, aber für die Weiterzahlung des Pflegegeldes gilt als Bezugsgröße der zuletzt abgerufene Kombinationsbetrag.

Sonderregelung in Behinderteneinrichtungen

Durch das PNG neu geregelt ist der Bezug von Pflegegeld in Kombination mit Leistungen nach § 43a (Leistungen in vollstationären Einrichtungen der Behindertenhilfe). Wenn Pflegebedürftige beispielsweise am Wochenende zu Hause betreut werden, so steht ihnen für diese Tage ein anteiliges Pflegegeld zu (Sachleistungsanspruch siehe § 43a, Seite 180)

10.5 Hinweise zur internen Umsetzung

Kombinationsleistung im Kostenvoranschlag: Pflegegeld ausweisen

Im Kostenvoranschlag sollte auch ein möglicherweise noch verfügbares Pflegegeld ausgewiesen sein. Allerdings muss man immer darauf hinweisen, dass dies sich bei Veränderung der Sachleistungen (z. B. durch veränderte Wochentage im Folgemonat) verändern kann.

10.6 Quellen

§ 38 Kombination von Geldleistung und Sachleistung (Kombinationsleistung)

Nimmt der Pflegebedürftige die ihm nach § 36 Abs. 3 und 4 zustehende Sachleistung nur teilweise in Anspruch, erhält er daneben ein anteiliges Pflegegeld im Sinne des § 37. Das Pflegegeld wird um den Vomhundertsatz vermindert, in dem der Pflegebedürftige Sachleistungen in Anspruch genommen hat. An die Entscheidung, in welchem Verhältnis er Geld- und Sachleistung in Anspruch nehmen will, ist der Pflegebedürftige für die Dauer von sechs Monaten gebunden. Anteiliges Pflegegeld wird während einer Kurzzeitpflege nach § 42 und einer Verhinderungspflege nach § 39 jeweils für bis zu vier Wochen je Kalenderjahr in Höhe der Hälfte der vor Beginn der Kurzzeit- oder Verhinderungspflege geleisteten Höhe fortgewährt. Pflegebedürftige in vollstationären Einrichtungen der Hilfe für behinderte Menschen (§ 43a) haben Anspruch auf ungekürztes Pflegegeld anteilig für die Tage, an denen sie sich in häuslicher Pflege befinden.

11 Häusliche Pflege bei Verhinderung der Pflegeperson (§ 39)

11.1 Kurzdarstellung

Sind Pflegepersonen zeitweise verhindert, kann deren Tätigkeit durch diese Leistung sichergestellt werden. Es steht ein Jahresbetrag von 1.550 €, unabhängig von der Pflegestufe (auch ohne Pflegestufe aber bei eingeschränkter Alltagskompetenz), in gleicher Höhe zur Verfügung. Diese Ersatzpflege kann über Pflegedienste, andere professionelle Dienstleister oder über andere Pflegepersonen erbracht werden. Übernehmen andere Pflegepersonen die Ersatzpflege, stehen nur Leistungen in Höhe des jeweiligen Pflegegeldes zur Verfügung, zusätzlich können nachweisbare Sachkosten (z. B. Fahrtkosten) bis zum maximalen Höchstbetrag der Leistung erstattet werden. Bestand vor der Verhinderungspflege ein Pflegegeldanspruch, wird dies zur Hälfte weiter bezahlt. Die Leistung ist nun auch für Versicherte ohne Pflegestufe, aber mit erheblich eingeschränkter Alltagskompetenz nutzbar.

11.2 Wesentliche Punkte

Die Leistung können Pflegebedürftige in Anspruch nehmen, die zu Hause (ambulant) versorgt werden.

Pflegebedürftige, die in stationären Einrichtungen gemäß § 72 (Versorgungsvertrag) leben, erhalten vertragsgemäß eine umfassende Versorgung, daher sind hier keine Leistungen durch Pflegepersonen notwendig. In anderen stationären Einrichtungen gemäß § 71 Abs. 4, beispielsweise einem Wohnheim für Behinderte, einem Internat, aber auch in einer Tagespflege (§ 41) oder in einer Kurzzeitpflegeeinrichtung (§ 42) kann diese Leistung genutzt und mit abgerechnet werden. Dabei ist zu beachten, dass über die Verhinderungspflege lediglich die sogenannten Allgemeinen Pflegeleistungen (Pflege, Behandlungspflege und Soziale Betreuung) finanziert werden können, nicht jedoch Kosten für Unterkunft und Verpflegung sowie Investitionskosten (siehe hierzu auch Seite 155). Falls die Kosten durch die Einrichtung nicht differenziert ausgewiesen sind, soll ein Prozentsatz von mindestens 20 Prozent der Gesamtkosten vom Rechnungsbetrag abgezogen werden. Verhinderungspflege kann als Leistung nicht im Ausland genutzt werden (siehe jedoch Seite 80).

Voraussetzung ist eine „Vorpflegezeit" von 6 Monaten

Der Pflegebedürftige muss mindestens 6 Monate in seiner häuslichen Umgebung gepflegt worden sein werden. Gemeint ist hier allein ein Pflegebedarf, der schon mehr als 6 Monate vorhanden sein muss. Das heißt jedoch nicht, dass die Pfle-

Das SGB XI – Beratungshandbuch • Andreas Heiber, 2., überarbeitete Auflage
© Vincentz Network GmbH & Co. KG, Hannover 2013 • ISBN 978-3-86630-318-8

gestufe 1 schon erreicht sein muss. Es geht hier lediglich um einen regelmäßigen Pflegebedarf, der schon länger als 6 Monate vorliegt, unabhängig von der Pflegestufe (ansonsten hätten Versicherte ohne Pflegestufe aber mit erheblich eingeschränkter Alltagskompetenz ja gar keinen Anspruch!). Dabei ist es auch nicht wichtig, das eine Pflegeperson allein die gesamte Zeitdauer versorgt hat, die Versorgung können sich auch mehrere Pflegepersonen teilen. Die Versorgung muss nur schon 6 Monate in häuslicher Umgebung durchgeführt worden sein (stationäre Versorgungszeiten über 4 Wochen zählen hier nicht). Auch Sachleistungen nach § 36 bzw. § 38 sind unschädlich. Die 6-Monatsfrist wird nur einmalig vor dem ersten Bezug der Verhinderungspflege geprüft, danach steht die Leistung jährlich zur Verfügung.

Eine Pflegeperson, die den Pflegebedürftigen (mit-)pflegt, muss (mindestens) vorhanden sein

Pflegepersonen sind Angehörige oder andere Ehrenamtliche (z. B. Nachbarn), die einen Pflegebedürftigen im Sinne der täglich wiederkehrenden Verrichtungen nach § 14 SGB XI pflegen und/oder hauswirtschaftlich versorgen. Dabei spielt der Stundenumfang der Versorgung keine Rolle (dieser ist nur wichtig in Hinblick auf weitere Sozialleistungen wie Rentenansprüche, siehe § 44). Im Regelfall wird die eine oder mehrere Pflegepersonen im Rahmen der Einstufung im Pflegegutachten erfasst/dokumentiert und sind damit den Pflegekassen bekannt. Pflegepersonen, die erst nach der Einstufung bzw. einer Folgeeinstufung in die Versorgung einbezogen werden, können jederzeit der Pflegekasse nachgemeldet werden. Da Pflegepersonen durch die gesetzliche Unfallversicherung bei der Leistungserbringung geschützt sind, sollten alle Pflegepersonen der Pflegekasse gemeldet werden. Durch die Meldung gibt es keine negativen Auswirkungen.

Ist keine Pflegeperson vorhanden, die vertreten werden kann, entfällt die Grundlage für die Leistung.

Die Pflegeperson ist für einen Zeitraum (Stunden oder Tage) verhindert, die Versorgung durchzuführen

Als Verhinderungsgründe nennt der Gesetzestext: „Erholungsurlaub, Krankheit oder aus anderen Gründen": Ein Nachweis, warum die Pflegeperson verhindert ist, ist im Gesetz nicht vorgesehen, ebenso wenig wie die konkrete Nennung des Grundes. Die Pflegeperson kann tageweise, aber auch stundenweise verhindert sein, beispielsweise um einen Pflegekurs zu besuchen oder auch um zum Kegelvereinstreffen zu gehen. Wichtig ist nur die Feststellung, dass die Pflegeperson in dieser Zeit die Versorgung des Pflegebedürftigen nicht übernehmen kann. Ein weiterer wichtiger Aspekt ist, dass die Pflegeperson nicht dauerhaft verhindert ist, sondern nur für einen gewissen Zeitraum, beispielsweise für die Dauer eines Pflegekurses einige Monate lang.

Leistungen der Ersatzpflege: Grundpflege, Hauswirtschaft und Betreuung/Begleitung

Zu den Leistungen, die die Pflegeperson bisher durchgeführt hat, gehören nicht nur die Grundpflege und Hauswirtschaft, sondern die gesamte Versorgung. Dazu gehören auch andere Tätigkeiten wie Betreuung und Begleitung (z. B. beim Spaziergang). Das gesamte Leistungsspektrum der Pflegepersonen soll durch die Verhinderungspflege ersetzt werden. Daher kann beispielsweise ein Pflegedienst neben Grundpflegeleistungen (meist nach Leistungskomplexen) auch Betreuungsleistungen nach Zeit (in Stunden) erbringen und abrechnen.

Leistungsbetrag pro Jahr bis zu 1.550,– €

Der Leistungsbetrag gilt als Maximalbetrag pro Jahr, unabhängig von der Pflegestufe. Wird der Betrag in einem Jahr nicht ausgeschöpft, verfällt er. Der Leistungsbetrag gilt pro Kalenderjahr und Pflegebedürftigem, nicht pro Pflegeperson.

Bei stundenweiser Abrechnung spielt die Begrenzung auf 28 Tage pro Jahr keine Rolle

Im Gesetzestext ist geregelt, dass die Verhinderungspflege auf maximal 28 Tage und auf den Höchstbetrag begrenzt ist. Dabei spielt die Tagesgrenze nur dann eine Rolle, wenn die Pflegeperson auch verhindert und damit tageweise vertreten wird. Ist sie beispielweise im Urlaub, kann ein Dienstleister die Vertretung für maximal 28 Tage abrechnen, unabhängig vom Geldbetrag. Gleiches gilt auch in der Tagespflege oder Kurzzeitpflege. Ist die Pflegeperson an weniger als 8 Stunden pro Tag verhindert und werden deshalb auch weniger als 8 Stunden vertreten, wird die Tagesgrenze nicht angewendet, es zählt nur der Höchstbetrag.

Die Ersatzpflege kann überall erbracht/abgerechnet werden

Die Ersatzpflege kann überall dort (in Deutschland) erbracht werden, wo sich der Pflegebedürftige aufhält, sei es zu Hause, bei seinen Verwandten, in einer Ferienwohnung, in einem Pflegehotel oder in der Kurzzeitpflege oder Tages-/Nachtpflege. Zum Pflegeheim (Vollstationäre Leistung) siehe oben.

Die Ersatzpflege muss nicht vorher beantragt werden

Der Gesetzestext sieht vor, dass die notwendigen Kosten der Ersatzpflege erstattet werden, wenn die Pflegeperson verhindert ist. Bereits aus diesem Wortlaut ergibt sich, dass diese Leistung nicht vorher zu beantragen ist, weil Kosten erst dann erstattet werden können, wenn sie angefallen sind. Im Gemeinsamen Rundschreiben der Spitzenverbände der Pflegekassen findet sich daher auch folgender Hinweis: „Anspruchsvoraussetzung ist nicht, dass die Leistung im Voraus beantragt wird" (Seite 127, § 39).

Viele Pflegekassen haben entsprechende Formulare zur Beantragung der Verhinderungspflege, obwohl diese Leistung keine Leistung ist die vorab zu beantragen ist; denn auch die Rechnung/Quittung, die der Pflegebedürftige/Versicherte einreicht, ist ein „Antrag auf Kostenerstattung"; die Nutzung ist sicherlich bei der ersten Prüfung (6-Monatsfrist; Pflegeperson vorhanden) sinnvoll. Oftmals kann man auch die Verhinderungspflege pauschal für das ganze Jahr ‚beantragen'. Die Leistungsübernahme kann jedoch weder davon abhängig gemacht werden, dass sie vorher zu beantragen ist (sie wird auch durch die Rechnung beantragt), noch kann sie mit Hinweis auf den fehlenden vorherigen Antrag abgelehnt werden. Grundsätzlich ist es hilfreich, mit der jeweiligen Pflegekasse die Modalitäten abzusprechen.

Andere Pflegeleistungen (z. B. Pflegesachleistungen oder Pflegegeld) bleiben in der Regel bestehen.

Pflegesachleistungen: Da Pflegepersonen selbst bei ausgeschöpften Pflegesachleistungen für die Sicherstellung der gesamten Pflege notwendig sind (siehe Hintergrund), bleiben diese unabhängig von der Verhinderung der Pflegepersonen bestehen. D.h. der Pflegedienst kann neben den vereinbarten Sachleistungen zusätzlich die vereinbarte Verhinderungspflege abrechnen.

Pflegegeld: Das Pflegegeld wird tageweise berechnet (siehe § 37 Abs. 2). Ist die Pflegeperson für einen kompletten Tag (oder mehrere Tage, beispielsweise Urlaub) verhindert und wird dafür die Verhinderungspflege in Anspruch genommen, entfällt für diese Tage das komplette Pflegegeld (für den jeweils ersten und letzten Tag der Ersatzpflege wird das Pflegegeld jedoch gezahlt), es wird seit 2013 dann aber hälftig weiter gezahlt. Das Pflegegeld wird allerdings nicht gekürzt, wenn die Verhinderungspflege nicht pro Tag, sondern weniger als 8 Stunden am Tag in Anspruch genommen wird, da dann die Pflegepersonen für die restliche Zeit des Tages die Pflege sicherstellt.

Die obigen Ausführungen gelten entsprechend für die **Kombinationsleistung**. In Anspruch genommene Leistungen der Tagespflege bleiben ebenfalls unberührt, weil nach der Tagespflege die weitere Versorgung zu Hause auch durch Pflegepersonen sichergestellt werden muss.

Ersatzpflege kann durch Pflegedienste oder andere Dienstleister erbracht werden.

Die Verhinderungspflege kann von den Pflegediensten und/oder von Einzelpersonen nach § 77 erbracht werden. Sie kann auch von anderen (professionellen) Diensten oder Einzelpersonen erbracht werden, die keinen Versorgungsvertrag mit den Pflegekassen haben (z. B. Betreuungsdienste etc.), diese Leistungen aber gewerblich erbringen (gegen Rechnung).

Ersatzpflege kann nur ausnahmsweise im Ausland erbracht werden

Ersatzpflegeleistungen werden im Ausland nicht finanziert. Ausnahmsweise können die Kosten analog der Ausnahmeregelung für Pflegesachleistungen nach § 34 Abs. 1 für maximal 6 Wochen im Jahr auch dann für die Ersatzpflege übernommen werden, wenn die Ersatzpflege von einer mitreisenden Pflegekraft bzw. Ersatzpflegeperson übernommen wird (siehe auch Quelle).

Ersatzpflege ist auch durch erwerbstätige Einzelpersonen möglich

Neben Diensten (Firmen) können auch Einzelpersonen die Ersatzpflege erwerbstätig erbringen. Dies könnte beispielsweise eine Nachbarin sein. Bei Pflegepersonen, die mit dem Pflegebedürftigen bis zum zweiten Grade (Ehepartner, Kinder, Enkelkinder, Geschwister) verwandt oder verschwägert sind oder die mit ihm in häuslicher Gemeinschaft leben, geht man davon aus, dass diese nicht erwerbstätig die Versorgung übernommen haben (s.u.), außer es wird der Nachweis geführt, dass sie doch erwerbsmäßig handeln, beispielsweise wenn sie mehr als einen Pflegebedürftigen regelmäßig versorgen. Wer die Ersatzpflege erwerbstätig erbringt und erstattet bekommen möchte, muss für diese Leistungen eine entsprechende Rechnung ausstellen. Die damit zusammenhängenden individuellen steuer- und sozialversicherungsrechtlichen Fragen (z. B. Rechtsform, Umsatzsteuer, Gewerbesteuer, Einkommensteuer, Scheinselbständigkeit, Kranken-und Pflegeversicherung, Rentenversicherung, Unfall-und Haftpflichtversicherung etc.) sind zu beachten.

Die Kosten für die Ersatzpflege werden erstattet

Die Kosten werden auf Nachweis (Rechnung) und bei Vorliegen der entsprechenden Voraussetzungen erstattet: d.h. der Pflegebedürftige bezahlt zunächst die Rechnung und bekommt dann die Kosten von der Pflegekasse erstattet.

Bei der Abrechnung durch Pflegedienste erfolgt in der Regel eine direkte Abrechnung mit den Pflegekassen. Dabei ist zu beachten, dass die Verhinderungspflege getrennt von anderen Leistungen (z. B. Sachleistungen) in Rechnung gestellt wird. Die Preise für die Leistungen der Verhinderungspflege legt der Leistungserbringer fest bzw. handelt sie direkt mit dem Pflegebedürftigen aus. Pflegedienste können daher die Preise selbst bestimmen, ohne sie mit den Pflegekassen verhandeln zu müssen. Allerdings sollten Pflegedienste bei der Preisgestaltung auf die Plausibilität der Preise im Verhältnis zu anderen Leistungen (beispielsweise Pflegesachleistungen, hier vor allem der Stundensatz) achten: Wenn beispielsweise in der Pflegeversicherung für hauswirtschaftliche Leistungen ein Stundensatz von 20,– € als leistungsgerechte Vergütung vereinbart worden ist, ist es dem Pflegebedürftigen schwer zu vermitteln, warum eine identische Leistung (gleiche Pflegekräfte und gleiche Leistungen) im Rahmen der Verhinderungspflege nun 35,– € pro Stunde kosten soll. Auf solche Diskrepanzen kann auch die Pflegekasse im Rahmen ihrer Beratung hinweisen und dem Pflegebedürftigen günstigere Möglichkeiten empfehlen. Werden Leistungen aus schon bestehenden Verträgen/Definitionen abgerechnet (zum Beispiel Leistungskomplexe der Grundpflege), sollten auch nur die ausgehandelten Preise abgerechnet werden. Alternativ kann die Verhinderungspflege auch generell nur nach Zeit (in Stunden) abgerechnet werden.

Bei Verhinderungspflege durch andere Pflegepersonen nur Leistungen in Höhe des Pflegegeldes sowie Erstattung notwendiger Aufwendungen

Bei anderen Pflegepersonen, die mit dem Pflegebedürftigen bis zum zweiten Grade (Ehepartner, Kinder, Enkelkinder, Geschwister) verwandt oder verschwägert sind oder die mit ihm in häuslicher Gemeinschaft leben, geht man davon aus, dass die Ersatzpflege ehrenamtlich erfolgt (ansonsten siehe oben).

Erbringen diese Personen die notwendige Ersatzpflege, wenn die Hauptpflegeperson verhindert ist, kann diese Ersatzpflegeperson nur eine Vergütung in Höhe des bisherigen Pflegegeldes erhalten. Das ist auch nachvollziehbar, sonst würde die Ersatzkraft deutlich mehr Geld bekommen als die Hauptpflegeperson. Zusätzlich wird seit 2013 das Pflegegeld hälftig weiter bezahlt, soweit ein Pflegegeldbezug oder Kombinationsleistung bei Beginn der Verhinderungspflege vorhanden war.

Allerdings kann die Ersatzpflegeperson darüber hinaus konkrete notwendige Aufwendungen erstattet bekommen. Dabei liegt die Erstattungsgrenze insgesamt (Pflegegeld und Aufwendungen und hälftiges Pflegegeld) beim Jahreshöchstbetrag der Leistung. Notwendige Aufwendungen könnten beispielsweise Fahrtkosten oder auch ein nachweisbarer Verdienstausfall sein. Fahrtkosten mit Privat-PKW werden von den Pflegekassen nach dem Bundesreisekostengesetz erstattet, zurzeit sind dies 0,20 € pro Kilometer.

Die Kosten müssen durch Belege (z. B. Fahrkarten, Nachweis des Verdienstausfalls wegen Sonderurlaubs durch den Arbeitgeber, Eigenbeleg für Fahrten mit PKW mit Angabe der Wegstrecken etc.) nachgewiesen werden.

Auch der Verdienstausfall bei Auszeiten im Rahmen des Pflegezeitgesetzes kann bis zur Höchstgrenze von insgesamt 1.550 € erstattet werden, wenn der von der Arbeit freigestellte Beschäftigte die Pflege seines nahen Angehörigen (im Sinne des Pflegezeitgesetzes, § 7 Abs. 2; Seite 77) übernimmt.

Wann ‚lohnt' sich Verhinderungspflege durch andere Pflegepersonen?

Nicht in jedem Fall ist es sinnvoll, bei Vertretung durch eine andere Pflegeperson Verhinderungspflege zu beantragen, dazu einige konkrete Beispiele:

Die Familie (Sohn, Tochter, Vater) wohnt gemeinsam in einem Haus, die Tochter erhält das Pflegegeld (Pflegestufe 1) und fährt nun für 4 Wochen in den Urlaub.

» Der Sohn übernimmt die Versorgung, es entstehen keine weiteren Aufwendungen bei der Vertretung. Die Tochter erhält in der Zeit das hälftige Pflegegeld in Höhe von 117,50 €. Der Sohn erhält als Verhinderungspflege das volle Pflegegeld in Höhe von 235,00 €, der Gesamtanspruch der Verhinderungspflege ist damit für das Jahr ausgeschöpft, weitere Leistungen im Umfang von 1.315 € sind nicht mehr nutzbar.

» Der Sohn wohnt im Nachbarort und kommt für die Vertretungszeit täglich angereist. Außerdem arbeitet er in dieser Zeit weniger und nimmt dafür Sonderurlaub. Den Verdienstausfall in Höhe von 500 € bestätigt ihm sein Arbeitgeber. Die Fahrtkosten in Höhe von 200 € und der Verdienstausfall in Höhe von 500 € werden ebenfalls von der Pflegekasse übernommen. Die Tochter erhält hier das hälftige Pflegegeld in Höhe von 117,50 €, der Sohn das volle Pflegegeld von 235,00 € sowie die Erstattung der nachgewiesenen Aufwendungen in Höhe von 700 €. Insgesamt werden von der Verhinderungspflegeleistung damit 935 € ausgeschöpft, 615 € sind nicht mehr nutzbar.

» Der Pflegedienst erbringt die Verhinderungspflege als stundenweise Leistung, dabei aber pro Tag weniger als 8 Stunden. Dann bleibt für die Tochter das volle Pflegegeld erhalten, die Verhinderungspflege kann bis 1.550 € ausgenutzt werden.

Die Beispiele zeigen, dass es nicht in jedem Fall von Vorteil ist, Verhinderungspflege auch bei Vertretung durch andere Pflegepersonen zu beantragen, selbst wenn nun das hälftige Pflegegeld weiter gezahlt wird.

11.3 Zum Hintergrund der Leistung

Die meisten Pflegebedürftigen werden weiterhin zu Hause und zum größten Teil allein durch Angehörige (Pflegepersonen) versorgt. Ohne ihre Unterstützung und Hilfe müssten die Pflegebedürftigen sonst oftmals stationär versorgt werden, da auch alleinige Pflegesachleistungen nicht die notwendige Versorgung sicherstellen können und sollen (siehe § 4 SGB XI, Absatz 2: „Bei häuslicher und teilstationärer Pflege ergänzen die Leistungen der Pflegeversicherung die familiäre, nachbarschaftliche oder sonstige ehrenamtliche Pflege und Betreuung").

Die Pflegeversicherung hat von Beginn an die Pflegepersonen besonders unterstützt und eigenständige Leistungen für ihre Entlastung eingeführt, vor allem die Verhinderungspflege (§ 39), aber auch Leistungen der sozialen Sicherung (§ 44) und seit Juli 2008 Leistungen des Pflegezeitgesetzes.

Die Pflegebedürftigen haben damit das Recht, sich zeitweise vertreten zu lassen. Sie können und sollten diese Zeit vor allem auch zur persönlichen Erholung nutzen (z. B. Urlaub oder regelmäßige Freizeitaktivitäten), schließlich steht der Erholungsurlaub an erster Stelle der Aufzählung von Ausfallgründen (siehe Gesetzestext). Das Stichwort „Erholungsurlaub" verdeutlicht zugleich, dass es sich um ein regelmäßig zu nutzendes Angebot handelt, das nicht allein auf Notfälle abstellt („Krankheit" steht erst an zweiter Stelle der Verhinderungsgründe).

Sie sind dann besser in der Lage, sich um den Pflegebedürftigen zu kümmern und ihn länger zu Hause zu versorgen, was nicht nur dem Grundsatz: „Ambulant vor Stationär" entspricht, sondern auch finanziell die Pflegeversicherung entlastet (stationäre Pflege ist in der Regel teurer).

Trotz dieses sinnvollen Ziels wird diese Leistung noch sehr wenig in Anspruch genommen, dies mag wohl auch auf mangelnde Aufklärung und Beratung zurückzuführen sein.

Aus den aktuellen Leistungsausgaben der Pflegeversicherung 2012 kann man ablesen, das gerade einmal 500.000.000 € für Leistungen der Verhinderungspflege ausgegeben werden, das sind nur 2,35 % aller Leistungsausgaben. Vereinfacht umgerechnet (Betrag Ersatzpflege x Anzahl Pflegebedürftiger) bedeutet dies, dass rechnerisch nur ca. 19,7 % der Pflegebedürftigen die Leistung genutzt haben! (Tatsächlich dürften es mehr Pflegebedürftige sein, wenn der Leistungsbetrag nicht immer ausgeschöpft wird).

11.4 Hinweise zur Beratung

Pflegepersonen müssen lernen, an sich selbst zu denken

Pflegepersonen sind für die Versorgung zu Hause unverzichtbar. Je länger sie selbst in der Lage sind zur Versorgung der Pflegebedürftigen beizutragen, umso länger kann dieser Zu Hause bleiben. Pflegepersonen sind meist Lebenspartner oder Kinder. Beiden Gruppen fällt es oftmals schwer, auch an sich selbst zu denken. Umso wichtiger sind der Impuls und das Angebot von Außenstehenden, einmal für sich selbst Zeit zu reservieren. Sprachlich sollte man weniger von Verhinderungspflege reden, weil dies dahingehend missverstanden werden kann, dass die Pflegeperson verhindert sein muss. Man ist auch verhindert, wenn man einfach mal Zeit zum Einkaufen oder Bummeln nutzen möchte. Stichworte wie „Erholungszeit", „Zeit für Sie" oder ähnlich positiv besetzte Formulierungen sind hier hilfreicher.

Ersatzpflege ist nicht allein eine Notfalllösung

Die Ersatzpflege wird meist nur als Notfalllösung verstanden. Dabei zeigt schon der Gesetzestext, dass die Erholung der Pflegeperson an erster Stelle steht („Ist eine Pflegeperson wegen Erholungsurlaub, Krankheit oder aus anderen Gründen …" § 39, Satz 1). Der Begriff „Erholungsurlaub" beinhaltet den regelmäßigen Urlaub mit dem Ziel der Erholung, um danach gestärkt weiter arbeiten zu können. Die Ersatzpflege ist damit nicht allein als Notfallversorgung gedacht, wie sie meist interpretiert wird.

Auch regelmäßige Termine in der Woche können mit der Ersatzpflege vertreten werden, beispielsweise der Kegelabend, der Pflegekurs etc.

Öfter möchten Pflegepersonen die Ersatzpflege nicht nutzen, um im Notfall auf sie zurückgreifen zu können. Meist tritt der Notfall nicht ein und die Leistung verfällt ungenutzt. Hier könnte man den Vorschlag machen, die Leistung für das Jahr einzuteilen und je nach Jahresfortschritt schon etwas zu verbrauchen. Außerdem bleibt als Notfallversorgung weiterhin die Kurzzeitpflege vollständig erhalten, da sie eine eigenständige Leistung ist.

Die Ersatzpflege ersetzt nur den Anteil, den die Pflegeperson kurzfristig nicht übernehmen kann, daher können die vereinbarten Sachleistungen weiter abgerechnet werden.

Die Ersatzpflege verfällt am Jahresende, man kann also nichts aufsparen. Unabhängig davon, wer (z. B. auch andere Dienstleister oder Nachbarn etc.) über die Ersatzpflege dafür sorgt, dass die Pflegeperson mehr Zeit für sich hat, ist es gut für die weitere häusliche Versorgung.

Preisvergleich nicht scheuen

Im Vergleich zu Einzelpersonen wie Nachbarn, die diese Leistung für deutlich niedrigere Stundensätze anbieten könnten, werden die Preise des Pflegedienstes hoch sein. Argumentativ sollten die Unterschiede aber deutlich gemacht werden:
die Leistungserbringung ist auch bei Krankheit oder sonstigem Ausfall eines Mitarbeiters gewährleistet,

» die Mitarbeiter sind ausgebildet (Notfall, Lebenssituation im Alter, bestimmte Krankheitsbilder): das soll jedoch nicht heißen, dass andere schlechter arbeiten oder schlechter ausgebildet sind,

» im Notfall ist die Rufbereitschaft des Pflegedienstes erreichbar und kann helfen,

» eine qualifizierte Fachaufsicht wird durch die Pflegedienstleitung gewährleistet,

» eine Haftpflichtversicherung sichert Schäden ab,

» Sozialabgaben etc. werden abgeführt.

11.5 Hinweise zur internen Umsetzung

Preise für stundenweise Betreuung/Begleitung fair kalkulieren

Dabei ist das Verhältnis zu den anderen Preisen (vor allem Stundensätze bei Sachleistungen, Häusliche Betreuung und zusätzliche Betreuungsleistung nach § 45b) zu beachten. Da es sich grundsätzlich um eine Kostenerstattung handelt, kann der Pflegedienst den Preis relativ frei mit dem Pflegekunden aushandeln. Ergibt sich jedoch eine Diskrepanz zwischen den verschiedenen Leistungen (z. B. ist die Ersatzpflege deutlich teurer als andere Leistungen), wird dies mittel- und langfristig ein Problem. Durch die zunehmende Transparenz der Preise (Preisvergleiche über Internet) und die Pflegeberater der Pflegekassen werden auch den Pflegekunden diese Abweichungen negativ auffallen und können zu Diskussionen bzw. zum Wechsel führen. Das Argument, die anderen Leistungen der Pflegeversicherung wären nicht kostendeckend, kann ebenfalls nicht angebracht werden, weil der Pflegedienst selbst ‚unterschrieben‘ hat, dass die festgelegten Preise in der Vergütungsvereinbarung nach § 89 für ihn leistungsgerecht sind.

Grundsätzlich sollte man prüfen, ob für diese Leistungen subventionierte Mitarbeiter (z. B. Bundesfreiwilligendienst, FSJ etc.) eingesetzt werden: Die Personalkosten sinken zwar solange die Förderung läuft, aber gibt es keine Anschlussförderung bzw. entsprechende Mitarbeiter mehr aus dieser Gruppe, müsste danach der Preis deutlich angehoben werden. Auch stellt sich immer die Frage nach der fachlichen Qualifizierung, dem Schulungsaufwand sowie der Kontinuität. Zukunftssicherer ist ein Personalkonzept, das auf „normalen" Arbeitsverhältnissen beruht, die nicht von Fördermitteln abhängig sind.

Alle Mitarbeiter (einschließlich Hauswirtschaft, Hilfskräften und Aushilfen) zu diesem Thema schulen

Für die Akzeptanz und die Nutzung ist es hilfreich, dass alle Mitarbeiter des Pflegedienstes die Chancen der Ersatzpflege kennen und zumindest ansatzweise erklären können, denn die Ersatzpflege stabilisiert die Versorgung zu Hause.

Bei allen Sachleistungskunden sollte regelmäßig die Nutzung der Ersatzpflege geprüft werden

Moderne Softwareprogramme sollten in der Lage sein, die Nutzung der Ersatzpflege zu überwachen. Die Leistung sollte spätestens bei den Pflegevisiten angesprochen werden. Ebenso bei Beratungsbesuchen nach § 37.3. Jede Nutzung der Ersatzpflege ist ein Erfolg und stabilisiert potenziell die häusliche Versorgung, selbst wenn die Nachbarin oder ein anderer Dienstleister die Ersatzpflege übernimmt.

Direkte Abrechnung über Abtretungserklärung

Ein Formular zur Abtretung enthält inhaltlich nur die Beteiligten und die widerrufliche Abtretung der zusätzlichen Betreuungsleistung an den erbringenden Pflegedienst. Oftmals reicht auch die Erklärung auf dem Leistungsnachweis, auf dem der Kunde den Pflegedienst beauftragt, die hier abgezeichneten Leistungen direkt mit seiner zuständigen Pflegekasse abzurechnen

Dokumentation und Qualitätsprüfungen

Bei Leistungen der Kostenerstattung gibt es weder vertragliche Vereinbarungen mit den Kostenträgern über Preise noch über Qualität oder Qualitätssicherungsmaßnahmen. Daher gibt es keine Dokumentationsvorschriften und diese Leistungen sind im Rahmen von Qualitätsprüfungen nicht zu prüfen (siehe auch Zusätzliche Betreuung § 45b, Seite xxx)

11.6 Quellen

Häusliche Pflege bei Verhinderung der Pflegeperson
§ 39

Ist eine Pflegeperson wegen Erholungsurlaubs, Krankheit oder aus anderen Gründen an der Pflege gehindert, übernimmt die Pflegekasse die Kosten einer notwendigen Ersatzpflege für längstens vier Wochen je Kalenderjahr; § 34 Abs. 2 Satz 1 gilt nicht. Voraussetzung ist, dass die Pflegeperson den Pflegebedürftigen vor der erstmaligen Verhinderung mindestens sechs Monate in seiner häuslichen Umgebung gepflegt hat. Die Aufwendungen der Pflegekassen können sich im Kalenderjahr auf bis zu 1470 Euro ab 1. Juli 2008, auf bis zu 1510 Euro ab 1. Januar 2010 und auf bis zu 1550 Euro ab 1. Januar 2012 belaufen, wenn die Ersatzpflege durch Pflegepersonen sichergestellt wird, die mit dem Pflegebedürftigen nicht bis zum zweiten Grade verwandt oder verschwägert sind und nicht mit ihm in häuslicher Gemeinschaft leben.

Bei einer Ersatzpflege durch Pflegepersonen, die mit dem Pflegebedürftigen bis zum zweiten Grade verwandt oder verschwägert sind oder mit ihm in häuslicher Gemeinschaft leben, dürfen die Aufwendungen der Pflegekasse regelmäßig den Betrag des Pflegegeldes nach § 37 Abs. 1 nicht überschreiten, es sei denn, die Ersatzpflege wird erwerbsmäßig ausgeübt; in diesen Fällen findet der Leistungsbetrag nach Satz 3 Anwendung. Bei Bezug der Leistung in Höhe des Pflegegeldes für eine Ersatzpflege durch Pflegepersonen, die mit dem Pflegebedürftigen bis zum zweiten Grade verwandt oder verschwägert sind oder mit ihm in häuslicher Gemeinschaft leben, können von der Pflegekasse auf Nachweis notwendige Aufwendungen, die der Pflegeperson im Zusammenhang mit der Ersatzpflege entstanden sind, übernommen werden. Die Aufwendungen der Pflegekasse nach den Sätzen 4 und 5 dürfen zusammen den in Satz 3 genannten Betrag nicht übersteigen.

Ruhensvorschrift § 34 Abs. 1, aus dem Rundschreiben der Spitzenverbände (s.o.), Seite 1:

1. Auslandsaufenthalt

(1) Der Anspruch auf Leistungen nach dem SGB XI ruht, solange sich der Versicherte im Ausland aufhält. Bei vorübergehendem Auslandsaufenthalt von bis zu sechs Wochen im Kalenderjahr ist das Pflegegeld nach § 37 oder das anteilige Pflege-geld nach § 38 weiter zu gewähren. Für die Pflegesachleistungen gilt dies nur, soweit die Pflegekraft, die ansonsten die Pflegesachleistung erbringt, den Pflegebedürftigen während des Auslandsaufenthaltes begleitet. In Anlehnung an diese Regelung besteht bei vorübergehendem Auslandsaufenthalt und aus Deutschland heraus organisierter Ersatzpflege (mitreisende Ersatzpflegekraft) auch Anspruch auf Leistungen bei Verhinderung der Pflegeperson nach § 39 (vgl. Urteil des Landessozialgerichts Baden-Württemberg vom 11.05.2007, Az.: L 4 P 2828/06).

12 Zusätzliche Betreuungsleistungen (§ 45 b)

12.1 Kurzdarstellung

Mit den zusätzlichen Betreuungsleistungen sollen Pflegebedürftige, aber auch Versicherte ohne Pflegestufe Leistungen erhalten, wenn sie aufgrund demenzbedingter Fähigkeitsstörungen, geistiger Behinderungen oder psychischen Erkrankungen einen erheblichen Bedarf an allgemeiner Beaufsichtigung und Betreuung haben. Diese Einstufung erfolgt im Regelfall mit der Pflegeeinstufung, kann aber auch separat beantragt werden. Das Ergebnis bei der Regeleinstufung ist den Versicherten in jedem Fall von den Pflegekassen mitzuteilen.

Die Leistungen, in zwei Stufen, sind Monatsbeträge, die für Betreuungsleistungen von Pflegeeinrichtungen (Tagespflege, Kurzzeitpflege oder Pflegedienste) sowie für niedrigschwellige Betreuungsangebote genutzt werden können.

Die Leistungsbeträge

Grundbetrag	100,- €
Erhöhter Betrag	200,- €

12.2 Wesentliche Punkte

Einstufung erweitert, auch Versicherte ohne Pflegestufe können Leistungen erhalten

Die Feststellung eines „erheblichen Bedarfs an allgemeiner Beaufsichtigung und Betreuung" wird seit 2002 verpflichtend im Rahmen der Pflegeeinstufung durch den MDK getroffen. Bis Juni 2008 wurde diese Erhebung nicht (zu Ende) durchgeführt, wenn absehbar war, dass auch keine Pflegestufe erreicht werden würde. Seit der Gesetzesänderung 2008 wird die Einstufung für die zusätzlichen Betreuungsleistungen in jedem Fall durchgeführt und ein Ergebnis festgestellt. Diese zweite Einstufung erfolgt bei einem Antrag auf eine Pflegestufe automatisch, d.h. ohne eigenen Antrag. Sie kann aber auch eigenständig ohne Pflegestufe beantragt werden. Diese Einstufung führt seit 2013 auch zu erhöhten Sach- und Pflegegeldansprüchen.

Die Leistung als Monatsbetrag

Die Leistungen stehen als Monatsbetrag in zwei Stufen zur Verfügung: der Grundbetrag von 100,– € oder der erhöhte Betrag von 200,– €. Da es sich um Monatsbeträge handelt, kann das Geld nicht im Vorgriff (wie bei einem Jahresbetrag) abgerufen werden. Nicht verbrauchte Leistungen können in den Folgemonaten genutzt werden. Sie können im aktuellen Jahr abgerufen werden, nicht ausgeschöpfte Beträge

Das SGB XI – Beratungshandbuch • Andreas Heiber, 2., überarbeitete Auflage
© Vincentz Network GmbH & Co. KG, Hannover 2013 • ISBN 978-3-86630-318-8

nur ins folgende Kalenderhalbjahr übertragen werden: Beispiel: alle Leistungen aus 2013 müssen bis spätestens Ende Juni 2014 abgerufen werden, sonst verfallen sie.

Leistung kann nur durch zugelassene Pflegeeinrichtungen erbracht werden

Anders als die Ersatzpflege (§ 39) kann dieses Budget nur für Leistungen zugelassener Pflegeeinrichtungen oder anerkannter niedrigschwelliger Betreuungsangebote genutzt werden. Leistungen anderer Anbieter oder von Privatpersonen können nicht erstattet werden.

Vier Möglichkeiten, die Leistung zu nutzen

Die Leistung kann für vier verschiedene Versorgungsarten genutzt werden:

1. Betreuungsleistungen durch den Pflegedienst

Dies müssen besondere Angebote der allgemeinen Anleitung und Betreuung sein, es dürfen keine Leistungen der Grundpflege und Hauswirtschaft mit diesen Mitteln finanziert werden (siehe auch Hinweise für die Beratung). Der Pflegedienst kann Betreuungsleistungen allein für einen Pflegekunden, aber auch in Kleingruppen (z. B. mit zwei Pflegekunden gemeinsam Spazierengehen) oder in größeren Gruppen (z. B. Demenzcafé oder Ähnliches) anbieten. Die Leistungen werden durch Pflegedienstmitarbeiter erbracht, die nicht ehrenamtlich arbeiten (siehe nächster Punkt).

2. Anerkannte niedrigschwellige Betreuungsangebote

Das sind Anbieter, die im Wesentlichen mit ehrenamtlichen Mitarbeitern Betreuungsangebote für Demente anbieten. Dies kann bspw. auch eine Selbsthilfegruppe sein. Die Koordination und Organisation der Ehrenamtlichen erfolgt in der Regel durch hauptamtliche Mitarbeiter. Diese Angebote werden gesondert durch die Pflegeversicherung sowie ergänzende Mittel der Bundesländer gefördert, daher setzt deren Betrieb eine entsprechende Anerkennung (nicht unbedingt auch Förderung) auf Landesebene voraus.

Weil teilstationäre Einrichtungen die ambulante Versorgung unterstützen bzw. stützen, kann die zusätzliche Betreuungsleistung auch zur (Mit-)Finanzierung dieser Angebote genutzt werden.

3. Tages- oder Nachtpflege (§ 41)

4. Kurzzeitpflege (§ 42)

Hier ist zu beachten, dass mit dem Budget der zusätzlichen Betreuungsleistungen auch Hotel- und Investitionskosten finanziert werden können. Dies ist eine Ausnahmeregelung, die nur für diese Leistung gilt, nicht beispielsweise für die Ersatzpflege (§ 39) siehe auch Finanzierung stationär Seite 155)

Leistung auf der Basis der Kostenerstattung

Die Leistung ist eine reine Kostenerstattungsleistung. Formal erhält der Nutzer eine Rechnung, bezahlt diese und lässt sich danach die Kosten von der Pflegekasse erstatten. Zur direkten Abrechnung kann man sich auch individuell die Rechte des Pflegebedürftigen an dieser Leistung abtreten lassen, erfahrungsgemäß unterstützen dies die Pflegekassen im Einzelfall (auch wenn der Gesetzestext generell etwas anderes vorschreibt). Durch die direkte Abrechnung sparen alle Zeit und Geld, auch die Versicherten werden weniger verwirrt und belastet. Die Leistung ist zwar zu beantragen, aus Sicht der Kostenträger (siehe Rundschreiben 2013) ist der Nachweis über die erbrachten Aufwendungen (auch) als Antrag zu werten.

12.3   Hintergrund

Die Einführung der Zusätzlichen Betreuungsleistungen 2002 sollte die stark somatische Ausrichtung der Pflegeeinstufung und deren Leistungen ergänzen. Folgerichtig hieß das entsprechende Gesetz, in dem die Regelungen in die Pflegeversicherung eingeführt wurden, „Pflege-Leistungsergänzungsgesetz". Zunächst standen 460 Euro als Jahresbetrag zur Verfügung, der ohne Einschränkung auf die Folgejahre übertragen werden konnte. Zum 01.07.2008 wurde der Leistungsrahmen ausgeweitet: Es gibt nun zwei Leistungsstufen, sowie Monatsbeträge von 100 oder 200 €. Die zusätzlichen Betreuungsleistungen waren und sind eigenständige Leistungen im Wesentlichen für demenziell Erkrankte, losgelöst von jedem anderen Leistungsbezug. Auch eine in etwa vergleichbare Zusatzleistung in der stationären Pflege wurde eingeführt. Durch das Pflege-Neuausrichtungsgesetz 2012 gewinnt die Einstufung eine zusätzliche Bedeutung, weil damit nun auch höhere Sachleistungen verbunden sind. Allerdings gibt es bisher keine gesicherten Zahlen, wie viele Versicherte/Pflegebedürftige diesen Leistungsanspruch haben. Erst durch das PNG ist die Abfrage für die Pflegestatistik entsprechend verändert worden, die erstmal in der Statistik 2013 greifen wird. Lt. aktueller Hochrechnung des MDS (Juli 2013) werden ca. 650.000 Pflegebedürftige diese Einstufung erhalten, davon ca. 140.000 ohne Pflegestufe.

12.4 Hinweise zur Beratung

Prüfen, ob die Pflegekunden eingestuft sind

Viele Pflegekunden wissen nicht, dass sie schon im Sinne des § 45a (erheblicher Bedarf an allgemeiner Beaufsichtigung und Betreuung) eingestuft sind. Oftmals wird dies auch überlesen, wenn man den Bescheid über die Pflegestufe erhält. Daher sollte man bei allen Kunden (vor allem auch Beratungskunden) fragen und evtl. auch (gemeinsam) bei der Pflegekasse nachfragen, ob eine diesbezügliche Einstufung vorliegt. Durch die erhöhten Leistungen ab 2013 sind alle Sachleistungskunden bekannt (weil der Pflegedienst sonst die falschen Rechnungen von den Pflegekassen zurück erhält). Bei Pflegegeldkunden sollte im Rahmen der Beratung gezielt nachgefragt werden, ob diese nun höhere Geldbeträge erhalten (dies dürfte einfacher und sicherer sein, als nach dem Ergebnis der Einstufung zu fragen).

Auf die richtige Benennung achten: Es gibt keine „Pflegestufe 0"

Im Alltag werden die Versicherten mit erheblich eingeschränkter Alltagskompetenz, aber mit einem Pflegebedarf unterhalb der Pflegestufe 1 oftmals „Pflegestufe 0" genannt. Diese Bezeichnung ist aber deshalb irreführend, weil es neben einem Pflegebedarf unterhalb der Stufe 1 eben noch als Zweites eine Einstufung nach § 45a bedarf. Es kann also auch Versicherte geben, die dann eine „Pflegestufe 0" hätten, und trotzdem keine Leistungen bekommen, weil die Alltagskompetenz nicht erheblich eingeschränkt ist. Deshalb sollte man den Begriff „Pflegestufe 0" nicht verwenden, um den Leistungsanspruch bei eingeschränkter Alltagskompetenz zu beschreiben. Auch wenn man dann sprachlich mehr „Worte" benötigt, so vermeidet es doch Missverständnisse.

Betreuungsleistungen und Grundpflege/Hauswirtschaft trennen

Da es ab 2013 auch ohne Pflegestufe, aber bei eingeschränkter Alltagskompetenz Sach-bzw. Pflegegeldleistungen gibt, wird die notwendige Trennung zur Grundpflege/Hauswirtschaft entschärft, denn es gibt nun immer noch Sachleistungen. Daher ist bei der Zusätzlichen Betreuung noch deutlicher die Abgrenzung zur Grundpflege sicherzustellen, gerade auch dann, wenn ansonsten nur Pflegegeld oder Kombinationsleistung bezogen wird.

12.5 Hinweise zur internen Umsetzung

Hinweis in die Stammdaten aufnehmen und „Konto" führen

Der Pflegedienst sollte systematisch in die Stammdaten aufnehmen, ob Kunden Leistungsansprüche haben oder ob nicht. Dies dürfte seit 2013 bei Sachleistungskunden automatisch erfolgen, ansonsten können die Abrechnungsprogramme nicht die richtigen Sachleistungsbeträge zuordnen. Als Service kann für die Kunden ein

,Konto' geführt werden. Sie werden informiert, wie viel Anspruch sie haben und was der Pflegedienst davon ausgegeben hat. Das Konto kann nur genau geführt werden, wenn der Pflegedienst auch über alle anderen Ausgaben (z. B. für die Tagespflege informiert ist). Gerade für den Übertrag auf das Folgejahr und die Erinnerung, ab wann Beträge verfallen, ist dies eine hilfreiche Serviceleistung.

Direkte Abrechnung über Abtretungserklärung

Ein Formular zur Abtretung enthält inhaltlich nur die Beteiligten und die widerrufliche Abtretung der zusätzlichen Betreuungsleistung an den erbringenden Pflegedienst. Oftmals reicht auch die Erklärung auf dem Leistungsnachweis, auf dem der Kunde den Pflegedienst beauftragt, die hier abgezeichneten Leistungen direkt mit seiner zuständigen Pflegekasse abzurechnen.

Preise nur mit dem Kunden verhandeln

Da es sich um eine Kostenerstattungsleistung (wie die Ersatzpflege) handelt, sind die Preise nicht in der Vergütungsvereinbarung nach § 89 festgelegt, sondern werden vom Pflegedienst allein mit dem Pflegekunden ausgehandelt.

Konzept für besondere Angebote der allgemeinen Anleitung und Betreuung

Die Pflegekassen dürfen nur die Leistungen des Pflegedienstes bezahlen, die keine Grund- und hauswirtschaftlichen Leistungen sind und für die ein entsprechendes Konzept vorliegt. Damit soll sichergestellt werden , dass diese Leistungen nicht etwa die Sachleistungen nach § 36 mit finanzieren, sondern der besonderen Zielgruppe gerecht werden. In der Regel erstellen Pflegedienste hierzu einmalig ein Konzept der Umsetzung und schicken dies an die Landesverbände der Pflegekassen zur Kenntnisnahme. Da die Pflegeeinrichtungen keine direkte Vergütungsvereinbarung mit den Pflegekassen schließen, kann die Pflegekasse hier auch nicht auf eine Zulassung entscheiden. Sie hat allerdings bei der Kostenübernahme für die Versicherten zu prüfen, ob diese besonderen Angebote sich von den Sachleistungen abgrenzen.

Dokumentation und Qualitätsprüfungen

Bei Leistungen der Kostenerstattung gibt es weder vertragliche Vereinbarungen mit den Kostenträgern über Preise noch über Qualität oder Qualitätssicherungsmaßnahmen. Daher gibt es keine Dokumentationsvorschriften und diese Leistungen sind im Rahmen von Qualitätsprüfungen nicht zu prüfen. Das gilt auch für die Zusätzliche Betreuungsleistung. Wird diese ohne andere Sachleistungen nach § 36 erbracht, so werden formal weder eine Biografie noch sonstige pflegeplanerische Dokumente benötigt. Das heißt nicht, dass der Pflegedienst diese aus eigenem Antrieb selbst erstellt und aktualisiert. Auch bei Sachleistungskunden ist zwar aufgrund der Demenz eine einsprechende Planung, Biografiearbeit und Beratung durchzuführen, aber die konkrete Leistung im Rahmen der Betreuung ist hier weder zu planen noch extra zu dokumentieren. Diese Zeiten werden auch im Rahmen einer Qualitätsprüfung nicht geprüft, da für sie keine vertragliche Grundlage mit den Pflegekassen (und dem Pflegedienst) besteht. Wenn Prüfer dies bei Qualitätsprüfungen trotzdem ansprechen, sollte man sie auf die Art der Leistung (Kostenerstattung, keine Sachleistung) hinweisen.

Im Verzeichnis der Pflegekassen zu finden sein!
Nach § 7 Abs. 3 sind die Pflegekassen verpflichtet, nicht nur allgemeine Preisvergleichslisten vorzuhalten und sie dem Pflegebedürftigen zugänglich zu machen. Versicherte oder Pflegebedürftige, die nach § 45a eingestuft sind, sind gleichzeitig über die Angebote der zusätzlichen Betreuung nach § 45b zu informieren.

Die geläufigste Informationsquelle dürfte heute das Internet mit den zurzeit vier großen Portalen der Pflegekassenverbände sein, auf denen auch diese Informationen zu finden sind (siehe auch Seite 185f.). Pflegedienste sollten auch hier überprüfen, ob ihre Einrichtung mit den richtigen Angaben aufgeführt ist.

12.6 Quellen

§ 45b Zusätzliche Betreuungsleistungen

(1) Versicherte, die die Voraussetzungen des § 45a erfüllen, können je nach Umfang des erheblichen allgemeinen Betreuungsbedarfs zusätzliche Betreuungsleistungen in Anspruch nehmen. Die Kosten hierfür werden ersetzt, höchstens jedoch 100 Euro monatlich (Grundbetrag) oder 200 Euro monatlich (erhöhter Betrag). Die Höhe des jeweiligen Anspruchs nach Satz 2 wird von der Pflegekasse auf Empfehlung des Medizinischen Dienstes der Krankenversicherung im Einzelfall festgelegt und dem Versicherten mitgeteilt. Der Spitzenverband Bund der Pflegekassen beschließt unter Beteiligung des Medizinischen Dienstes des Spitzenverbandes Bund der Krankenkassen, des Verbandes privaten Krankenversicherung e. V., der kommunalen Spitzenverbände auf Bundesebene und der maßgeblichen Organisationen für die Wahrnehmung der Interessen und der Selbsthilfe der pflegebedürftigen und behinderten Menschen auf Bundesebene Richtlinien über einheitliche Maßstäbe zur Bewertung des Hilfebedarfs auf Grund der Schädigungen und Fähigkeitsstörungen in den in § 45a Abs. 2 Nr. 1 bis 13 aufgeführten Bereichen für die Empfehlung des Medizinischen Dienstes der Krankenversicherung zur Bemessung der jeweiligen Höhe des Betreuungsbetrages; § 17 Abs. 2 gilt entsprechend.

Der Betrag ist zweckgebunden einzusetzen für qualitätsgesicherte Betreuungsleistungen. Er dient der Erstattung von Aufwendungen, die den Versicherten entstehen im Zusammenhang mit der Inanspruchnahme von Leistungen

» der Tages- oder Nachtpflege,

» der Kurzzeitpflege,

» der zugelassenen Pflegedienste, sofern es sich um besondere Angebote der allgemeinen Anleitung und Betreuung und nicht um Leistungen der Grundpflege und hauswirtschaftlichen Versorgung handelt, oder

» der nach Landesrecht anerkannten niedrigschwelligen Betreuungsangebote, die nach § 45c gefördert oder förderungsfähig sind.

(2) Die Pflegebedürftigen erhalten die zusätzlichen finanziellen Mittel auf Antrag von der zuständigen Pflegekasse oder dem zuständigen privaten Versicherungsunternehmen sowie im Fall der Beihilfeberechtigung anteilig von der Beihilfefestsetzungsstelle gegen Vorlage entsprechender Belege über entstandene Eigenbelastungen im Zusammenhang mit der Inanspruchnahme der in Absatz 1 genannten Betreuungsleistungen. Die Leistung nach Absatz 1 kann innerhalb des jeweiligen Kalenderjahres in Anspruch genommen werden; wird die Leistung in einem Kalenderjahr nicht ausgeschöpft, kann der nicht verbrauchte Betrag in das folgende Kalenderhalbjahr übertragen werden. Ist der Betrag für zusätzliche Betreuungsleistungen nach dem bis zum 30. Juni 2008 geltenden Recht nicht ausgeschöpft worden, kann der nicht verbrauchte kalenderjährliche Betrag in das zweite Halbjahr 2008 und in das Jahr 2009 übertragen werden.
(3) Die Landesregierungen werden ermächtigt, durch Rechtsverordnung das Nähere über die Anerkennung der niedrigschwelligen Betreuungsangebote zu bestimmen.

135

13 Pflegehilfsmittel und wohnumfeldverbessernde Maßnahmen (§ 40)

13.1 Kurzdarstellung

Pflegehilfsmittel und wohnumfeldverbessernde Maßnahmen können dazu beitragen, dass die Häusliche Pflege überhaupt möglich bleibt, die Pflege erleichtert wird, die Beschwerden des Pflegebedürftigen gelindert werden oder/und sie sollen dem Pflegebedürftigen eine selbständigere Lebensführung ermöglichen. Die Leistungen sind zu beantragen. Die Überprüfung der Notwendigkeit kann die Pflegekasse unter Beteiligung einer Pflegefachkraft des Pflegedienstes oder des MDK durchführen.

Pflegeverbrauchsmittel sind für den Einmalgebrauch bestimmte Hilfsmittel, für die pro Monat ein Budget bis zu 31,00 € zur Verfügung steht. Technische Pflegehilfsmittel sind beispielsweise Pflegebetten, die im Regelfall leihweise zur Verfügung gestellt werden. Wohnumfeldverbessernde Maßnahmen können beispielsweise Umbauten von Bädern sein. Pro Maßnahme stehen bis zu 2557,00 € zur Verfügung. Leben mehrere Pflegebedürftige im gleichen Haushalt, stehen bei gleichem Bedarf bis zu 4 x 2.557 € zur Verfügung.

Die Hilfsmittelausstattung im Pflegeheim wird von diesem Paragrafen nicht umfasst, sie hat das Heim im Rahmen der Investitionskosten selbst zu gewährleisten, soweit nicht die Krankenversicherung zuständig ist.

13.2 Wesentliche Punkte
Anspruchsvoraussetzung Pflegehilfsmittel
Pflegehilfsmittel sind dann zu genehmigen, wenn sie eine (oder mehrere) der folgenden Anforderungen erfüllen:

» **Die Pflege erleichtern**

Ein Pflegebett, das man elektrisch hochstellen kann, kann das Waschen im Bett erleichtern, ein Duschstuhl kann überhaupt das Duschen erst wieder ermöglichen.

» **Beschwerden des Pflegebedürftigen lindern**

Eine Lagerungsrolle kann das Liegen im Bett erträglicher machen.

» **Dem Pflegebedürftigen eine selbständigere Lebensführung ermöglichen**

Mit einem Hausnotrufgerät kann der Pflegebedürftige in häuslichen Notsituationen Hilfe holen.

Das SGB XI – Beratungshandbuch · Andreas Heiber, 2., überarbeitete Auflage
© Vincentz Network GmbH & Co. KG, Hannover 2013 · ISBN 978-3-86630-318-8

Überprüfung der Notwendigkeit durch eine Pflegefachkraft oder den MDK

Die Pflegekasse überprüft die Notwendigkeit unter Beteiligung einer Pflegefachkraft oder des MDK (siehe § 40, Abs. 1). Auch die schriftliche Begründung einer Pflegefachkraft des Pflegedienstes kann als Prüfung durch die Pflegekasse akzeptiert werden (beispielsweise wenn die Pflegefachkraft im Rahmen eines Beratungsbesuches die Notwendigkeit eines Pflegebettes feststellt und dies auf dem Beratungsformular auch kurz fachlich begründet).

Begründung der Notwendigkeit

Bei der Beantragung der Leistung ist es sinnvoll, kurz zu begründen, warum ein Hilfsmittel beantragt wird. Dabei sind, soweit zutreffend, alle Aspekte zur Begründung zu berücksichtigen:

Beispiel: Es wird ein Pflegebett beantragt, allerdings ohne weitere Begründung. Die Pflegekasse lehnt ab, da der Pflegebedürftige nur die Pflegestufe 1 hat, noch mobil ist und deshalb die Pflege nicht erleichtert wird. Das elektrisch betriebene Pflegebett mit „Bettgalgen" ermöglicht aber dem Pflegebedürftigen wieder allein aufzustehen, weshalb es erst die selbständige Lebensführung ermöglicht.

Das Beispiel zeigt, dass schon bei der Beantragung die individuelle Situation genauer beschreiben sollte, denn die Ablehnung der Pflegekasse ist zunächst einmal nachvollziehbar.

Abgrenzungsproblematik zur Krankenversicherung

Auch durch die Krankenversicherung entsteht ein Anspruch auf Hilfsmittel, wenn sie im Einzelfall erforderlich sind, um

» den Erfolg einer Krankenbehandlung zu sichern,

» einer drohenden Behinderung vorzubeugen oder

» eine Behinderung auszugleichen.

Dies gilt aber nur soweit die Hilfsmittel nicht allgemeine Gebrauchsgegenstände des täglichen Lebens sind oder nach § 34 Abs. 4 SGB V ausgeschlossen werden.

Viele Hilfsmittel können mehrere Ziele unterstützen: Sie können sowohl dafür sorgen, den Erfolg einer Krankenbehandlung abzusichern und gleichzeitig die Pflege zu erleichtern. So kann ein Rollator die eingeschränkte Gehfähigkeit ausgleichen (Behinderung ausgleichen), gleichzeitig aber auch eine selbständigere Lebensführung ermöglichen. Gesetzlich geregelt ist, dass die Leistungen der Krankenversicherung und anderer Leistungsträger wie z. B. Unfallversicherung Vorrang haben vor den Leistungen der Pflegeversicherung.

Nach einem Urteil des Bundessozialgerichts aus 2007 und einem darauf basierenden geänderten Verfahren der Kranken- und Pflegekassen hat der Gesetzgeber 2011 durch das Gesetz zur Verbesserung der Versorgungsstrukturen in der gesetzlichen Krankenversicherung (GKV-VStG) den § 40 um den Absatz 5 erweitert, in dem das Vorgehen der Kranken- und Pflegeversicherung bei der Versorgung mit Hilfsmitteln geregelt ist.

Prüfungsschema zur Abgrenzung der Zuständigkeit

1. Im ersten Schritt sind die Versorgungsziele zu erheben, die mit dem beantragten Produkt erreicht werden sollen.

2. Danach ist zu prüfen, ob diese Versorgungsziele der Krankenversicherung zugeordnet werden können oder

3. es sich allein um Versorgungsziele der Pflegeversicherung handelt.

Ein Hilfsmittel ist auch dann der Pflegeversicherung zuzuordnen, „wenn im konkreten Einzelfall zwar noch marginal ein Behinderungsausgleich vorstellbar ist, die Aspekte der Erleichterung der Pflege, der Linderung der Beschwerden oder der Ermöglichung einer selbständigeren Lebensführung aber so weit überwiegt, das eine Leistungspflicht der Krankenkasse nicht gerechtfertigt ist." (aus Rundschreiben zu § 40, S. 4)

Verordnung durch den Haus- oder Facharzt nur für die Krankenversicherung notwendig!
Hilfsmittel der Krankenversicherung sind im Rahmen der Therapie durch den Arzt zu verordnen, soweit durch sie das Ziel der Hilfsmittelversorgung (siehe oben) erreicht werden kann. Der Gemeinsame Bundesausschuss hat dazu eine entsprechende Richtlinie verabschiedet (siehe Quellen).

Hilfsmittelverzeichnis SGB V und Pflegehilfsmittelverzeichnis SGB XI
Die gesetzlichen Krankenkassen haben nach § 139 SGB V ein Hilfsmittelverzeichnis zu erstellen und weiterzuführen, das die verordnungsfähigen Hilfsmittel der Krankenversicherung enthält. Das Pflegehilfsmittelverzeichnis nach § 78 der Pflegeversicherung ergänzt das Hilfsmittelverzeichnis der Krankenversicherung um die Pflegehilfsmittel, die allein unter die Leistungspflicht der Pflegeversicherung fallen.
Für die Frage, welche Hilfsmittel zur Verfügung stehen, bilden beide Verzeichnisse die Grundlage. Hilfsmittel oder Pflegehilfsmittel, die hier nicht aufgeführt sind (z. B. neu entwickelte), können trotzdem in die Leistungspflicht einer der Kassen fallen. Hier ist im Einzelfall zu prüfen, ob das Hilfsmittel den besonderen Zweck erfüllt und nicht ein gleichwertiges Produkt in den Verzeichnissen vorhan-

den ist. Eine Ablehnung mit bloßem Verweis auf eines der Verzeichnisse ist nicht sachgerecht, da im Gesetzestext der jeweilige Hilfsmittelanspruch nicht auf die im Verzeichnis aufgeführten Hilfsmittel beschränkt ist.

Ausstattung mit Hilfsmitteln kann schon frühzeitig beginnen
Auch wenn sich der Pflegebedürftige (oder Kranke) noch im Krankenhaus oder in einer Rehabilitationseinrichtung befindet, kann die Ausstattung mit Hilfsmitteln oder Pflegehilfsmitteln schon erfolgen, damit eine nahtlose Versorgung sichergestellt ist. So kann beispielsweise das Pflegebett aufgestellt werden, bevor der Pflegebedürftige aus der Kurzzeitpflege kommt oder der Rollstuhl für den Rücktransport genutzt werden.

Pflegeverbrauchsmittel
Pflegeverbrauchsmittel sind :

» saugende Bettschutzunterlagen zum Einmalgebrauch,

» Schutzbekleidung wie Einmalhandschuhe, Schürzen, Fingerlinge oder Mundschutz,

» Desinfektionsmittel.

Die Pflegekassen übernehmen Kosten für die Pflegeverbrauchsmittel in Höhe von monatlich maximal 31 Euro. Auch Pflegeverbrauchsmittel können über die Pflegekasse als Sachleistung zur Verfügung gestellt werden. In der Praxis hat sich aber die Kostenerstattung etabliert. Praktisch tritt der Pflegebedürftige in Vorleistung, kauft sich das notwendige Material und lässt sich die Kosten von der Pflegekasse erstatten. Zur Vereinfachung kann die Pflegekasse auf den Nachweis von Einzelbelegen verzichten, wenn regelmäßig (z. B. innerhalb eine halben Jahres) die Summe von 31 Euro pro Monat überschritten wird. Danach wird der Betrag von 31 Euro jeden Monat ohne weitere Belege überwiesen. Beim Einkauf gerade von größeren Gebinden sollte darauf geachtet werden, dass sich die Summen auf mehrere Monate verteilen lassen, solange noch keine pauschale Überweisung erfolgt.

Technische Pflegehilfsmittel
Dies sind zum Beispiel Pflegebetten, Waschsysteme, Toiletten- und Duschstühle oder auch Hausnotrufgeräte. Technische Pflegehilfsmittel sollen vorrangig leihweise dem Pflegebedürftigen zur Verfügung gestellt werden. Lehnt der Pflegebedürftige eine leihweise Versorgung ohne zwingenden Grund ab, hat er die Kosten bei Nutzung des Hilfsmittels in vollem Umfang zu tragen. Zur Bereitstellung schließen die Kranken- und Pflegekassen entsprechende Verträge mit Anbietern von Pflegehilfsmitteln ab, dies sind in der Regel Sanitätshäuser oder andere Lieferanten. Viele

Pflegekassen verfügen auch über zentrale Depots, aus denen heraus die Versorgung erfolgt (einige schreiben auch jeweils die einzelne Lieferung im Internet aus!). Daher sollte bei der zuständigen Kranken- und/oder Pflegekasse nachgefragt werden, über welchen Lieferanten die Versorgung erfolgen soll.

Installation, Anpassung und Schulung inklusive

Zur Überlassung der Hilfsmittel gehört auch die notwendige Änderung, Instandsetzung und Ersatzbeschaffung von Pflegehilfsmitteln sowie die Ausbildung in ihrem Gebrauch. So wird ein Pflegebett nicht nur geliefert und aufgestellt, sondern auch der Umgang wird dem Pflegebedürftigen bzw. seiner Pflegeperson erläutert.

Oder das Hausnotrufgerät wird angeschlossen und getestet und danach dem Pflegebedürftigen erklärt.

Zuzahlung pro Hilfsmittel (außer Pflegeverbrauchsmittel oder leihweise überlassenen Hilfsmitteln)

Die Zuzahlung für Versicherte, die das 18. Lebensjahr vollendet haben, beträgt bei technischen Pflegehilfsmitteln 10 %, höchstens jedoch 25,– € je Pflegehilfsmittel. Die Härtefallregelungen der Krankenversicherung nach § 62 SGB V gelten hier entsprechend. (Für Zuzahlungen in beiden Bereichen müssen höchstens 2 %, im Rahmen der Härtefallregelung für Pflegebedürftige, die chronisch krank sind, nur 1 % der jährlichen Bruttoeinnahmen zum Lebensunterhalt gezahlt werden, darüber hinaus ist der Versicherte befreit.) Die Zuzahlungsbefreiung im Bereich der Krankenversicherung gilt auch für die Pflegeversicherung.

Wohnumfeldverbessernde Maßnahmen: Definition

Der Begriff „Wohnumfeldverbessernde Maßnahmen" weist schon darauf hin: Es geht um alle Maßnahmen, die das Wohnumfeld so verbessern, dass der Pflegebedürftige überhaupt bzw. weiterhin zu Hause wohnen kann. Da die ambulante Versorgung dauerhaft meist deutlich günstiger ist als die stationäre Versorgung, hat auch die Pflegekasse ein finanzielles Interesse daran, dass die Versicherten möglichst lange zu Hause versorgt werden (siehe auch Pflegeversicherung Seite 24) können.

Leistungen zur Verbesserung des Wohnumfeldes sollen:

» Häusliche Pflege überhaupt oder weiterhin ermöglichen, z. B. indem die Wohnung rollstuhlgerecht gemacht wird.

» Häusliche Pflege erheblich erleichtern, z. B. durch den Einbau einer Dusche kann die Körperpflege wieder im Bad durchgeführt werden.

» Eine möglichst selbständige Lebensführung wieder herstellen, z. B. durch den Einbau einer automatisch öffnenden Haustür kann der Pflegebedürftige (mit Rollator) die Wohnung wieder alleine verlassen.

Die wohnumfeldverbessernden Maßnahmen sind mit wesentlichen Eingriffen in die Bausubstanz verbunden (z. B. Verbreiterung von Türen für den Rollstuhl). Anders als Technische Hilfsmittel, die in der Regel nicht mit der Bausubstanz verbunden werden oder nur punktuell (z. B. ein Haltegriff).

Zu den wohnumfeldverbessernden Maßnahmen gehören auch der Ein- und Umbau von Mobiliar (z. B. absenkbare Küchenschränke).

Umzug kann auch dazu gehören!

Ein Umzug kann dann eine wohnumfeldverbessernde Maßnahme sein, wenn dadurch eine selbständigere Lebensführung ermöglicht wird. Beispielsweise zieht der Versicherte vom dritten Stock in eine barrierearme Wohnung ins Erdgeschoss und kann deshalb allein die Wohnung verlassen (keine Treppe). In diesem Fall kann der Umzug bezuschusst werden.

Katalog möglicher wohnumfeldverbessernder Maßnahmen

Diese Liste ist dem Gemeinsamen Rundschreiben der Spitzenverbände der Pflegekassen (siehe Einleitung) entnommen. Sie zeigt exemplarisch, in welchen Bereichen und welche Ausstattungselemente sich falls notwendig baulich anpassen lassen und welche auch über Zuschüsse der Pflegeversicherung gefördert werden können.

Maßnahmen außerhalb der Wohnung/des Eingangsbereichs
Aufzug

» Einbau eines Personenaufzuges in einem eigenen Haus.

» Anpassung an die Bedürfnisse eines Rollstuhlfahrers: ebenerdiger Zugang, Vergrößerung der Türen, Schalterleiste in Greifhöhe,

» Installation von Haltestangen, Schaffung von Sitzplätzen.

Briefkasten

» Absenkung des Briefkastens auf Greifhöhe (z. B. bei Rollstuhlfahrern).

Orientierungshilfen

» Schaffung von Orientierungshilfen für Sehbehinderte, z. B. ertastbare Hinweise auf die jeweilige Etage.

Treppe

» Installation von gut zu umfassenden und ausreichend langen Handläufen auf beiden Seiten,

» Verhinderung der Stolpergefahr durch farbige Stufenmarkierungen an den Vorderkanten,

» Einbau von fest installierten Rampen und Treppenliften.

Türen, Türanschläge und Schwellen

» Türvergrößerung,

» Abbau von Türschwellen,

» Installation von Türen mit pneumatischem Türantrieb oder Ähnlichem,

» Einbau einer Gegensprechanlage.

Mögliche Maßnahmen im gesamten Wohnbereich
Bewegungsfläche

» Umbaumaßnahmen zur Schaffung ausreichender Bewegungsfläche, z. B. durch Installation der Waschmaschine in der Küche anstatt im Bad (Aufwendungen für Verlegung der Wasser- und Stromanschlüsse).

Bodenbelag

» Beseitigung von Stolperquellen, Rutsch- und Sturzgefahren,

Heizung

» Installation von z. B. elektrischen Heizgeräten anstelle von Öl-, Gas-, Kohle- oder Holzöfen (wenn dadurch der Hilfebedarf bei der Beschaffung von Heizmaterial kompensiert wird).

Lichtschalter/Steckdosen/Heizungsventile

» Installation der Lichtschalter/Steckdosen/Heizungsventile in Greifhöhe,

» ertastbare Heizungsventile für Sehbehinderte.

Reorganisation der Wohnung

» Anpassung der Wohnungsaufteilung (ggf. geplant für jüngere Bewohner, Ehepaare) auf veränderte Anforderungen (alt, allein, gebrechlich) durch Umnutzung von Räumen,

» Stockwerktausch (insbesondere in Einfamilienhäusern ist häufig das Bad und das Schlafzimmer in oberen Etagen eingerichtet).

Türen, Türanschläge und Schwellen

» Türvergrößerung,

» Abbau von Türschwellen, z. B. auch zum Balkon,

» Veränderung der Türanschläge, wenn sich dadurch der Zugang zu einzelnen Wohnungsbereichen erleichtern oder die Bewegungsfläche vergrößern lässt,

» Einbau von Sicherungstüren zur Vermeidung einer Selbst- bzw. Fremdgefährdung bei desorientierten Personen,

» Bei einer bereits installierten Türöffnungs- und Türschließungsanlage eine Absenkung der Anlage in Greifhöhe bzw. behinderungsgerechte Anpassung.

Fenster

» Absenkung der Fenstergriffe,

» Anbringung von elektrisch betriebenen Rollläden, sofern der Pflegebedürftige zur Linderung seiner Beschwerden ständig auf einen kühlen Raum angewiesen ist und eine Unterbringung nur in diesem Raum erfolgen kann.

Spezielle Maßnahmen in besonderen Wohnbereichen
=> Küche

Armaturen

» Installation von Armaturen mit verlängertem Hebel oder Schlaufe, Schlauchbrause,

» Installation von Warmwassergeräten, wenn kein fließend warmes Wasser vorhanden ist und aufgrund der Pflegebedürftigkeit Warmwasserquellen im Haus nicht erreicht oder das warme Wasser nicht – wie bisher – aufbereitet werden kann,

» Bodenbelag: Verwendung von rutschhemmendem Belag.

Kücheneinrichtung

» Veränderung der Höhe von z. B. Herd, Kühlschrank, Arbeitsplatte, Spüle als Sitzarbeitsplätze

» Schaffung einer mit dem Rollstuhl unterfahrbaren Kücheneinrichtung

» Absenkung von Küchenoberschränken (ggf. maschinelle Absenkvorrichtung

» Schaffung von herausfahrbaren Unterschränken (ggf. durch Einhängekörbe

Bad und WC

=> Einbau eines fehlenden Bades/WC

» Umgestaltung der Wohnung und Einbau eines nicht vorhandenen Bades/WC.

Anpassung eines vorhandenen Bades/WC:
Armaturen

» Installation von Armaturen mit verlängertem Hebel oder Schlaufe, Schlauchbrause.

» Installation von Warmwassergeräten, wenn kein fließend warmes Wasser vorhanden ist und aufgrund der Pflegebedürftigkeit Warmwasserquellen im Haus nicht erreicht oder das warme Wasser nicht – wie bisher – aufbereitet werden kann.

Badewanne

» Badewanneneinstiegshilfen, die mit wesentlichen Eingriffen in die Bausubstanz verbunden sind.

Bodenbelag

» Verwendung von rutschhemmendem Bodenbelag,

» Schaffung rutschhemmender Bodenbeläge in der Dusche.

Duschplatz

» Einbau einer Dusche, wenn der Einstieg in eine Badewanne auch mit Hilfsmitteln nicht mehr ohne fremde Hilfe möglich ist,

» Herstellung eines bodengleichen Zugangs zur Dusche.

Einrichtungsgegenstände

» Anpassung der Höhe.

Toilette

» Anpassung der Sitzhöhe des Klosettbeckens durch Einbau eines Sockels.

Waschtisch

» Anpassung der Höhe des Waschtisches (ggf. Einbau eines höhenverstellbaren Waschtisches) zur Benutzung im Sitzen bzw. im Rollstuhl.

Schlafzimmer
Bettzugang

» Umbaumaßnahmen zur Schaffung eines freien Zugangs zum Bett.

Bodenbelag

» Verwendung von rutschhemmendem Bodenbelag.

Lichtschalter/Steckdosen

» Installation von Lichtschaltern und Steckdosen, die vom Bett aus zu erreichen sind.

Folgende Maßnahmen sind nicht förderfähig:

» Ausstattung der Wohnung mit einem Telefon, einem Kühlschrank, einer Waschmaschine,

» Verbesserung der Wärmedämmung und des Schallschutzes,

» Reparatur schadhafter Treppenstufen,

» Brandschutzmaßnahmen,

» Herstellung einer funktionsfähigen Beleuchtung im Eingangsbereich/ Treppenhaus,

» Rollstuhlgarage,

» Errichtung eines überdachten Sitzplatzes,

» elektrischer Antrieb einer Markise,

» Austausch der Heizungsanlage, Warmwasseraufbereitung,

» Schönheitsreparaturen (Anstreichen, Tapezieren von Wänden und Decken, Ersetzen von Oberbelägen),

» Beseitigung von Feuchtigkeitsschäden,

» allgemeine Modernisierungsmaßnahmen.

Zuschuss ohne Eigenanteil, bei mehreren Pflegebedürftigen auch mehrfach
Durch das PNG ist die Eigenanteilsregelung entfallen. Der Zuschuss wird nun immer bis zur maximal möglichen Höhe bezahlt.

Leben in einer Wohnung mehrere Pflegebedürftige (z. B. Ehepaar oder Wohngemeinschaft) und betrifft die wohnumfeldverbessernde Maßnahme alle Pflegebedürftigen, so kann der Zuschuss für bis zu 4 Pflegebedürftige, also bis maximal 10.228 € abgerufen werden. Wenn beispielsweise das pflegebedürftige Ehepaar nicht mehr die Badewanne nutzen kann und deshalb das Bad umbauen lässt, kann diese Maßnahme bis zu 5.112 € bezuschusst werden.

Zuschuss pro Maßnahme

Der Zuschuss wird pro Maßnahme gezahlt. Das bedeutet, dass bei einer veränderten Pflegesituation und sich damit ergebender neuer Notwendigkeiten ein zweiter Zuschuss gezahlt werden kann: Beispiel: Im ersten Schritt wird eine Rampe eingebaut, weil der Pflegebedürftige mit dem Rollstuhl sonst nicht die Wohnung erreichen/verlassen kann. Nach einiger Zeit kann er auch nicht mehr die Badewanne nutzen, deshalb wird als zweite Maßnahme das Badezimmer umgebaut. Beide Maßnahmen können von der Pflegekasse nacheinander bezuschusst werden.

Verfahren und Beratungsmöglichkeit

Die Leistungen sollten vor Beginn der Maßnahme beantragt werden, schon um für die Gesamtfinanzierung die Zusage der Pflegekasse zu haben. Auch die Empfehlung des MDK, der im Rahmen der Einstufung Maßnahmen zur Wohnraumanpassung empfiehlt, stellt einen Antrag dar, wenn der Pflegebedürftige dem nicht widerspricht.

Die Pflegekassen sind verpflichtet, die Pflegebedürftigen vor Beginn einer Maßnahme zu beraten, beispielsweise welche baulichen Möglichkeiten es gibt oder wie hoch ungefähr die Kosten sein werden. Daher sollte in jedem Fall vorher die Pflegekasse um eine Beratung gebeten werden. Die Pflegekasse kann auch örtliche Institutionen wie Wohnraumberatungsstellen mit der Beratung beauftragen; die Beratung ist kostenfrei. Sie ist allerdings nicht zu verwechseln mit der eigentlichen Durchführungsplanung (Bauplanung), die je nach Umfang der jeweilige Handwerker oder ein Architekt übernimmt.

13.3   Hintergrund

Mit Einführung der Pflegeversicherung gab es immer wieder Abgrenzungsprobleme zur Leistungspflicht der Krankenversicherung. Vor allem bei Hilfsmitteln, die durchaus für verschiedene Ziele sowohl der Kranken- als auch der Pflegeversicherung geeignet waren. Insbesondere die Krankenversicherung war anfangs bestrebt, vieles in die Leistungspflicht der Pflegeversicherung zu verschieben. Sowohl die Politik als auch das Bundessozialgericht haben dies immer wieder kritisiert und verbindliche Regelungen angemahnt bzw. festgelegt. Daher wird nun regelmäßig zuerst die Leistungspflicht der Krankenversicherung überprüft, selbst wenn ausdrücklich ein Pflegehilfsmittel beantragt worden ist.

13.4   Hinweise zur Beratung

Pflegehandschuhe können im doppelten Sinne helfen

Für viele Menschen und gerade auch für nahe Angehörige wie Ehepartner und Kinder ist die Versorgung bei Inkontinenz eine schwierige Aufgabe. Während dies bei Babys und Kleinkindern eine noch alltägliche Angelegenheit ist, wird sie bei Pflegebedürftigen nicht nur körperlich sehr viel schwerer. Nun muss man (auch noch) Schamgrenzen überwinden und vieles mehr. Pflegehandschuhe sind zwar sehr dünn, doch dieser Abstand zur eigenen Haut kann auch helfen, Distanz aufzubauen und die Versorgung zu erleichtern. Daher sollten die Pflegepersonen immer auf die Nutzung, und sei es vordergründig mit dem Argument der Hygiene, sowie die Finanzierungsmöglichkeiten durch die Pflegeversicherung hingewiesen werden.

Schulung im Umgang mit dem Hilfsmittel
Klären sie die Pflegebedürftigen und vor allem die Pflegepersonen darüber auf, dass sie bei der Lieferung vom Hilfsmittellieferanten geschult werden (müssen), wenn sich das Produkt nicht selbst erklärt. Die Pflegepersonen sollen daher nicht auf den Pflegedienst verwiesen werden bzw. erst auf ihn warten, um sich dann alles in Ruhe erklären zu lassen. Natürlich kann der Pflegedienst auch später noch den Umgang erklären, aber dies wäre dann eine reine Serviceleistung.

Wohnumfeldverbessernde Maßnahmen ohne Zuschuss: keine Offenlegung der eigenen Finanzen
Durch den Wegfall der Eigenanteile wird es einfacher, den Zuschuss für sinnvolle/notwendige Maßnahmen zu beantragen. Es muss nun nicht mehr das eigene Einkommen dargestellt werden. Damit ist es sicherlich einfacher, Pflegebedürftige von der Notwendigkeit zu überzeugen.

Die Anpassung langfristig planen
Erfahrungsgemäß ist es schwierig, Menschen zu Veränderungen zu bewegen. Dabei haben Pflegedienste die Chance, durch frühzeitige und konkrete Hinweise dafür zu sorgen, dass die Pflegebedürftigen länger in der Wohnung verweilen können. Beispielsweise wird ein Pflegebedürftiger mit Pflegegeldbezug im Rahmen der Beratungsbesuche regelmäßig aufgesucht. Anfangs duscht der Pflegebedürftige noch regelmäßig in der Badewanne. Da ein weiterer körperlicher Abbau wahrscheinlich ist, sollte die Pflegefachkraft schon frühzeitig das Thema ansprechen und gezielt auch auf mögliche Förderungen hinweisen. Durch die frühzeitige Sensibilisierung kann es gelingen, rechtzeitig mit dem Umbau anzufangen.

Zuschüsse sollten vor Beginn beantragt werden
Lt. Rundschreiben der Pflegekassen sollten die Zuschüsse vor Beginn beantragt werden, was jedoch nicht ausschließt, dass man auch noch später diese Zuschüsse beantragen kann. Das dürfte weniger bei zu planenden Umbaumaßnahmen hilfreich sein, sondern eher bei der Bezuschussung eines schon abgeschlossenen Umzugs. Soweit der Antrag noch zeitnah gestellt wird, sollte man es in jedem Fall versuchen.

13.5   Hinweise zur internen Umsetzung

Die eigene Verordnungskompetenz nutzen!
Pflegefachkräfte dürfen Hilfsmittel im Sinne § 40 verordnen, so sieht es der Gesetzgeber vor. Diese verliehene Kompetenz sollten Pflegedienste besser nutzen. Dabei sollte die ‚Verordnung' sich nicht allein auf die Aussage beschränken, dass der Versicherte ein Hilfsmittel benötigt, sondern auch kurz schildern, warum und aus welchem der drei möglichen Gründe des § 40. Das erleichtert auch der Pflegekasse das Verständnis der Situation und damit ihre Entscheidung.

Oftmals ‚verlangt' der Sanitätsfachhandel ein Rezept?
In der Praxis ist es oft der Sanitätsfachhandel/Lieferant, der im vorlaufenden Gehorsam in jedem Fall ein Rezept des Arztes einfordert, auch wenn das Hilfsmittel in die Zuständigkeit der Pflegeversicherung fällt. Auch hier sollte einerseits der Sanitätshandel auf die Rechtslage aufmerksam gemacht werden, andererseits reicht dem Lieferanten ja in jedem Fall die Kostenzusage des Versicherten (das dieser alle Kosten übernimmt, wenn andere Kostenträger die Leistung nicht übernehmen). Alles weitere müsste dem Fachhandel ‚egal' sein.

Pflegedienste sind nicht Hilfsarbeiter des Sanitätsfachhandels
Für die (falls notwendig) Lieferung, Installation, Instandsetzung, Reparatur sowie Einweisung wird der Lieferant des Hilfsmittels bezahlt und ist daher auch dafür zuständig. Soll der Pflegedienst dabei sein, wenn beispielsweise eine Wechseldruckmatratze geliefert wird, ist zu klären, wer diese Leistung bezahlt. Zumindest kann es keine kostenfreie „Eh-da-Leistung" des Pflegedienstes sein. Kann beispielsweise der Lieferant die Matratze nicht ins Bett legen und richtig einstellen, weil der Pflegebedürftige bettlägerig ist und ‚das Bett versperrt', kann es nicht Aufgabe des Pflegedienstmitarbeiters sein, später den Matratzenwechsel vorzunehmen. Wenn er dies jedoch übernimmt, ist er auch für die sachgerechte Einstellung der Matratze verantwortlich!

Örtliche Angebote kennen und nutzen
In vielen größeren Städten gibt es spezialisierte Beratungsstellen, die oftmals auch über Ausstellungsräume verfügen. Es ist sinnvoll, hier den Kontakt herzustellen und regelmäßig alle Mitarbeiter über die technischen Möglichkeiten zu informieren, bzw. selbst Ausstellungen zu besuchen. Dadurch lernen alle Mitarbeiter das aktuelle Angebot an Hilfsmitteln und Umbaumöglichkeiten kennen und können gezielter bei der Versorgung auf Verbesserungsmöglichkeiten achten.

13.6 Quellen

§ 40 Pflegehilfsmittel und wohnumfeldverbessernde Maßnahmen

(1) Pflegebedürftige haben Anspruch auf Versorgung mit Pflegehilfsmitteln, die zur Erleichterung der Pflege oder zur Linderung der Beschwerden des Pflegebedürftigen beitragen oder ihm eine selbständigere Lebensführung ermöglichen, soweit die Hilfsmittel nicht wegen Krankheit oder Behinderung von der Krankenversicherung oder anderen zuständigen Leistungsträgern zu leisten sind. Die Pflegekasse überprüft die Notwendigkeit der Versorgung mit den beantragten Pflegehilfsmitteln unter Beteiligung einer Pflegefachkraft oder des Medizinischen Dienstes. Entscheiden sich Versicherte für eine Ausstattung des Pflegehilfsmittels, die über das Maß des Notwendigen hinausgeht, haben sie die Mehrkosten und die dadurch bedingten Folgekosten selbst zu tragen. § 33 Abs. 6 und 7 des Fünften Buches gilt entsprechend.

(2) Die Aufwendungen der Pflegekassen für zum Verbrauch bestimmte Pflegehilfsmittel dürfen monatlich den Betrag von 31 Euro nicht übersteigen. Die Leistung kann auch in Form einer Kostenerstattung erbracht werden.

(3) Die Pflegekassen sollen technische Pflegehilfsmittel in allen geeigneten Fällen vorrangig leihweise überlassen. Sie können die Bewilligung davon abhängig machen, dass die Pflegebedürftigen sich das Pflegehilfsmittel anpassen oder sich selbst oder die Pflegeperson in seinem Gebrauch ausbilden lassen. Der Anspruch umfasst auch die notwendige Änderung, Instandsetzung und Ersatzbeschaffung von Pflegehilfsmitteln sowie die Ausbildung in ihrem Gebrauch. Versicherte, die das 18. Lebensjahr vollendet haben, haben zu den Kosten der Pflegehilfsmittel mit Ausnahme der Pflegehilfsmittel nach Absatz 2 eine Zuzahlung von zehn vom Hundert, höchstens jedoch 25 Euro je Pflegehilfsmittel an die abgebende Stelle zu leisten. Zur Vermeidung von Härten kann die Pflegekasse den Versicherten in entsprechender Anwendung des § 62 Abs. 1 Satz 1, 2 und 6 sowie Abs. 2 und 3 des Fünften Buches ganz oder teilweise von der Zuzahlung befreien. Versicherte, die die für sie geltende Belastungsgrenze nach § 62 des Fünften Buches erreicht haben oder unter Berücksichtigung der Zuzahlung nach Satz 4 erreichen, sind hinsichtlich des die Belastungsgrenze überschreitenden Betrags von der Zuzahlung nach diesem Buch befreit. Lehnen Versicherte die leihweise Überlassung eines Pflegehilfsmittels ohne zwingenden Grund ab, haben sie die Kosten des Pflegehilfsmittels in vollem Umfang selbst zu tragen.

(4) Die Pflegekassen können subsidiär finanzielle Zuschüsse für Maßnahmen zur Verbesserung des individuellen Wohnumfeldes des Pflegebedürftigen gewähren, beispielsweise für technische Hilfen im Haushalt, wenn dadurch im Einzelfall die häusliche Pflege ermöglicht oder erheblich erleichtert oder eine möglichst selbständige Lebensführung des Pflegebedürftigen wiederhergestellt wird. Die Höhe der Zuschüsse ist unter Berücksichtigung der Kosten der Maßnahme sowie eines angemessenen Eigenanteils in Abhängigkeit von dem Einkommen des Pflegebedürftigen

zu bemessen. Die Zuschüsse dürfen einen Betrag in Höhe von 2.557 Euro je Maßnahme nicht übersteigen. Leben mehrere Pflegebedürftige in einer gemeinsamen
Wohnung, dürfen die Zuschüsse für Maßnahmen zur Verbesserung des gemeinsamen Wohnumfeldes einen Betrag in Höhe von 2 557 Euro je Pflegebedürftigen
nicht übersteigen. Der Gesamtbetrag je Maßnahme nach Satz 3 ist auf 10 228 Euro
begrenzt und wird bei mehr als vier Anspruchsberechtigten anteilig auf die Versi-
cherungsträger der Anspruchsberechtigten aufgeteilt.

(5) Für Hilfsmittel und Pflegehilfsmittel, die sowohl den in § 23 und § 33 des Fünf-
ten Buches als auch den in Absatz 1 genannten Zwecken dienen können, prüft der
Leistungsträger, bei dem die Leistung beantragt wird, ob ein Anspruch gegenüber
der Krankenkasse oder der Pflegekasse besteht und entscheidet über die Bewilligung der Hilfsmittel und Pflegehilfsmittel. Zur Gewährleistung einer Absatz 1
Satz 1 entsprechenden Abgrenzung der Leistungsverpflichtungen der gesetzlichen
Krankenversicherung und der sozialen Pflegeversicherung werden die Ausgaben für
Hilfsmittel und Pflegehilfsmittel zwischen der jeweiligen Krankenkasse und der bei
ihr errichteten Pflegekasse in einem bestimmten Verhältnis pauschal aufgeteilt. Der
Spitzenverband Bund der Krankenkassen bestimmt in Richtlinien, die erstmals bis
zum 30. April 2012 zu beschließen sind, die Hilfsmittel und Pflegehilfsmittel nach
Satz 1, das Verhältnis, in dem die Ausgaben aufzuteilen sind, sowie die Einzelheiten
zur Umsetzung der Pauschalierung. Er berücksichtigt dabei die bisherigen Ausgaben der Kranken- und Pflegekassen und stellt sicher, dass bei der Aufteilung die
Zielsetzung der Vorschriften des Fünften Buches und dieses Buches zur Hilfsmit-
tel-versorgung sowie die Belange der Versicherten gewahrt bleiben. Die Richtlinien
bedürfen der Genehmigung des Bundesministeriums für Gesundheit und treten am
ersten Tag des auf die Genehmigung folgenden Monats in Kraft; die Genehmigung
kann mit Auflagen verbunden werden. Die Richtlinien sind für die Kranken- und
Pflegekassen verbindlich. Für die nach Satz 3 bestimmten Hilfsmittel und Pflegehilfsmittel richtet sich die Zuzahlung nach den §§ 33, 61 und 62 des Fünften Buches;
für die Prüfung des Leistungsanspruchs gilt § 275 Abs. 3 des Fünften Buches. Die
Regelung dieses Absatzes gelten nicht für An-sprüche auf Hilfsmittel oder Pflegehilfsmittel von Pflegebedürftigen, die sich in vollstationärer Pflege befinden, sowie
von Pflegebedürftigen nach § 28 Abs. 2.

§ 78 Verträge über Pflegehilfsmittel
(1) Der Spitzenverband Bund der Pflegekassen schließt mit den Leistungserbringern oder deren Verbänden Verträge über die Versorgung der Versicherten mit Pflegehilfsmitteln, soweit diese nicht nach den Vorschriften des Fünften Buches über
die Hilfsmittel zu vergüten sind. Abweichend von Satz 1 können die Pflegekassen
Verträge über die Versorgung der Versicherten mit Pflegehilfsmitteln schließen, um

dem Wirtschaftlichkeitsgebot verstärkt Rechnung zu tragen. Die §§ 36, 126 und 127 des Fünften Buches gelten entsprechend.

(2) Der Spitzenverband Bund der Pflegekassen regelt mit Wirkung für seine Mitglieder das Nähere zur Bemessung der Zuschüsse für Maßnahmen zur Verbesserung des individuellen Wohnumfeldes der Pflegebedürftigen nach § 40 Abs. 4 Satz 2. Er erstellt als Anlage zu dem Hilfsmittelverzeichnis nach § 139 des Fünften Buches ein systematisch strukturiertes Pflegehilfsmittelverzeichnis. Darin sind die von der Leistungspflicht der Pflegeversicherung umfassten Pflegehilfsmittel aufzuführen, soweit diese nicht bereits im Hilfsmittelverzeichnis enthalten sind. Pflegehilfsmittel, die für eine leihweise Überlassung an die Versicherten geeignet sind, sind gesondert auszuweisen. Im Übrigen gilt § 139 des Fünften Buches entsprechend mit der Maßgabe, dass die Verbände der Pflegeberufe und der behinderten Menschen vor Erstellung und Fortschreibung des Pflegehilfsmittelverzeichnisses ebenfalls anzuhören sind.

(3) Die Landesverbände der Pflegekassen vereinbaren untereinander oder mit geeigneten Pflegeeinrichtungen das Nähere zur Ausleihe der hierfür nach Absatz 2 Satz 4 geeigneten Pflegehilfsmittel einschließlich ihrer Beschaffung, Lagerung, Wartung und Kontrolle. Die Pflegebedürftigen und die zugelassenen Pflegeeinrichtungen sind von den Pflegekassen oder deren Verbänden in geeigneter Form über die Möglichkeit der Ausleihe zu unterrichten.

(4) Das Bundesministerium für Gesundheit wird ermächtigt, das Pflegehilfsmittelverzeichnis nach Absatz 2 und die Festbeträge nach Absatz 3 durch Rechtsverordnung im Einvernehmen mit dem Bundesministerium für Arbeit und Soziales und dem Bundesministerium für Familie, Senioren, Frauen und Jugend und mit Zustimmung des Bundesrates zu bestimmen; § 40 Abs. 5 bleibt unberührt.

14 Zusätzliche Leistungen für Pflegebedürftige in ambulant betreuten Wohngruppen

14.1 Kurzdarstellung

Zur Förderung ambulanter Wohngemeinschaften gibt es für die in einer Wohngemeinschaft notwendigen weiteren organisatorischen, verwaltenden oder pflegenden Tätigkeiten einen pauschalen Zuschlag in Höhe von 200 € monatlich. Voraussetzung ist, dass mindestens drei Pflegebedürftige dauerhaft in einer eigenen Wohnung zusammenleben und sie in der freien Wahl der Pflege- und Betreuungsleistungen nicht eingeschränkt sind. Der Wohngruppenzuschlag geht direkt an die jeweiligen Pflegebedürftigen, dieser muss ihn auch beantragen.

14.2 Wesentliche Punkte

Betreuungsleistungen außerhalb der individuellen Leistungen

In jeder Wohngemeinschaft werden von Mietern gemeinsam bestimmte Leistungen benötigt und in Auftrag gegeben: Dazu gehört neben der hauswirtschaftlichen Versorgung (Essen, Reinigen der Gemeinschaftsräume) meist auch die durchgehende Präsenz bzw. 24-Stundenbetreuung dazu, weiterhin auch übertragende Verwaltungstätigkeiten wie Verwaltung der Haushaltskasse, Organisation der Mietersitzungen etc. Diese Leistungen werden privat mit dem Anbieter (Pflegedienst oder andere) vereinbart und finanziert, bei Bedürftigkeit ist auch der Sozialhilfeträger Verhandlungspartner für eine Vergütungsvereinbarung nach SGB XII. Für diese Leistung gibt es nun einen monatlichen Zuschuss von 200 €.

Zeitgleich müssen mindestens drei Pflegebedürftige zusammen leben

Der Anspruch besteht nur, wenn mindestens drei Pflegebedürftige in einer gemeinsamen Wohnung leben. Dieser Nachweis kann lt. Rundschreiben der Pflegekassen formlos erfolgen, d.h. die Mitbewohner müssen diese sich nur gegenseitig bestätigen. Es können auch mehr pflegebedürftige Bewohner in der Wohngruppe wohnen, der Zuschlag ist zu zahlen, wenn mindestens drei davon pflegebedürftig (also mindestens Pflegestufe 1) sind. Leistungen erhalten nur Bewohner, die mindestens die Pflegestufe 1 erfüllen. Eine Einstufung ohne Pflegestufe aber mit erheblich eingeschränkter Alltagskompetenz reicht nicht aus für den Wohngruppenzuschlag.

Wohngemeinschaft landesrechtlich anerkannt

Das Bundesgesetz Pflegeversicherung verweist bei der Frage, was eine Wohngruppe ist, auf die jeweiligen landesgesetzlichen Regelungen. Da im Rahmen der Fördera-

Das SGB XI – Beratungshandbuch · Andreas Heiber, 2., überarbeitete Auflage
© Vincentz Network GmbH & Co. KG, Hannover 2013 · ISBN 978-3-86630-318-8

lismusreform das bis dahin bundesweit gültige Heimgesetz auf die Länderebene übergegangen ist, gibt es nun 16 (zum Teil verschiedene) Definitionen bzw. Rahmenbedingungen für Wohngemeinschaften. Solange die Wohngemeinschaft nach dem im Land gültigen Heimrecht anerkannt ist, können die Bewohner auch die Wohngruppenzuschläge erhalten.

14.3 Hintergrund

Zur stärkeren Förderung alternativer Wohnformen jenseits des Pflegeheimes hat der Gesetzgeber mit dem PNG diese neue Leistung eingeführt. Sie entlastet in der Tat die privat zu zahlenden Kosten in den Wohngemeinschaften. Das bedeutet aber weder, dass diese Summe für die definierten Leistungen ausreicht noch das ambulante Wohngemeinschaften damit günstiger als Pflegeheime sein müssen.

14.4 Hinweise zur Beratung

Keine Förderung der individuellen Leistungen

Die mit dem Wohngemeinschaftszuschlag finanzierten Leistungen sind nicht identisch mit den individuellen Sachleistungen, die jeder einzelne Bewohner im Rahmen eines Pflegevertrages vereinbart hat. Damit reduzieren sich durch den Zuschlag auch nicht die Pflegeleistungen, sondern nur die gemeinschaftlichen Betreuungsleistungen.

14.5 Hinweise zur internen Umsetzung

Abgrenzung individueller und gemeinschaftlicher Leistungen

In Wohngemeinschaften gibt es permanent das Abgrenzungsproblem zwischen individuell = einzeln abzurechnenden Pflegeleistungen und den Leistungen, die gemeinschaftlich finanziert sind. Deshalb sollten die Betreuungskräfte immer wieder beobachten, was an konkreten Leistungen nur einzelnen Kunden zuzuordnen ist und was nur ausnahmsweise vorkommt bzw. für alle Kunden erbracht wird. Das gilt vor allem bei der Nachtpräsenz. Wird in dieser Zeit regelmäßig beispielsweise bei einem Kunden ein Toilettengang durchgeführt, müsste dieser dauerhaft im Rahmen der Pflege abgerechnet werden, während sich die Nachtpräsenz entsprechend vergünstigen kann, weil ja die Arbeitszeit (während des Toilettengangs) bereits bezahlt ist.

14.6 Quellen

§ 38a SGB XI Zusätzliche Leistungen für Pflegebedürftige in ambulant betreuten Wohngruppen

(1) Pflegebedürftige haben Anspruch auf einen pauschalen Zuschlag in Höhe von 200 Euro monatlich, wenn

1. sie in ambulant betreuten Wohngruppen in einer gemeinsamen Wohnung mit häuslicher pflegerischer Versorgung leben,

2. sie Leistungen nach § 36, § 37 oder § 38 beziehen,

3. in der ambulant betreuten Wohngruppe eine Pflegekraft tätig ist, die organisatorische, verwaltende oder pflegerische Tätigkeiten verrichtet, und

4. es sich um ein gemeinschaftliches Wohnen von regelmäßig mindestens drei Pflegebedürftigen handelt mit dem Zweck der gemeinschaftlich organisierten pflegerischen Versorgung, dem die jeweils maßgeblichen heimrechtlichen Vorschriften oder ihre Anforderungen an Leistungserbringer nicht entgegenstehen.

(2) Keine ambulante Versorgungsform im Sinne von Absatz 1 liegt vor, wenn die freie Wählbarkeit der Pflege- und Betreuungsleistungen rechtlich oder tatsächlich eingeschränkt ist. Die von der Gemeinschaft unabhängig getroffenen Regelungen und Absprachen sind keine tatsächlichen Einschränkungen in diesem Sinne.

15 Stationäre Finanzierung

15.1 Kurzdarstellung

Die Finanzierung der stationären Einrichtungen – dazu gehören neben dem Pflegeheim auch die Tages-/Nachtpflege sowie die Kurzzeitpflege – ist besonders geregelt. Es werden neben den pflegebedingten Aufwendungen (Pflege, Behandlungspflege und soziale Betreuung) auch Hotelkosten (Unterkunft und Verpflegung) sowie Investitionskosten und Zusatzleistungen in Rechnung gestellt.

15.2 Wesentliche Punkte

Die Gesamtkosten in stationären Einrichtungen gliedern sich in vier Kostenblöcke: Der Pflegesatz (pflegebedingte Aufwendungen), Hotelkosten, Investitionskosten sowie Zusatzkosten.

Der Pflegesatz umfasst Kosten für Allgemeine Pflegeleistungen, Behandlungspflege und Soziale Betreuung

» Unter dem Pflegesatz versteht man alle notwendigen Grundpflegeleistungen, also Körperpflege-, Ernährungs- und Mobilitätsleistungen.

» Unter Behandlungspflege werden alle vom Arzt verordneten/angeordneten und vom Pflegeheimpersonal übernommenen Behandlungspflegeleistungen verstanden.

» Unter Sozialer Betreuung versteht man Gemeinschaftsangebote (z. B. Sport, Gedächtnistraining, gemeinsame Unternehmungen) sowie die Beratung bei einzelnen Problemen und Fragen. Meist wird die Soziale Betreuung durch Sozialarbeiter übernommen.

Der **Pflegesatz** wird von der Pflegeversicherung (mit-)finanziert im Rahmen der jeweiligen Höchstbeträge der Leistungen. Darüber hinaus nicht gedeckte Anteile sind privat zu finanzieren.

Hotelkosten beinhalten Verpflegung, Hauswirtschaft sowie ‚Warmmiete'

In den **Hotelkosten** sind neben den Kosten für die Erstellung der Verpflegung (einschließlich Lebensmittel) hauswirtschaftliche Leistungen sowie andere Verbrauchskosten wie Heizung oder Hausmeister enthalten (vergleichbar der Warmmiete). Die Hotelkosten sind privat zu finanzieren.

155

Das SGB XI – Beratungshandbuch · Andreas Heiber, 2., überarbeitete Auflage
© Vincentz Network GmbH & Co. KG, Hannover 2013 · ISBN 978-3-86630-318-8

Investitionskosten entspricht „Kaltmiete"

In den **Investitionskosten** sind Kosten zur Herstellung und Erhaltung der Gebäude enthalten (vergleichbar der Kaltmiete). Die Höhe der zu zahlenden Investitionskosten richtet sich auch danach, ob im Bundesland die Investitionskosten gefördert werden und ob das entsprechende Heim gefördert wurde oder nicht. Die weiter berechneten Investitionskosten sind privat zu finanzieren.

Zusatzleistungen sind alle weiteren Leistungen

Unter **Zusatzleistungen** sind weitere Dienstleistungen wie Telefon, besonders komfortable Zimmer oder zusätzliche betreuerische Dienstleistungen zu verstehen. Diese werden immer privat finanziert.

Systemvergleich Ambulant und Stationär

Der Systemvergleich zeigt, welche Kostenanteile von welchem Kostenträger vor- und nachrangig übernommen werden.

Systemvergleich

| Kostenbestandteile | Ambulant | | | Stationär | | |
	1. Kostenträger	Nachrangig	Stat. Bezeichnung	1. Kostenträger	Nachrangig
Grundpflege	Pflegekasse	Privat/Sozialh.	Pflegesatz	Pflegekasse	Privat/Sozialh.
Hauswirtschaft	Pflegekasse	Privat/Sozialh.	Hotelkosten *	Privat	Sozialhilfe
Soziale Betreuung	Privat	Sozialhilfe	Pflegesatz	Pflegekasse	Privat/Sozialh.
Zusätzliche Betreuung	Pflegekasse	Privat/Sozialh.	Zusätzliche Betreuung	Pflegekasse	Privat/Sozialh.
Behandlungspflege	Krankenkasse		Pflegesatz	Pflegekasse	Privat/Sozialh.
Lebensmittel	Privat	Sozialhilfe	Hotelkosten	Privat	Sozialhilfe
Mietnebenkosten	Privat	Sozialhilfe	Hotelkosten	Privat	Sozialhilfe
Kaltmiete	Privat	Sozialhilfe	Investitionskosten **	Landesförderung	Privat/Sozialh.

* Während ambulant das Besorgen von Gegenständen des täglichen Bedarfs Leistungsbestandteil ist, gibt es diese Leistung stationär ggf. nur als Zusatzleistung
* * Die ambulanten Investitionskosten (für Fahrzeuge, Büro, Ausstattung), die in einigen Ländern nicht gefördert werden, sind hier nicht aufgeführt

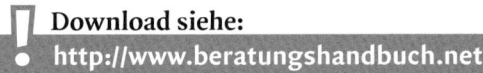

Download siehe:
http://www.beratungshandbuch.net

Stationäre Finanzierung am Beispiel

Typischerweise werden die Kosten eines Pflegeheims pro Tag veröffentlicht: Aufgeführt werden oft auch die Kosten für Pflegekunden ohne Pflegestufe (Pflegestufe „0") und, soweit das Heim hierzu vertragliche Regelungen getroffen hat, des Härtefalls.

Beispiel für eine Darstellung des Heimentgeltes eines Heimträgers aus Nordrhein-Westfalen:

Beispiel Darstellung Heimentgelt

Pflegestufe	Pflegebedingte Kosten	Unterbringung und Verpfleg.	InvestiveKosten Gesamt/Tag	Gesamt/Tag	Monat (30 Tage)
0	30,03 €	27,54 €	9,17 €	66,74 €	2.002,34 €
1	48,25 €	27,54 €	9,17 €	84,96 €	2.548,68 €
2	70,16 €	27,54 €	9,17 €	106,87 €	3.206,06 €
3	92,88 €	27,54 €	9,17 €	129,59 €	3.887,77 €

Monat = 30 Tage

Diese Darstellung macht nicht deutlich, dass der Zuschuss der Pflegeversicherung sich nur auf den Anteil „Pflegebedingte Kosten" bezieht.

Um darzustellen, wie hoch der Eigenanteil an den Gesamtkosten ist, sollten die Kostensätze folgendermaßen dargestellt werden:

Heimkosten Eigenanteilsrechnung

	Pro Monat
Unterbringung und Verpflegung	826,21 €
Investitionskosten	275,00 €

Pflegestufe	Pflegebedingte Kosten	Gesamt/ Monat	Zuschuss Pflegekasse	Eigenanteil Pflege	Eigenanteil Gesamt
0	30,03 €	901,04 €	0,00 €	901,04 €	2.002,25 €
1	48,25 €	1.447,38 €	1.023,00 €	424,38 €	1.525,59 €
2	70,16 €	2.104,76 €	1.279,00 €	825,76 €	1.926,97 €
3	92,88 €	2.786,47 €	1.510,00 €	1.276,47 €	2.377,68 €

Monat = 30 Tage

15.3 Hintergrund

In stationären Einrichtungen gelten eigenständige Finanzierungsregelungen, die sich nicht immer logisch ableiten lassen: So ist die Behandlungspflege Bestandteil des Pflegesatzes und wird von der Pflegeversicherung bzw. der Rest als Eigenanteil finanziert, obwohl Pflegeheimbewohner identische Krankenkassenbeiträge zahlen. Dieser Systembruch ist nur politisch zu begründen.

Die Unterkunftskosten werden in zwei getrennten Beträgen ausgewiesen: in den sogenannten Hotelkosten sind ungefähr die Mietanteile enthalten, die man auch als Warmmiete bezeichnen würde. In den sogenannten Investitionskosten sind die Kosten enthalten, die man als Kaltmiete bezeichnen würde. Die Trennung hat mit der unterschiedlichen Finanzierung zu tun. Die Hotelkosten (dazu gehört auch die Verpflegung einschließlich Hauswirtschaft) werden immer privat finanziert, während die Höhe der Investitionskosten davon abhängig ist, ob die stationäre Einrichtung in einem Bundesland liegt, in dem Investitionskosten für Pflegeheime gefördert werden bzw. dieses Heim gefördert wurde (dass es dadurch auch zu Wettbewerbsverzerrungen kommt, weil nicht alle Heime immer gefördert wurden, sei hier auch erwähnt).

Will man ambulante und stationäre Versorgung miteinander vergleichen, dürfen nicht nur die Pflegesätze, sondern müssen alle Kosten, einschließlich Mieten bzw. Hotel- und Investitionskosten, verglichen werden.

15.4   Hinweise zur Beratung

Vergleich ambulante und stationäre Leistungen

Will man beide Einrichtungstypen allein über die Kosten vergleichen, so sollten folgende Punkte beachtet werden:

Stationär ist der Zuschuss der Pflegekasse in der Stufe 1 und 2 deutlich höher als ambulant, allerdings können ambulant je nach Situation noch folgende Leistungen zusätzlich abgerechnet werden

Vergleich Zuschuss Pflegekasse

	Pflegestufe 1		Pflegestufe 2		Pflegestufe 3
		mit § 45a		mit § 45a	
Sachleistung	450,00 €	665,00 €	1.100,00 €	1.250,00 €	1.550,00 €
Verhinderungspfl. 1/12	129,17 €	129,17 €	29,17 €	129,17 €	129,17 €
Betreuungsleistung 1	100,00 €	100,00 €	100,00 €	100,00 €	
Gesamt	675,84 €	894,17 €	1.325,84 €	1479,17 €	1.775,84 €
Behandlungspflege	übernimmt Kranken- kasse	übernimmt Kranken- kasse	übernimmt Kranken- kasse	übernimmt Kranken- kasse	übernimmt Kranken- kasse
Stationär	1.023,00 €	1.023,00 €	1.279,00 €	1.279,00 €	1.550,00 €

Kostenvergleichsrechnung ambulant und stationär

Will man einen Kostenvergleich machen, muss man jeweils alle Kostenanteile zu Hause und im Pflegeheim vergleichen, nicht nur die Pflegekosten. Dadurch wird sichtbar, dass man zu Hause zwar einen höheren Anteil an den Pflegekosten zu tragen hat, jedoch im Bereich der Hotel- und Investitionskosten zu Hause meist deutlich günstiger ist. Dabei bewohnt man zu Hause seine eigene Wohnung mit meist mehreren Zimmern allein, während man im Pflegeheim meist ein normales Zimmer allein bewohnt, alle anderen Räume jedoch immer gemeinsam nutzt.

Download siehe:
http://www.beratungshandbuch.net

Beispiel
Kostenvergleich: Zu Hause und im Pflegeheim

Pflegestufe 1

Zu Hause	Eintrag pro Tag oder Monat		
Hilfebedarf	Pro Tag	Pro Monat	Pro Monat
Pflegeleistungen Pflegeversicherung		635,00 €	635,00 €
Zuschuss Pflegekasse			450,00 €
Private Leistungen (z. B. Betreuung, Inv.)		300,00€	300,00 €
Rechnerisch pro Tag	30,79 €	pro Monat	935,00€
Privat zu zahlende Pflegekosten pro Monat			485,00 €
Unterkunft, Verpflegung und sonstiges			Kosten
Miete bzw. anfallende Kosten			245,00 €
Mietnebenkosten			85,00 €
Telefon, Fernsehen,…			25,00 €
Verpflegung			250,00 €
Rechnerisch pro Tag	19,90€		
Summe Unterkunft, Verpflegung und sonstiges			605,00 €
Gesamtkosten			1.240,00 €
Privat zu bezahlen			1.090,00€

Pflegestufe 1

Im Pflegeheim	Eintrag pro Tag oder Monat		
Hilfebedarf	Pro Tag	Pro Monat	
Pflegesatz	48,25 €		1.466,00 €
Zuschuss Pflegekasse			1.023,00 €
Rechnerisch pro Tag	48,25 €		
Privat zu zahlende Pflegekosten pro Monat			443,80 €
Unterkunft, Verpflegung und sonstiges	Pro Tag	Pro Monat	Kosten
Hotelkosten (Unterkunft u. Verpflegung)	27,54 €		837,22 €
Zusatzleistungen, Telefon, Fernsehen	2,00 €		60,80 €
Investitionskosten	9,17 €		278,77 €
Rechnerisch pro Tag	38,71€		
Summe Unterkunft, Verpflegung und sonstiges			1.176,78 €
Gesamtkosten			2.643,58 €
Privat zu bezahlen			1.620,58€
Die Versorgung im Pflegeheim ist teurer um			530,58 €

15.5   Hinweise zur internen Umsetzung

Zuschüsse der Pflegekasse sind kein Argument

Argumentieren Angehörige mit den höheren Zuschüssen der Pflegekasse, ist darauf hinzuweisen, dass dieser Kostenvorteil durch die höheren Kosten in anderen Bereichen ins Gegenteil verdreht wird. Die Kosten sollten kein Argument für den Pflegeheimeinzug sein.

16 Tages- und Nachtpflege (§ 41)

16.1 Kurzdarstellung

Tages- und Nachtpflegeeinrichtungen sind stationäre Einrichtungen, in denen sich die Pflegebedürftigen tagsüber oder nachts aufhalten und betreut werden. Sie ergänzen die ambulante Versorgung. Die Einrichtungen müssen auch einen Fahrdienst anbieten. Die Finanzierung ist mit ambulanten Leistungen gekoppelt. Für Versicherte mit erheblich eingeschränkter Alltagskompetenz ab Pflegestufe 1 stehen die erhöhten Sachleistungsbeträge zur Vergütung.

Weiterhin stehen 50 % der Pflegesachleistung bzw. des Pflegegeldes für die häusliche Versorgung zur Verfügung.

Die Leistungsbeträge für die Tagespflege

	ab 2013
Pflegestufe 1	450,00 €
Pflegestufe 2	1.100,00 €
Pflegestufe 3	1.55,00 €

Pflegebedürftige mit erheblich eingeschränkter Alltagskompetenz stehen unter bestimmten Bedingungen auch mehr Sachleistungen in der Tagespflege zur Verfügung.

16.2 Wesentliche Punkte

Angebot der stundenweisen Betreuung

Tagespflegeeinrichtungen bieten in der Regel wochentags von 8.00 bis 17.00 Uhr die Betreuung von Pflegebedürftigen an. Nachtpflegeeinrichtungen, von denen es nur sehr wenige gibt, bieten den Aufenthalt über Nacht an. Dies kann für Menschen mit starker motorischer Unruhe eine alternative Versorgung sein, so dass sich in der Nacht die Pflegepersonen selbst erholen können.

Während des Aufenthaltes erhalten die Pflegebedürftigen alle notwendigen Leistungen der Grundpflege, Versorgung mit Speisen und Getränken, Behandlungspflege (z. B. Medikamentengabe) sowie der Sozialen Betreuung (Tagesgestaltung). Die Einrichtungen haben einen Fahrdienst anzubieten, dessen Kosten entweder im Pflegesatz enthalten sind oder separat ausgewiesen wird.

Je nach Konzeption und baulicher Gestaltung ähnelt der Alltag in der Tagespflege eher einem Heim der vierten Generation (siehe Stationäre Pflege, Seite 179). In modern konzipierten Tagespflegen bildet meist eine Wohnküche den Mittelpunkt, in der sich das ‚Leben' abspielt.

Das SGB XI – Beratungshandbuch • Andreas Heiber, 2., überarbeitete Auflage
© Vincentz Network GmbH & Co. KG, Hannover 2013 • ISBN 978-3-86630-318-8

Chancen und Probleme der Tagespflege

Die Tagespflege kann die Versorgung zu Hause entlasten und ergänzen, gerade wenn die Pflegeperson tagsüber selbst beschäftigt ist (z. B. berufstätig). Sie kann dann ein vergleichbares Angebot für Pflegebedürftige darstellen, wie es der Kindergarten für Kleinkinder ist. Die Tagespflege kann Pflegebedürftige versorgen, die tagsüber nicht allein bleiben können, aber ansonsten zu Hause versorgt werden.

Problematisch ist allerdings, dass gerade Pflegebedürftige, die aufgrund von Demenzen nicht alleine bleiben können, dann regelmäßigen Ortswechseln ausgesetzt werden.

Durch die Pflegestufendifferenzierung wird ein wochentäglicher Aufenthalt in der Tagespflege vollständig oft erst ab Pflegestufe 2 finanziert (siehe Beispielrechnungen unten). Das führt dazu, dass Pflegebedürftige der Pflegestufe 1 seltener in der Tagespflege anzutreffen sind (beispielsweise nur für 10 Tage im Monat), so dass sich die Gruppenzusammensetzung jeden Tag ändert. Das erfordert von den Besuchern eine erhöhte Anpassungsfähigkeit.

Auch sollte im Einzelfall nachgefragt werden, wie lang die Abhol- und Wegezeiten tatsächlich sind. Pflegeeinrichtungen setzen in der Regel Kleinbusse ein, um die Pflegebedürftigen abzuholen. Je nach Einzugsgebiet und Reihenfolge kann es sein, dass der Pflegebedürftige relativ früh abgeholt wird, aber selbst dann längere Zeit im Fahrzeug verbringt, bevor die Tagespflegeeinrichtung erreicht wird.

Finanzierung an ambulante Leistungen gekoppelt

Für die Tagespflege stehen eigenständige Leistungen in Höhe der ambulanten Sachleistungen zur Verfügung. Das gilt nicht so für die erhöhten Sachleistungsbeträge, wenn die Pflegebedürftigen eine erheblich eingeschränkte Alltagskompetenz haben. Pflegebedürftige ohne Pflegestufe aber mit erheblich eingeschränkter Alltagskompetenz können ihre Sachleistungsansprüche nicht in der Tagespflege nutzen (sondern nur das Pflegegeld). Darüber hinaus stehen für die weitere Versorgung zu Hause zusätzliche Leistungen (Sach- oder Pflegegeld) in Höhe von 50 % zur Verfügung. Gleiches gilt umgekehrt: Auch bei schon ausgeschöpfter ambulanter Sachleistung stehen zusätzlich 50 % der jeweiligen Beträge für die Tagespflege zur Verfügung. Wer keine Tagespflege nutzt, dessen Leistungsanspruch verfällt.

Die Kombination der Ansprüche im Verhältnis zueinander verdeutlicht die folgende Tabelle:

Kombination Tagespflege und Ambulante Pflege

Leistungen der Tages- und Nachtpflege	Sachleistung oder Pflegegeld
100 %	50 %
90 %	60 %
80 %	70 %
70 %	80 %
60 %	90 %
50 %	100 %
40 %	100 %
30 %	100 %
20 %	100 %
10 %	100 %

Wird also die Sachleistung in der Tagespflege beispielsweise in der Pflegestufe 1 zu 60 % (= 270 €) ausgeschöpft, stehen ambulant noch 90 % (= 405 €) zur Verfügung.

Die Tagespflege ist eine stationäre Einrichtung, die Finanzierung folgt den stationären Regeln (siehe auch Seite 155). Deshalb werden in jedem Fall auch Kosten für Unterkunft/Verpflegung und evtl. Investitionskosten fällig, die im Regelfall privat zu bezahlen sind.

Ersatzpflege und Zusätzliche Betreuungsleistungen können genutzt werden

Das Budget der Ersatzpflege (§ 39) kann auch für die Finanzierung der Pflegekosten in der Tagespflege genutzt werden.

Das Budget der Zusätzlichen Betreuungsleistung (§ 45b) kann ebenfalls zur Finanzierung der Tagespflege eingesetzt werden, allerdings nicht nur für die Pflegekosten, sondern auch für Hotel- und Investitionskosten, die sonst privat zu bezahlen sind.

Beispielhafte Kosten einer Tagespflege aus Nordrhein-Westfalen:

	Pflegestufe 1	Pflegestufe 2	Pflegestufe 3
Pflegesatz	42,67 €	44,81 €	46,94 €
Fahrtkosten (bei Bedarf)	7,50 €	7,50 €	7,50 €
			Alle Stufen, pro Tag
Hotelkosten inklusive Verpflegung			16,56 €
Investitionskosten			5,75 €

Dazu einige Beispiele

Beispiel 1: Herr Müller, Pflegestufe 1, besucht die Tagespflege zwei Tage die Woche, im Beispielmonat 8 Tage. Ansonsten wird er von seiner Tochter versorgt.

» Die Tagespflege kostet an Pflegekosten: $8 \times 42{,}70\,€ + 10 \times 7{,}50\,€ = 401{,}36\,€$.

- Davon übernimmt die Pflegekasse über die Tagespflegeleistung maximal 450,– €, das heißt, es bleibt ein Rest von 48,64 € (oder 10,8 % der Leistung). Für die Versorgung zu Hause bleiben somit noch 50 % der Pflegesachleistung sowie der verbleibende Anteil aus der Tagespflege von 10,8 %.

- Da Herr Müller Pflegegeld erhält, wären dies 142,90 €.

- Als Sachleistung wären dies: 273,64 €.

» Für die 8 Tage sind Hotel- und Investitionskosten in Höhe von 178,48 € privat zu bezahlen. Dafür kann er auch das Pflegegeld einsetzen.

Kombination der Leistungen bei Pflegebedürftigen mit erheblich eingeschränkter Alltagskompetenz

» Der Gesetzgeber hat über das PNG dieser Gruppe zwar höhere Sachleistungsbeträge zugestanden, es aber versäumt, diese auch ausdrücklich für die Tagespflege vorzusehen. Daraus hat sich in den ersten Monaten ein Streit und Unsicherheit über den Umgang mit den unklaren Regelungen ergeben, den die Pflegekassenverbände mit dem Rundschreiben (siehe Links) folgendermaßen geklärt haben: Werden die Leistungen kombiniert, können bei jeder Leistungsart maximal 100 % genutzt werden, jedoch in der Addition bis zu einem Höchstbetrag. Dieser wird durch die erhöhte ambulante Sachleistung definiert.

» Das heißt: in der Pflegestufe 1 stehen Ambulante Leistungen bis zu 665 €, Tagespflegeleistungen bis zu 450 €, sowie beide kombiniert (in welcher Kombination auch immer) bis maximal 997,50 € zur Verfügung.

Beispiel1: Die Sachleistung wird zu 100 % genutzt = 665 €. Dann bleiben für die Tagespflege noch 50 % (von der Basis der erhöhten ambulanten Leistung von 665 €) zur Verfügung, also 332,50 €.

Beispiel 2: Die Tagespflege wird zu 100 % genutzt = 450 €. Da dies nur 67 % der erhöhten Sachleistungen sind, bleibt somit ambulant noch 547,50 € (= 83 %) übrig.

» In der Pflegestufe 2 stehen Ambulante Leistungen bis zu 1.250 €, Tagespflegeleistungen bis zu 1.100 € sowie beide kombiniert (in welcher Kombination auch immer) bis maximal 1.875,00 € zur Vergütung.

Beispiel1: Die Sachleistung wird zu 100 % genutzt = 1.250 €. Dann bleiben für die Tagespflege noch 50 % (von der Basis der erhöhten ambulanten Leistung von 1.250 €) zur Verfügung, also 625 €,

Beispiel 2: Die Tagespflege wird zu 100 % genutzt = 1.100 €. Da dies nur 88 % der erhöhten Sachleistungen sind, bleibt somit ambulant noch 775,00 € (= 62 %) übrig.

Beispiel mit allen Kosten: Herr Maier hat Pflegestufe 2 sowie eine erheblich eingeschränkte Alltagskompetenz.

Tagespflege Berechnungsschema			
Leistung		**Beispiel**	**Berechnung**
1.1	Pflegestufe	2	
1.2	Verfügbare Leistung Tagespflege	1.100,00 €	
1.3	Verfügbare Leistung Ambulant	1.250,00 €	
1.4	Einstufung §45b zus. Betreuung	Grundstufe	
1.5	Verfügbarer Betrag	100,00€	
Tagespflege			
2.1	Pflegesatz pro Tag	52,31 €	
2.2	Anzahl Tage	20	
2.3	Kosten pro Monat	1.046,20 €	
2.4	Ergebnis abzüglich verfügbarer Leistung (1.2)	53,80 €	
2.5	Privat zu zahlende Pflegeleistung	0,00 €	
2.6	Ausschöpfung Leistung in % (2.3/1.2)	83,7 %	
Ambulante Leistungen			
3.1	Verbleibende Leistungen Ambulant	66,3 %	
3.2	Verbleibende Sachleistung	828,80 €	
	oder verbleibendes Pflegegeld	348,10 €	

Tagespflege Berechnungsschema		
Leistung	Beispiel	Berechnung
Hotelkosten		
4.1 Hotel- und Investkosten pro Tag	21,69 €	
4.2 Hotel- und Investkosten pro Monat	433,80 €	
4.3 abzüglich verfügbarer Leistung 1.5	**333,80 €**	

Download siehe:
http://www.beratungshandbuch.net

Praktisch könnte auch das noch verfügbare Pflegegeld zur weiteren Reduzierung der Tagespflegekosten eingesetzt werden.

Ambulante Leistungen werden vorrangig abgerechnet

Durch das PNG neu geregelt ist die Reihenfolge der Finanzierung: Ambulante Leistungen müssen nun von den Pflegekassen vor den Rechnungen der Tagespflege bezahlt werden. Der Gesetzgeber hat dies damit begründet, dass in der Tagespflege auf jeden Fall eine Privatrechnung zu schreiben ist (Hotel-und Investkosten) und daher die Tagespflege mögliche privat zu zahlende Eigenanteile ebenfalls in Rechnung stellen soll.

16.3 Hintergrund

Bis zur Pflegereform 2008 war die Tagespflege mit gleich hohen Leistungen ausgestattet wie die Pflegesachleistung. Allerdings standen für beide Leistungen zusammen nur insgesamt 100 % der Leistungshöhe zur Verfügung. Rechnete die Tagespflege 60 % ab, verblieben für die Versorgung zu Hause nur 40 %. Durch die Reform steht jetzt ein Budget in Höhe von insgesamt 150 % zur Verfügung. Dies hat auch einen regelrechten Gründungsboom an Tagespflegeeinrichtungen ausgelöst. Die Tagespflege ist heute viel öfter anzutreffen und besser etabliert: Gab es laut Bundespflegestatistik 2007 21.610 Tagespflegeplätze, so gibt es 2011 schon 33.549 Plätze.

Durch das PNG erhält die Tagespflege nun bei Pflegebedürftigen mit erheblich eingeschränkter Alltagskompetenz ebenfalls die deutlich erhöhten Sachleistungsbeträge, so dass die Nutzung der Tagespflege auch finanziell noch attraktiver wird.

16.4 Hinweise zur Beratung

Tagespflege kann gute Ergänzung sein

Die Versorgung von Kleinkindern im Kindergarten kann Familien nicht nur den Alltag erleichtern, evtl. eine Berufstätigkeit überhaupt ermöglichen und gleichzeitig den Kindern neue und andere Anregungen geben. Vergleichbar kann man auch die Möglichkeiten der Tagespflege umschreiben. Allerdings gibt es klare Unterschiede: Pflegebedürftige sind anders als kleine Kinder sicherlich weniger neugierig, etwas Neues zu erfahren und kennenzulernen. Gleichzeitig ist die Belastungsfähigkeit meist eingeschränkt. Auch können die wechselnden Gruppen sowie die unter Umständen längeren Wegezeiten sehr unterschiedlich wahrgenommen werden: als interessante Abwechslung oder nur als Stress und Störung. Dies sollte man bei einer Beratung offen darstellen und diskutieren.

Schnuppertage nutzen

Eigentlich alle Tagespflegeeinrichtungen bieten die Möglichkeit, zunächst an einem oder einzelnen Tagen die Einrichtung zu besuchen und so langsam kennenzulernen. Bevor die Tagespflege besucht wird, sollte, soweit dies möglich ist, der Pflegebedürftige darüber aufgeklärt und informiert werden.

Fahrtweg kommt dazu

Je nach Lage und Abholrunde kann der Weg morgens und abends recht lang sein. Daher ist es ratsam, sich vorher zu erkundigen, wie lange die Fahrtzeit dauern wird.

Bei sehr langen Zeiten sollte alternativ auch geprüft werden, ob es andere Möglichkeiten gibt: Beispielsweise auf dem Weg zum Kindergarten/Arbeit selbst den Angehörigen hinbringen und abholen, evtl. auch über andere Dienstleister wie Taxiunternehmen etc. (hier könnte man sicherlich Pauschalen verhandeln).

Richtige Versorgungsform für Demente?

Auch wenn es im Gesetz oder in vielen Veröffentlichungen so beschrieben wird, sollte kritisch hinterfragt werden, ob die Tagespflege gerade für Demente die richtige Versorgungsform ist. Wer sehr stark an seiner bekannten Umgebung hängt und sich an ihr orientiert, dem wird es schwer fallen, sich ständig an etwas anderes zu gewöhnen. Auch hier können Schnuppertage helfen, um dies herauszufinden.

Versorgungszeiten relativ starr

Problematisch sind die meist relativ starren Öffnungszeiten der Tagespflege und der damit erzwungene Ablauf: Pflegebedürftige, die am Morgen erst grundpflegerisch versorgt werden müssen, müssen so pünktlich fertig sein, dass der Fahrdienst sie mitnehmen kann. Das muss auch der Pflegedienst in der Tourenplanung wissen und berücksichtigen.

Für Berufstätige sind die meist (noch) angebotenen Zeitfenster oft zu knapp, weil sie kaum mit den Arbeitszeiten übereinstimmen. Hier wird sich das Angebot der Tagespflege an die Kundenwünsche anpassen müssen.

Keine Sachleistung ohne Pflegestufe

Zwar erhalten Versicherte ohne Pflegestufe aber mit erheblich eingeschränkter Alltagskompetenz Sachleistungen (siehe Sachleistungen, Seite 78), aber diese Sachleistungen können nicht in der Tagespflege genutzt werden. Die Leistungspflicht der Tagespflege erstreckt sich nur auf die Pflegestufen (1-3). Diese Gruppe kann die Tagespflege nur privat nutzen und dafür das Pflegegeld und die Zusätzlichen Betreuungsleistungen nach § 45b sowie die Verhinderungspflege einsetzen.

16.5   Hinweise zur internen Umsetzung

Wichtige Kooperationspartner: Zusammenarbeit regeln

Tagespflegeeinrichtungen sind wichtige Kooperationspartner, vor allem jetzt, wo immer ein Budgetanteil für die Tagespflege oder die häusliche Versorgung übrig bleibt. Daher sollte man im Einzugsgebiet liegende Tagespflegen kennen. Hilfreich sind sicherlich auch Kooperationsvereinbarungen, in denen geregelt wird, wie die Zusammenarbeit funktionieren kann. So wäre beispielsweise zu regeln, wie mehrfache Medikamentengaben zu organisieren sind, wie die Pflegeplanung ausgetauscht und gemeinsam fortentwickelt werden kann etc. Das gilt auch, wenn die Tagespflege zur eigenen Einrichtung/zum eigenen Träger gehört.

Tagespflege ‚rechnet' sich erst ab Pflegestufe 2

Erst ab Pflegestufe 2 werden in der Regel die Pflegekosten für den vollen Monat von der Pflegeversicherung komplett übernommen, so dass der Eigenanteil sich nur noch auf die Hotelkosten bezieht. Bei Pflegestufe 1 werden viele Pflegekunden die Tagespflege daher aus wirtschaftlichen Gründen nur für 8 bis 10 Tage besuchen können. Durch die erhöhten Sachleistungsbeträge bei Pflegebedürftigen mit erheblich eingeschränkter Alltagskompetenz können mehr Tage in der Tagespflege finanziert werden.

16.6   Quellen

§ 41 Tagespflege und Nachtpflege

(1) Pflegebedürftige haben Anspruch auf teilstationäre Pflege in Einrichtungen der Tages- oder Nachtpflege, wenn häusliche Pflege nicht in ausreichendem Umfang

sichergestellt werden kann oder wenn dies zur Ergänzung oder Stärkung der häuslichen Pflege erforderlich ist. Die teilstationäre Pflege umfasst auch die notwendige Beförderung des Pflegebedürftigen von der Wohnung zur Einrichtung der Tagespflege oder der Nachtpflege und zurück.

(2) Die Pflegekasse übernimmt im Rahmen der Leistungsbeträge nach Satz 2 die pflegebedingten Aufwendungen der teilstationären Pflege, die Aufwendungen der sozialen Betreuung und die Aufwendungen für die in der Einrichtung notwendigen Leistungen der medizinischen Behandlungspflege. Der Anspruch auf teilstationäre Pflege umfasst je Kalendermonat:

1. für Pflegebedürftige der Pflegestufe I einen Gesamtwert bis zu

   a) 420 Euro ab 1. Juli 2008,

   b) 440 Euro ab 1. Januar 2010,

   c) 450 Euro ab 1. Januar 2012,

2. für Pflegebedürftige der Pflegestufe II einen Gesamtwert bis zu

   a) 980 Euro ab 1. Juli 2008,

   b) 1.040 Euro ab 1. Januar 2010,

   c) 1.100 Euro ab 1. Januar 2012,

3. für Pflegebedürftige der Pflegestufe III einen Gesamtwert bis zu

   a) 1.470 Euro ab 1. Juli 2008,

   b) 1.510 Euro ab 1. Januar 2010,

   c) 1.550 Euro ab 1. Januar 2012.

(3) Pflegebedürftige können nach näherer Bestimmung der Absätze 4 bis 6 die Ansprüche auf Tages- und Nachtpflege, Pflegegeld und Pflegesachleistung nach ihrer Wahl miteinander kombinieren.

(4) Wird die Leistung nach Absatz 2 nur zusammen mit Sachleistungen nach § 36 in Anspruch genommen, dürfen die Aufwendungen insgesamt je Kalendermonat 150 vom Hundert des in § 36 Abs. 3 und 4 für die jeweilige Pflegestufe vorgesehenen Höchstbetrages nicht übersteigen. Dabei mindert sich der Sachleistungsanspruch nach § 36 Abs. 3 und 4 um den Vomhundertsatz, mit dem die Leistung nach Absatz 2 über 50 vom Hundert in Anspruch genommen wird.

(5) Wird die Leistung nach Absatz 2 nur zusammen mit Pflegegeld nach § 37 in Anspruch genommen, erfolgt keine Minderung des Pflegegeldes, soweit die Aufwendungen für die Leistung nach Absatz 2 je Kalendermonat 50 vom Hundert des

in § 36 Abs. 3 und 4 für die jeweilige Pflegestufe vorgesehenen Höchstbetrages nicht übersteigen. Ansonsten mindert sich der Pflegegeldanspruch nach § 37 um den Vomhundertsatz, mit dem die Leistung nach Absatz 2 über 50 vom Hundert in Anspruch genommen wird.

(6) Wird die Leistung nach Absatz 2 zusammen mit der Kombination von Geldleistung und Sachleistung (§ 38) in Anspruch genommen, bleibt die Leistung nach Absatz 2 unberücksichtigt, soweit sie je Kalendermonat 50 vom Hundert des in § 36 Abs. 3 und 4 für die jeweilige Pflegestufe vorgesehenen Höchstbetrages nicht übersteigt. Ansonsten findet § 38 Satz 2 mit der Maßgabe Anwendung, dass bei der Ermittlung des Vomhundertsatzes, um den das Pflegegeld zu kürzen ist, von einem Gesamtleistungsanspruch in Höhe von 150 vom Hundert auszugehen ist und der Restpflegegeldanspruch auf den Betrag begrenzt ist, der sich ohne Inanspruchnahme der Tagespflege ergeben würde.

(7) In Fällen, in denen Pflegebedürftige ambulante Pflegesachleistungen und Tages- oder Nachtpflege in Anspruch nehmen, sind die Vergütungen für ambulante Pflegesachleistungen vorrangig vor den Vergütungen für Tages oder Nachtpflege abzurechnen und zu bezahlen.

17 Kurzzeitpflege (§ 42)

17.1 Kurzdarstellung

Die Kurzzeitpflege bietet die zeitweilige Versorgung außerhalb der eigenen Wohnung. Dies kann für Übergangszeiten nach einem Krankenhausaufenthalt, aber auch für eine kurzfristige Erholung oder Auszeit der Pflegepersonen genutzt werden. Für maximal 28 Tage steht ein Budget unabhängig von der Pflegestufe von maximal 1.550,– € zur Verfügung.

17.2 Wesentliche Punkte

Vollversorgung für kurze Zeit gesichert

Die Kurzzeitpflege kann genutzt werden, wenn die Versorgung Zu hause kurzfristig nicht möglich ist und Tagespflege nicht ausreicht. Oftmals wird die Kurzzeitpflege nach einem Krankenhausaufenthalt genutzt. Auch für regelmäßige oder plötzliche Ausfallzeiten der Pflegepersonen kann die Kurzzeitpflege genutzt werden. Dies gilt auch für Zeiten, in denen beispielsweise das Haus oder die Wohnung erst noch umgebaut werden müssen (z. B. wenn der Pflegebedürftige nach einem Schlaganfall im Rollstuhl sitzt). Das Warten auf Pflegehilfsmittel (z. B. Pflegebett) sollte allerdings kein Grund sein, in die Kurzzeitpflege zu gehen. Denn die Versorgung mit Hilfsmitteln kann bereits aus dem Krankenhaus heraus geplant und organisiert werden.

Als stationäre Einrichtung bietet die Kurzzeitpflege eine Versorgung wie in einem Pflegeheim.

Finanzierung auch über Ersatzpflege und Zusätzliche Betreuungsleistung möglich

Die Kurzzeitpflege ist eine stationäre Einrichtung, einschließlich der stationären Finanzierung. Die Kurzzeitpflegeleistung kann allein nur für die Finanzierung des Pflegesatzes (allgemeine Pflegeleistungen) genutzt werden, auch nur für 28 Tage. Selbst wenn beispielsweise für einen Pflegebedürftigen der Pflegestufe 1 die Leistung von 1.550,– € in 28 Tagen nicht ausgeschöpft wird, können keine weiteren Tage darüber hinaus finanziert werden. In der Kurzzeitpflege sind die Hotelkosten sowie die Investitionskosten und evtl. Zusatzkosten privat zu finanzieren.

Als weitere Finanzierungsquelle kann die Ersatzpflege (§ 39) genutzt werden, mit der ebenfalls allein der Pflegesatz finanziert werden darf.

Wie bei der Tagespflege können allerdings mit der zusätzlichen Betreuungsleistung (§ 45b) nicht nur der Pflegesatz, sondern auch die Hotelkosten sowie Investitionskosten mit finanziert werden.

Das SGB XI – Beratungshandbuch • Andreas Heiber, 2., überarbeitete Auflage
© Vincentz Network GmbH & Co. KG, Hannover 2013 • ISBN 978-3-86630-318-8

Erholungszeit bietet Chancen

Eine kurze Auszeit kann allen Chancen bieten. Der Pflegebedürftige kann sich bei guter Versorgung in der Kurzzeitpflege erholen, auch die Pflegeperson kann sich erholen und Kraft für die nächste Zeit schöpfen. So ein Urlaub kann für beide Seiten hilfreich sein. Aufenthalte in der Kurzzeitpflege könnten auch ähnlich wie ein Jahresurlaub fest geplant werden, so dass auch die Pflegeperson weiß, wann sie sich erholen kann. Manchmal reichen drei bis vier Tage, an denen man ohne Gedanken an den Pflegebedürftigen durchschlafen und sich erholen kann, um danach die Versorgung wieder übernehmen zu können.

Kurzzeitpflege als Schnupperpflege nutzen

Die, meist eingestreuten, Kurzzeitpflegeplätze kann man auch nutzen, um verschiedene Pflegeheime auszuprobieren. So ist es ohne Probleme möglich, sich innerhalb kürzerer Zeit in verschiedenen Pflegeheimen zur Kurzzeitpflege aufnehmen zu lassen, um den praktischen Heimalltag zu erleben. Allerdings sollten dann mit den Pflegepersonen und Angehörigen sowie dem Pflegedienst die konkrete Dauer und die Rückkehr vereinbart sein.

Keine Sachleistung ohne Pflegestufe

Versicherte ohne Pflegestufe aber mit erheblich eingeschränkter Alltagskompetenz können die Kurzzeitpflege nur privat finanzieren und dafür das Pflegegeld und die Zusätzlichen Betreuungsleistungen nach § 45b sowie die Verhinderungspflege nach § 39 einsetzen.

Sonderfall: Kurzzeitpflege für Kinder (bis zum vollendeten 25. Lebensjahr)

Die normale Kurzzeitpflege wird in Pflegeheimen angeboten, in denen alte Menschen leben. Für pflegebedürftige Kinder gibt es kaum vergleichbare Angebote. Sie in Pflegeheime mit sehr alten Menschen unterzubringen, war lange Zeit die einzige Möglichkeit. Seit der Reform 2008 gibt es hier eine Ausnahmeregelung, die durch das PNG 2012 noch erweitert wurde: Pflegebedürftige bis zum vollendeten 25. Lebensjahr können Kurzzeitpflege auch in anderen Einrichtungen, beispielsweise der Behindertenbetreuung, in Anspruch nehmen, selbst wenn diese Einrichtungen keinen Versorgungsvertrag mit der Pflegekasse haben. Die Abrechnung erfolgt dann analog den stationären Finanzierungsregelungen.

Sonderfall Kurzzeitpflege in Rehabilitationseinrichtungen

Ebenfalls durch das PNG eingeführt ist die Regelung, dass auch medizinische Rehabilitationseinrichtungen über die Leistung der Kurzzeitpflege (neben der Verhinderungspflege nach § 39) abrechnen können, wenn während der Maßnahme der medizinischen Vorsorge oder Rehabilitation für eine Pflegeperson eine gleichzeitige Unterbringung und Pflege des Pflegebedürftigen erforderlich ist.

17.3 Hintergrund

Die Kurzzeitpflege soll die Versorgung zu Hause in den Zeiten stabilisieren, in denen zu Hause kurzfristig keine Versorgung möglich ist: beispielsweise bei Krankheit der Pflegeperson, Urlaub oder aus anderen Gründen. Inzwischen hat sich die Kurzzeitpflege immer mehr als Zugang zum Pflegeheim entwickelt. Das ist schade und der eigentlich sinnvollen Idee abträglich.

17.4 Hinweise zur Beratung

Beratung im Krankenhaus!

Sehr viele Pflegebedürftige gehen aus dem Krankenhaus heraus in die Kurzzeitpflege. Viele bleiben dann dauerhaft im Heim. Die Gründe sind für den Pflegedienst meist nicht nachvollziehbar, weil die Versorgung auch zu Hause bisher gut gelaufen ist und organisiert war. Nicht unterschätzen darf man im Krankenhaus die (heimliche) Macht der Ärzte. Wenn ein Arzt den Angehörigen sagt (oder rät), den Pflegebedürftigen erst einmal in die Kurzzeitpflege zu geben, vertrauen viele Angehörige diesem Urteil. Schließlich ist es ein Arzt, der dies sagt. Ob er überhaupt Ahnung von den Möglichkeiten der ambulanten Versorgung hat, ob er die Kurzzeitpflege kennt, spielt dabei keine Rolle. Ein anderes ‚Motiv' kann auch der Hintergedanke sein, dass man Patienten viel eher in eine stationäre Einrichtung entlassen kann als nach Hause, weil man davon ausgeht, dass auch instabilere Patienten dort gut versorgt werden können (sogenannte ‚blutige' Entlassungen).

Der Pflegedienst kann hier nur intervenieren, wenn er den Pflegekunden im Krankenhaus besucht und die Entlassung aktiv begleitet. Wenn man frühzeitig mit den Angehörigen über die Anschlussversorgung redet, kann man die Vor- und Nachteile der Möglichkeiten ebenso diskutieren wie evtl. geweckte Ängste nehmen (z. B. durch intensivere Pflege in den ersten Tagen zu Hause (siehe Sachleistung, Seite 78), durch Nutzung der Ersatzpflege (§ 39) etc.).

Kurzzeitpflege als Akquiseinstrument der Pflegeheime

Die allermeisten Kurzzeitpflegeplätze sind nicht in speziellen Kurzzeitpflegeeinrichtungen angesiedelt, sondern als sogenannte „eingestreute Kurzzeitpflegeplätze" direkt in normalen Pflegeheimen. Je nach Auslastung und vertraglicher Vereinbarung können dann freie Heimplätze auch für die Kurzzeitpflege genutzt werden. Genau hier besteht auch die Gefahr, dass Pflegebedürftige, die eigentlich nur für die Kurzzeitpflege ein Pflegeheim aufsuchen, dauerhaft dort bleiben. Heimträger und

Mitarbeiter haben sicherlich ein hohes Interesse an der Auslastung ihres Hauses, zumal durchschnittliche Verweilzeiten in den Heimen sehr viel kürzer geworden sind. Wenn die Angehörigen von der Bereichsleitung oder Heimleitung darauf angesprochen werden, dass der Pflegebedürftige doch viel Versorgung benötigt und sich hier wohl fühlt, kann dies für viele Angehörige der Grund sein, den Pflegebedürftigen hier dauerhaft anzumelden. Wie weit dann noch das Selbstbestimmungsrecht des Pflegebedürftigen eine Rolle spielt, ist offen. Und wenn die nahen Angehörigen, beispielsweise die Tochter dem Vater sagt, dass sie ihn zu Hause nicht mehr versorgen kann, bleibt dem Vater meist auch nichts anderes übrig als zuzustimmen. Häufig ist zu beobachten, dass die Pflegebedürftigen sehr wohl das „Abgeschoben sein" realisieren und relativ schnell sterben.

Immer erst Kurzzeitpflege abrechnen (lassen)

Wenn Pflegebedürftige beispielsweise wegen Urlaub der Pflegeperson in die Kurzzeitpflege gehen, kann es sein, das Pflegekassen dann den Antrag auf Kurzzeitpflegeleistungen in die Leistungsart „Verhinderungspflege, § 39" ändern, weil die Pflegeperson im Urlaub war. Allerdings ist diese Leistungsänderung zum Nachteil des Pflegebedürftigen, denn wenn er danach nochmals eine Vertretungsleistung benötigt, ist das ambulante Budget nach § 39 dann bereits ausgeschöpft, es bleibt dann nur die Kurzzeitpflege übrig. Da der Gesetzestext auf keine konkreten Gründe abstellt, sollte bei einem stationären Aufenthalt (Kurzzeitpflege) immer erst diese Leistung genutzt werden. Denn dann bleiben später alle Optionen (nochmals Kurzzeitpflege oder über Verhinderungspflege zuhause) erhalten.

17.5   Hinweise zur internen Umsetzung

Einrichtungsangebot kennen

Pflegedienste sollten nicht nur die Einrichtungen kennen, die in der Umgebung Kurzzeitpflege anbieten. Es sollte auch gesammelt und beobachtet werden, aus welcher Einrichtung die Pflegekunden immer nach Hause kommen und aus welcher eher nicht. Denn auch Pflegebedürftige wissen inzwischen, dass oftmals der Weg aus der Kurzzeitpflege nach Hause versperrt wird. Das Wissen kann dazu führen, dass Pflegebedürftige alles tun, um nicht in eine Kurzzeitpflege zu müssen.

Kunden in der Kurzzeitpflege besuchen

Unabhängig von der Frage der Finanzierung (als Privatleistung oder als kostenfreier Service des Dienstes) sollte der Pflegedienst den Pflegebedürftigen in der Kurzzeitpflege besuchen, auch um die Rückkehr in die Wohnung vorzubereiten. Hier wird man dem Pflegebedürftigen nicht nur signalisieren, dass er nach Hause kann, sondern auch erfahren können, wie die Kollegen im Heim oder die anderen Pflegepersonen jetzt denken.

175

17.6 Quellen

§ 42 Kurzzeitpflege

(1) Kann die häusliche Pflege zeitweise nicht, noch nicht oder nicht im erforderlichen Umfang erbracht werden und reicht auch teilstationäre Pflege nicht aus, besteht Anspruch auf Pflege in einer vollstationären Einrichtung. Dies gilt: 1. für eine Übergangszeit im Anschluss an eine stationäre Behandlung des Pflegebedürftigen oder 2. in sonstigen Krisensituationen, in denen vorübergehend häusliche oder teilstationäre Pflege nicht möglich oder nicht ausreichend ist.

(2) Der Anspruch auf Kurzzeitpflege ist auf vier Wochen pro Kalenderjahr beschränkt. Die Pflegekasse übernimmt die pflegebedingten Aufwendungen, die Aufwendungen der sozialen Betreuung sowie die Aufwendungen für Leistungen der medizinischen Behandlungspflege bis zu dem Gesamtbetrag von 1.470 Euro ab 1. Juli 2008, 1.510 Euro ab 1. Januar 2010 und 1.550 Euro ab 1. Januar 2012 im Kalenderjahr.

(3) Abweichend von den Absätzen 1 und 2 besteht der Anspruch auf Kurzzeitpflege in begründeten Einzelfällen bei zu Hause gepflegten Kindern bis zur Vollendung des 25. Lebensjahres auch in geeigneten Einrichtungen der Hilfe für behinderte Menschen und anderen geeigneten Einrichtungen, wenn die Pflege in einer von den Pflegekassen zur Kurzzeitpflege zugelassenen Pflegeeinrichtung nicht möglich ist oder nicht zumutbar erscheint. § 34 Abs. 2 Satz 1 findet keine Anwendung. Sind in dem Entgelt für die Einrichtung Kosten für Unterkunft und Verpflegung sowie Aufwendungen für Investitionen enthalten, ohne gesondert ausgewiesen zu sein, sind 60 vom Hundert des Entgelts Zuschuss fähig. In begründeten Einzelfällen kann die Pflegekasse in Ansehung der Kosten für Unterkunft und Verpflegung sowie der Aufwendungen für Investitionen davon abweichende pauschale Abschläge vornehmen.

(4) Abweichend von den Absätzen 1 und 2 besteht der Anspruch auf Kurzzeitpflege auch in Einrichtungen, die stationäre Leistungen zur medizinischen Vorsorge oder Rehabilitation erbringen, wenn während einer Maßnahme der medizinischen Vorsorge oder Rehabilitation für eine Pflegeperson eine gleichzeitige Unterbringung und Pflege des Pflegebedürftigen erforderlich ist.

18 Pflegeheim (§ 43 und 43a)

18.1 Kurzdarstellung

Zur Versorgung zu Hause ist die Versorgung im Pflegeheim die Alternative. Hier wird eine umfassende Vollversorgung angeboten, so dass auch ohne Pflegepersonen die Versorgung sichergestellt ist. Die Leistungen der Pflegeversicherung finanzieren nur den Pflegesatz (pflegebedingte Aufwendungen), alle anderen Kosten sind privat oder/und durch die Sozialhilfe zu tragen.

Pflegebedürftige, die dauerhaft in Einrichtungen der Behindertenhilfe (Eingliederungshilfe) leben, erhalten einen pauschalen Zuschuss der Pflegekasse von 10 % des Heimentgeltes, jedoch nicht mehr als 256,– € pro Monat.

Die Leistungsbeträge bei stationärer Pflege

	ab 2013
Pflegestufe 1	1.023,- €
Pflegestufe 2	1.279,- €
Pflegestufe 3	1.550,- €
Härtefall	1.918,- €
in Einrichtungen der Behindertenhilfe (für alle Pflegestufen gleich)	Pauschal: 10 % des Heimentgeltes, jedoch maximal: 256 €

18.2 Wesentliche Punkte

Vollstationäre Pflege nur, wenn häusliche Pflege nicht mehr möglich ist

Der Gesetzestext differenziert die Frage, ab wann die Pflegekasse die stationäre Pflege zu übernehmen hat. Sie wird nur finanziert, wenn häusliche Pflege nicht mehr möglich ist. Wer also freiwillig ins Heim geht, obwohl häusliche Pflege weiterhin möglich ist, bekommt auch nur Leistungen in Höhe der Ambulanten Pflege.

Häusliche Pflege kann aus mehreren Gründen nicht mehr möglich sein:

» Die Versorgung ist nicht mehr sichergestellt, weil der Pflegeaufwand nicht zu finanzieren ist (z. B. wenn alles über den Pflegedienste gemacht werden muss, der Pflegebedürftige aber kein Geld mehr hat).

» Die Versorgung ist nicht sichergestellt, weil die Pflegeperson(en) die Versorgung nicht mehr übernehmen können. Dabei ist es unerheblich, ob dies aufgrund von Überforderung der Fall ist oder weil beispielsweise die Tochter wieder Arbeiten gehen will. Wenn Pflegepersonen sagen, sie wollen nicht mehr pflegen, können sie dazu nicht gezwungen werden!

Das SGB XI – Beratungshandbuch • Andreas Heiber, 2., überarbeitete Auflage
© Vincentz Network GmbH & Co. KG, Hannover 2013 • ISBN 978-3-86630-318-8

» Die Versorgung ist nicht sichergestellt, weil sich der Pflegebedürftige nicht mehr von der bisherigen Pflegeperson versorgen lassen will. Beispiel: Die Tochter versorgt den Vater, beide streiten sich und der Vater will sich ab dann nicht mehr von ihr versorgen lassen. Er würde sich von anderen Pflegepersonen versorgen lassen, nicht jedoch von seiner Tochter. Ohne Pflegeperson ist die häusliche Pflege nicht mehr sichergestellt.

Tatsächlich freiwillig im Sinne des Gesetzestextes würde man nur in ein Pflegeheim gehen, wenn man zuvor selbst behauptet, zu Hause würde auch alles gut gehen!

Härtefallregelung als Sonderfall der Pflegestufe 3

Als Sonderfall der Pflegestufe 3 gilt für Härtefälle ein erhöhtes Budget von bis zu 1.918 €, wobei die Gesamtzahl der Härtefallnutzer 5 Prozent aller stationär versorgten Pflegebedürftigen der Pflegestufe 3 nicht überschreiten darf. Diese finanztechnische Einschränkung soll vom Spitzenverband Bund der Pflegekassen überwacht werden. Die für die Einstufung maßgebliche Härtefallrichtlinie legt die Kriterien fest.

Versorgung ist nicht gleich 24-Stunden-Betreuung!

Die Pflegeheime haben einen umfassenden Versorgungsauftrag. Dieser wird im Wesentlichen durch die Pflegestufe und den Gesamtzustand des Bewohners definiert. Er bekommt alle für die Erhaltung seiner Gesundheit notwendigen Leistungen der Grundpflege und Behandlungspflege, darüber hinaus auch Angebote der Sozialen Betreuung. Aber anders als in der Ambulanten Pflege hat der Bewohner kein konkret beziffertes Recht auf eine bestimmte Betreuungszeit oder eine Eins-zu-Eins-Betreuung, wie dies bei ambulanten Leistungen der Fall ist. Es ist zwar ständig Pflegepersonal im Haus, aber nicht immer ständig für ihn da. Auch im Pflegeheim kann man (wie zu Hause auch) allein in seinem Zimmer liegen und einsam sein. Das Heim kann zwar Betreuungsangebote machen, die in der Regel in der Gruppe organisiert sind, aber wer daran nicht teilnehmen will, ist genauso allein wie zu Hause. Daher ist der weitere Besuch der Pflegepersonen genauso notwendig wie zu Hause, allerdings müssen sie keine grundpflegerischen Tätigkeiten mehr übernehmen.

Sicherheit der Versorgung hat ihre Grenzen: nächtliche Störungen ausschließen!

Auch im Pflegeheim kann man stürzen, aus dem Bett fallen oder allein im Zimmer auf dem Boden liegen (wie zu Hause auch!). Das Heim ist weder in der Lage, ständig neben allen Bewohnern ‚zu stehen' und aufzupassen, noch ist es verantwortlich dafür. (Das gilt nicht für Bewohner, bei denen eine Sturzgefährdung aufgrund objektiver Diagnosen oder Tatsachen bekannt ist). Also kann man im Pflegeheim auch nachts um 2.00 Uhr aus dem Bett fallen und erst morgens im Zuge der Grundpflege entdeckt werden. Zwar gibt es in Pflegeheimen immer noch die Unsitte, mehrfach nächtlich die Zimmer zu kontrollieren, aber diese Angewohnheit verstößt nicht nur gegen die Menschenwürde, sondern eigentlich auch gegen das Grundgesetz (Unverletzlichkeit der Wohnung etc.). So fürsorglich die nächtlichen Zimmerbesuche anscheinend sind, sind sie doch eine permanente Störung der Nachtruhe. Daher sollte nur bei ausdrücklichem Wunsch und unter Berücksichtigung des Allgemeinzustandes ein nächtlicher Kontrollbesuch erfolgen. Dass ein Bewohner, der nachts um 2.00 Uhr verstorben ist, erst morgens um 7.00 Uhr gefunden wird, ist sachgerecht und richtig. Auch ein Auffinden um 4.00 Uhr hätte am Tod nichts geändert.

Unterschiedliche Pflegeheimgenerationen

Die Pflegeheime haben sich in den letzten Jahrzehnten weiterentwickelt. Heute wird man in der Regel Heime der sogenannten dritten und vierten Generation finden: Häuser der dritten Generation sind als Wohnbereiche organisiert, bei denen der Alltag im Wohnbereich stattfindet. Oftmals werden auch die Mahlzeiten im Wohnbereich und nicht in einem zentralen Speisesaal eingenommen. Im Wohnbereich leben meist ca. 15 bis 25 Bewohner zusammen. Die Versorgung mit Speisen etc. erfolgt durch eine Zentralküche. Heime der vierten Generation (sogenannte Hausgemeinschaften) bilden im Grunde eine Wohngemeinschaft, die auch gemeinsam die Mahlzeiten selbst zubereitet. Den Mittelpunkt bildet eine Wohnküche, in der sich das Gemeinschaftsleben abspielt. Das Essen wird hier unter Mithilfe der Bewohner (soweit sie dazu in der Lage sind) zubereitet, meist wird auch Bewohnerwäsche gemeinsam gewaschen. Im Grunde wird hier das Leben wie in einer Großfamilie gestaltet, die notwendigen hauswirtschaftlichen Tätigkeiten gestalten den Tagesablauf. Hausgemeinschaften bestehen in der Regel aus 8 bis 12 Bewohnern.

Viele Heime spezialisieren sich auch auf bestimmte Gruppen wie z. B. Menschen mit demenziellen Erkrankungen.

Heimvertrag regelt Leistungen und Kosten

Die Pflegeheime sind verpflichtet, mit den Bewohnern einen Heimvertrag abzuschließen. Darin sind nicht nur die Überlassung des Zimmers (sozusagen der Mietvertrag) geregelt, sondern auch die Übernahme der notwendigen Pflege (sozusagen der Pflegevertrag) sowie der Versorgung (Hotelleistungen).

Zusätzliche Betreuungsleistungen im Pflegeheim

Durch die Pflegereform 2008, angepasst 2013 wurde für die Pflegebedürftigen im Pflegeheim, die auch im Sinne des § 45a einen mindestens erheblichen Bedarf an allgemeiner Betreuung und Beaufsichtigung haben, ein zusätzliches Betreuungsangebot geschaffen. Den Heimträgern steht rechnerisch je 24 Pflegebedürftigen mit Betreuungsbedarf eine zusätzliche Betreuungskraft zur Verfügung, die dieser Gruppe zugutekommt. Die zusätzlichen Kosten übernimmt die Pflegeversicherung. Bei der Heimauswahl sollte, wenn beim Pflegebedürftigen eine entsprechende Einstufung vorliegt, darauf geachtet werden, dass das Heim solche Angebote bietet.

Pflegebedürftige in Behinderteneinrichtungen

Gerade jüngere Pflegebedürftige leben in Einrichtungen der Behindertenhilfe, die als Ziel auch die Eingliederung in die Gesellschaft bzw. ins Berufsleben haben. Die Finanzierung der Einrichtungen ist meist über das SGB XII (Eingliederungshilfe) geregelt. Zur Abgeltung der anfallenden Kosten der Grundpflege und hauswirtschaftlichen Versorgung finanziert die Pflegeversicherung 10 % der Kosten des Heim-entgeltes, jedoch nicht mehr als 256,– € im Monat. Halten sich die Pflegebedürftigen auch zeitweise zu Hause auf, können sie entsprechend ambulante Leistungen in Anspruch nehmen. Die An- und Abreisetage zählen als volle Tage für den Anspruch auf ambulante Leistungen.

Werden die Pflegebedürftigen am Wochenende zu Hause versorgt, so haben sie in dieser Zeit Anspruch auf Sachleistungen oder Pflegegeld (als Kombinationsleistung). Bei den Sachleistungen steht der volle Leistungsanspruch ambulant abzüglich der in Anspruch genommenen Tage der Stationären Versorgung zur Verfügung:

Beispiel Pflegestufe 2: 20 Tage im Internat, 10 Tage zu Hause: Das Internat berechnet statt 256 € nur 170 €; dann bleiben für die Häusliche Versorgung noch Sachleistungen in Höhe von 1.100 € (Pflegestufe 2) – 170 € = 930 € (Hinweis: Sachleistungen sind Monatsbeträge, daher der hohe Anspruch).

Bei Pflegegeld steht nur das anteilige Pflegegeld aufgrund der Anzahl der häuslichen Versorgung zur Verfügung: Im Beispiel sind das 10 Tage von 440 € = 146,70 €.

18.3   Hintergrund

Pflegeheime haben häufig ein schlechtes Image, zumindest solange, bis man als Pflegebedürftiger oder als Angehöriger selbst vor der Frage steht, wie es weiter gehen kann. Die meisten Heime bieten eine gute Pflege, selbst wenn es wie in jeder Branche auch bei den Heimen ,schwarze Schafe' gibt. Bei aller medialen Aufregung über Pflegeskandale und Schulnoten sollte man diese einmal ins reale Verhältnis zu allen anderen Einrichtungen setzen, die gute Versorgung bieten. Die Entdeckung der schwarzen Schafe durch Qualitätsprüfungen bestätigt das System, das für bessere Qualität sorgen kann, indem es schlechte Pflege aufdeckt und sanktioniert. Heime, die wegen schlechter Pflege aufgefallen sind, werden durch die Pflegekassen zu besserer Versorgung gezwungen. Ansonsten würden sie ihre Zulassung verlieren. Pflegeheime sind für Pflegedienste auch deshalb keine echte Konkurrenz, weil sie eine Versorgungsintensität anbieten, die zu Hause nur in Verbindung mit Pflege-personen möglich ist.

18.4   Hinweise zur Beratung

Ungeliebte Pflegeheime, trotzdem oftmals alternativlos!

In jeder Befragung wird deutlich, dass kaum ein Mensch sein Leben im Pflegeheim beenden will. Trotzdem findet sich für viele Menschen bei zunehmender Pflegebe-dürftigkeit keine andere Alternative als ein Heim.

Auch die mediale ‚Verteufelung' macht es Pflegebedürftigen und Angehöri-gen schwer, den Umzug ins Pflegeheim nicht als Niederlage zu betrachten: „Wir konnten nicht mehr!", „Es geht nicht mehr!" Dass sich die Pflegebedürftigen dann entsprechend abgeschoben fühlen und ihren letzten Wohnsitz mit vielen Vorbehal-ten sehen, ist nachvollziehbar. Solange es keine erkennbare Alternative gibt, sollten alle den Umzug in ein Pflegeheim nicht als Niederlage darstellen und empfinden, sondern als ganz normale Entscheidung. Dabei kann auch der Pflegedienst helfen, der den Übergang mit vorbereiten kann und – obwohl er einen Kunden verliert – helfen kann, diesen Umzug zu erleichtern.

Gründe für einen Heimeinzug

Gründe für einen Heimeinzug können sein:

» Pflegepersonen, die fehlen oder selbst nicht mehr können und deren Feh-len nicht durch Dienstleistung kompensiert werden kann. Welche Lösung dann finanziell günstiger ist, muss im Einzelfall gerechnet werden (siehe Seite 146),

» veränderter Versorgungsbedarf: Gerade Beaufsichtigung rund um die Uhr kann ambulant nur schwer finanziell tragbar und legal organisiert werden,

» Desorientierung und Eigen-/Fremdgefährdung ohne Aufsicht,

» Wunsch des Pflegebedürftigen,

» nicht angepasste und nicht veränderbare Wohnsituation: Eine Wohnung, die nur mit Stufen erreichbar ist und über kein umbaufähiges Bad verfügt, wird für Rollstuhlfahrer zur sprichwörtlichen Falle.

Gründe, die nicht für einen Heimeinzug sprechen

» Barrierefreie bzw. barrierearme Wohnung, die auch selbständig verlas-sen werden kann: Wer in einem Betreuten Wohnen lebt und zumindest noch situativ orientiert ist, für den gibt es wenig Gründe, in ein Pflegeheim umzuziehen.

181

» Hinweis des Haus- oder Krankenhausarztes: Auch wenn dies vielleicht eher ein Vorurteil des Autors ist: Gerade Krankenhausärzte kennen nicht die Möglichkeiten der ambulanten Versorgung und verweisen schnell auf die Kurzzeitpflege. Hausärzte auf dem Land sind da meist besser informiert.

Doppelzimmer?

In der Tat sind Plätze im Doppelzimmer meist etwas billiger. Aber trotzdem sollte man sich fragen, was das für den Pflegebedürftigen bedeuten kann, zumindest wenn er bisher allein gewohnt hat:

» Vermutlich für den Rest seines Lebens ist er zwangsweise mit einem Fremden zusammen. Aber anders als im Mehrbettzimmer im Krankenhaus ist das Doppelzimmer im Pflegeheim kein kurzfristiger Zustand, sondern dauerhaft (bis zum Lebensende).

» Der Vorteil ist die teilnehmende Beobachtung und soziale Kontrolle: Wenn etwas ist, kann der Nachbar auch Bescheid sagen. Dieser Vorteil wird mit dem Verlust von Selbstbestimmung erkauft.

» Jede Intimität, auch jede Peinlichkeit muss geteilt werden.

» Angehörige, die meist darüber entscheiden, sollten sich einmal selbst fragen, ob sie ihre letzten Monate und Tage in fremder Gesellschaft verbringen wollen.

» Nur weil viele Pflegebedürftige nicht direkt widersprechen, muss man noch nicht von einer Zustimmung ausgehen.

» Es gibt durchaus Diagnosen im Bereich Demenz und Alzheimer, bei deren Krankheitsverlauf aus therapeutischen Gründen ein Doppelzimmer Sinn machen kann (siehe auch die Entwicklung der Pflegeoasen). Aber diese Begründung dürfte nur für eine Minderheit der Doppelzimmerbewohner zutreffen.

18.5 Hinweise zur internen Umsetzung

Pflegeheime selbst kennenlernen

Natürlich kennt man die Heime, die in der Umgebung des Pflegedienstes sind. Für eine gute Überleitung ist es hilfreich, die Heime auch tatsächlich zu besuchen und das Überleitungsverfahren abzusprechen. Auch kann man mit dem Heim und den Angehörigen besprechen, dass man am Anfang öfter zu Besuch kommt, um das Einleben zu erleichtern. Bei Heimen in gleicher Trägerschaft ist dies sicherlich einfacher als bei anderen Einrichtungen.

Nachschub aus dem „Betreuten Wohnen"

Manche Heimträger bauen in der Nähe oder Nachbarschaft Betreutes Wohnen auf mit dem Hintergedanken, dass daraus die zukünftigen Heimbewohner kommen. Dabei sind wesentliche Gründe, die für einen Heimeinzug sprechen, vor allem nicht mehr angepasste Wohnsituationen. Warum sollen Pflegebedürftige, die in barrierefreien Wohnungen leben und im Haus viel Versorgung einschließlich Mittagstisch finden, in das Pflegeheim umziehen? Sie geben die eigene Wohnung auf zugunsten viel kleinerer Zimmer. Sie müssen im Heim in Gesellschaft leben, auch wenn sie lieber alleine wohnen würden. Wenn man den konkreten Kostenvergleich auf der Basis aller Kosten durchführt, ist das Heim oftmals nicht günstiger.

18.6   Quellen

§ 43 Inhalt der Leistung

(1) Pflegebedürftige haben Anspruch auf Pflege in vollstationären Einrichtungen, wenn häusliche oder teilstationäre Pflege nicht möglich ist oder wegen der Besonderheit des einzelnen Falles nicht in Betracht kommt.

(2) Für Pflegebedürftige in vollstationären Einrichtungen übernimmt die Pflegekasse im Rahmen der pauschalen Leistungsbeträge nach Satz 2 die pflegebedingten Aufwendungen, die Aufwendungen der sozialen Betreuung und die Aufwendungen für Leistungen der medizinischen Behandlungspflege. Der Anspruch beträgt je Kalendermonat:

1. für Pflegebedürftige der Pflegestufe I 1.023 Euro,

2. für Pflegebedürftige der Pflegestufe II 1.279 Euro,

3. für Pflegebedürftige der Pflegestufe III
    a) 1.470 Euro ab 1. Juli 2008,
    b) 1.510 Euro ab 1. Januar 2010,
    c) 1.550 Euro ab 1. Januar 2012,

4. für Pflegebedürftige, die nach Absatz 3 als Härtefall anerkannt sind,
    a) 1.750 Euro ab 1. Juli 2008,
    b) 1.825 Euro ab 1. Januar 2010,
    c) 1.918 Euro ab 1. Januar 2012.

Der von der Pflegekasse einschließlich einer Dynamisierung nach § 30 zu übernehmende Betrag darf 75 vom Hundert des Gesamtbetrages aus Pflegesatz, Entgelt für Unterkunft und Verpflegung und gesondert berechenbaren Investitionskosten nach § 82 Abs. 3 und 4 nicht übersteigen.

(3) Die Pflegekassen können in besonderen Ausnahmefällen zur Vermeidung von Härten die pflegebedingten Aufwendungen, die Aufwendungen der sozialen Betreuung und die Aufwendungen für Leistungen der medizinischen Behandlungspflege pauschal in Höhe des nach Absatz 2 Satz 2 Nr. 4 geltenden Betrages übernehmen, wenn ein außergewöhnlich hoher und intensiver Pflegeaufwand erforderlich ist, der das übliche Maß der Pflegestufe III weit übersteigt, beispielsweise bei Apallikern, schwerer Demenz oder im Endstadium von Krebserkrankungen. Die Ausnahmeregelung des Satzes 1 darf für nicht mehr als 5 vom Hundert aller versicherten Pflegebedürftigen der Pflegestufe III, die stationäre Pflegeleistungen erhalten, Anwendung finden. Der Spitzenverband Bund der Pflegekassen überwacht die Einhaltung dieses Höchstsatzes und hat erforderlichenfalls geeignete Maßnahmen zur Einhaltung zu ergreifen.

(4) Wählen Pflegebedürftige vollstationäre Pflege, obwohl diese nach Feststellung der Pflegekasse nicht erforderlich ist, erhalten sie zu den pflegebedingten Aufwendungen einen Zuschuss in Höhe des in § 36 Abs. 3 für die jeweilige Pflegestufe vorgesehenen Gesamtwertes.

(5) Bei vorübergehender Abwesenheit von Pflegebedürftigen aus dem Pflegeheim werden die Leistungen für vollstationäre Pflege erbracht, solange die Voraussetzungen des § 87a Abs. 1 Satz 5 und 6 vorliegen.

Pflege in vollstationären Einrichtungen der Hilfe für behinderte Menschen
§ 43a Inhalt der Leistung

Für Pflegebedürftige in einer vollstationären Einrichtung der Hilfe für behinderte Menschen, in der die Teilhabe am Arbeitsleben und am Leben in der Gemeinschaft, die schulische Ausbildung oder die Erziehung behinderter Menschen im Vordergrund des Einrichtungszwecks stehen (§ 71 Abs. 4), übernimmt die Pflegekasse zur Abgeltung der in § 43 Abs. 2 genannten Aufwendungen zehn vom Hundert des nach § 75 Abs. 3 des Zwölften Buches vereinbarten Heimentgelts. Die Aufwendungen der Pflegekasse dürfen im Einzelfall je Kalendermonat 256 Euro nicht überschreiten. Wird für die Tage, an denen die pflegebedürftigen Behinderten zu Hause gepflegt und betreut werden, anteiliges Pflegegeld beansprucht, gelten die Tage der An- und Abreise als volle Tage der häuslichen Pflege.

19 Quellen und Links

Gesetzestexte

» Im Internet:

- **www.gesetze-im-Internet.de**: kostenfreies Angebot des Bundesministeriums für Justiz

- **www.syspra.de**: Homepage der Unternehmensberatung System & Praxis Andreas Heiber und Gerd Nett. Im Bereich „Profiwissen" finden sich alle relevanten Gesetzestexte und Verordnungen rund um die ambulante Pflege (ausgehend von der PDL-Praxisserie: „Wo steht was?" der Zeitschrift „Häusliche Pflege")

» **Für den Schreibtisch**: Thomas Klie: Pflegeversicherung, Vincentz Network, Hannover 2009

Rundschreiben der Spitzenverbände der Pflegekassen und weitere Quellen:

» **www.gkv-spitzenverband.de**/Spitzenverband der gesetzlichen Kranken- und Pflegekassen: Hier findet man viele Rundschreiben, Rahmenverträge auf Bundesebene etc.

- Gemeinsames Rundschreiben zu den leistungsrechtlichen Vorschriften des PflegeVG

- Weitere Rundschreiben, Rahmenverträge und Empfehlungen auf Bundesebene

» **www.mds-ev.de**: Internetauftritt des MDS als Spitzenorganisation der Medizinischen Dienste; hier findet man alle Unterlagen zu Qualitätsprüfungen sowie fachliche Stellungnahmen

» **www.vincentz.net**: Im Bereich Service finden sich viele aktuelle Gesetzestexte, Rundschreiben und andere interessante Texte rund um die ambulante Pflege

Zahlen und Statistiken:

» **www.bmas.de:** Alterssicherungsbericht 2012 (über den Bereich Pressemitteilungen)

» **www.bmg-bund.de:** Internetseite des Bundesministeriums für Gesund: Hier gibt es spezielle Seiten zum Bereich Pflegeversicherung, auch zu Zahlen und Entwicklung

185

Das SGB XI – Beratungshandbuch • Andreas Heiber, 2., überarbeitete Auflage
© Vincentz Network GmbH & Co. KG, Hannover 2013 • ISBN 978-3-86630-318-8

» **www.destatis.de**: Internetportal des Statistischen Bundesamtes, das für Amtliche Pflegestatistik zuständig ist. Die Pflegestatistik wird alle zwei Jahre jeweils zum 15. Dezember erhoben, die nächste 2013. Veröffentlicht werden die Daten in der Regel ein Jahr später, die nächste also Anfang 2014.

Pflegedatenbanken:

» **www.aok-pflegedienstnavigator.de** (Angebot der AOK)

» **www.pflegelotse.de** (Angebot der Ersatzkassen VdEK)

» **www.bkk-pflegefinder.de** (Angebot der Betriebskrankenkassen, Bund)

» **www.der-pflegekompass.de** (Angebot der Bundesknappschaft)

Soziale Sicherung:

» Rundschreiben der Gesetzlichen Unfallversicherungsträger: **http://www.dguv.de/** im Bereich Versicherung, andere sozialstaatl. Grüne

» Broschüre der Deutschen Rentenversicherung: **www.deutsche-rentenversicherung.de**, im Bereich Services, Broschüren

» Hinweisblatt: Frauen und Beruf: **http://www.arbeitsagentur.de/** im Bereich Veröffentlichungen

Hinweisblatt zum Pflegezeitgesetz:

» **http://www.arbeitsagentur.de**/zentraler-Content/A07-Geldleistung/A074-Sozialversicherung/Publikation/pdf/Hinweisblatt-Pflegezeitgesetz.pdf

Autor

Andreas Heiber
Jahrgang 1963; langjährige Tätigkeit bei einem Bundesverband der freien Jugendhilfe, mehrere Jahre angestellt im Softwarevertrieb für den sozialen Bereich; seit 1993 selbstständig als Unternehmensberater und Fachbuchautor, Geschäftsführer der Unternehmensberatung System & Praxis Andreas Heiber, Bielefeld.

...weitere Titel des Autors Andreas Heiber

Unser Tipp

Kostenrechnung und Preiskalkulation
Andreas Heiber, Gerd Nett

Harter Wettbewerb, steigender Qualitätsdruck: Da heißt es, Kosten und Erträge mit einer professionellen Kostenrechnung im Griff behalten. Besonders wichtig: Nach dem Pflege-Neuausrichtungsgesetz sind die Kosten pro Stunde genau zu ermitteln. Denn dem Kunden sind Pauschal- und Zeitleistungen alternativ anzubieten.

2013, 100 Seiten, kart., Format 17 x 24 cm
ISBN 978-3-86630-230-3, Best.-Nr. 657

Das Pflege-Neuausrichtungsgesetz
Was ist zu tun? Chancen und Risiken
Andreas Heiber

Was bedeutet das Pflege-Neuausrichtungsgesetz (PNG) für die ambulante Pflege? Welche Chancen und Risiken bringt das neue Gesetz mit sich? Fachautor Andreas Heiber hat das PNG auf den Prüfstand gestellt. In seinem Buch fasst er die Änderungen zusammen und hinterfragt sie kritisch.

2012, 120 Seiten, kart., Format 12 x 17,5 cm
ISBN 978-3-86630-215-0, Best.-Nr. 649

Vertragsgespräche erfolgreich führen
Schritt für Schritt zum Pflegevertrag
Andreas Heiber

Professionelle Pflege hat ihren Wert, aber auch ihren Preis. Das kompakte Handbuch von Andreas Heiber und die darin enthaltenen Tätigkeitsübersichten unterstützen Sie, zielführend zu beraten und auf die Wünsche Ihrer Kunden einzugehen. Erstellen Sie Ihre Kostenvoranschläge leichter und verbessern Sie Ihre Verhandlungen.

2011, 104 Seiten, Spiralbindung, Format 17 x 24 cm
ISBN 978-3-86630-175-7, Best.-Nr. 615

Alle Bücher sind auch als eBook (ePub oder PDF-Format) erhältlich.

Jetzt bestellen!

Vincentz Network GmbH & Co. KG · Bücherdienst · Postfach 6247 · 30062 Hannover
Tel. +49 511 9910-033 · Fax +49 511 9910-029 · www.haeusliche-pflege.net/shop